라키비움 J

그림책 잡지 Larchiveum J

다홍 Dahong

"아까워 천천히 보려고 했는데 순식간에 읽었어요"

학부모, 선생님 사이에서 소문난 책 전문가,
이시내 쌤이 교실에서 확인한 '핫 리스트'
아이들이 열광하고, 찾고 또 찾는 책들을 추렸다!

사회, 역사, 공포, 추리, SF, 판타지 등
주제별로 엄선한 동화책 강력 추천!

"이시내 선생님은 궁금증을 자아내는,
감칠맛 나는 책 소개에 최선을 다한다."

— **한미화** 출판칼럼니스트

선생님이 먼저 읽고
자신 있게 추천하는 동화

초등학생이 좋아하는
동화책 200

이시내 지음 | 448쪽 | 18,500원

북하우스 서울시 마포구 양화로 12길 16-9 북앤빌딩 3층   02-3144-3123   @bookhousebook

	8	첫인사 우리 집 T-day는 도서관 가는 날
	10	아름다운 그림책 – 판화 그림책 프린트(판화)가 프린트(인쇄)인 이유
	29	그림책 뉴스 케이트 그리너웨이 상 이름이 바뀌었다고요?
	30	그림책 물성 안내서 구멍이 뻥뻥, 즐거움이 빵빵
		아르고스 ARGOS
	38	간다아아! 줄거리
	40	작가 인터뷰 – 코리 R. 테이버 스토리가 모든 것을 이끌어 간다
	48	그림책의 제목 번역 신데룰라? 오타 아니에요!
	56	칼럼 작은 존재의 반란
	64	돌리며 읽는 그림책 안 돌려 본 사람은 있어도 한 번만 돌려 본 사람은 없다는 그 책!
	72	표지 타이포그래피 글자가 예술이 되는 순간, 타이포그래피
	80	칼데콧 추천작 우리 아이들이 좋아한 칼데콧 수상작
	88	2000년대 칼데콧 수상작 경향 영화는 「미나리」, 그림책은 「물냉이」가 휩쓴 이유

라키비움Larchiveum은
도서관Library + 기록관Archives + 박물관Museum이다.
J는 여행Journey이기도 하고
폴짝 뛰어오르는 것Jump이기도 하다.
기쁨이 넘치는 것Joyful이며
동시에 저널Journal이다.
작은 새Jay이기도 하며
제이提耳는 '명사. 귀에 입을 가까이 하고 말함.
또는 친절하게 가르치거나 타이름'이다.
그리고 제2. 첫 번째보다 더 설레는 제2이다.

『라키비움J』는 당신과 그림책 세상을
연결하는Join 독자 기반 그림책 잡지이다.

98	작가 인터뷰 – 피오트르 소하
	논픽션 그림책에 유머 한 스푼
104	그림책썰(說) – 언니 말 들어 봐
	우리 아이, 논픽션 그림책에 빠지게 하는 비결
112	그림책 숲 놀이
	얘들아, 할미랑 숲 놀이 가자. 그림책 들고!
120	그림책 예술 놀이
	놀아 봐야 합니다! 놀아 봐야 압니다!
130	그림책과 리터러시
	그림책 문장보다 그림책을 보면서 나누는 대화가 문해력을 더 많이 키운답니다
134	칼럼
	느린 아이를 키우는 엄마가 발견한 그림책의 힘
140	방구석 역사 투어
	수원화성
156	독서노트
	그림책을 기록하는 시간
164	그림책을 듣는 시간
	슈만과 그림책 그리고 나
172	작가가 만난 작가 – 폴 O. 젤린스키
	나를 사로잡았던 어떤 열망에 대하여

라키비움J 다홍
ⓒ제이포럼 전은주 이미리 이시내 임민정 정유진 하예라
김미진 김아람 송온경 이지현 전명옥 정정혜 최나야 황진희

발행일　2023. 3. 30
발행인　주식회사 제이포럼 전은주
편집장　임민정
기획 편집　이미리, 이시내, 정유진, 하예라
일러스트　김리연
디자인　김민영
마케팅　이보민, 양혜림, 정지수
고마운 분들　피오트르 소하, 이지원, 노인경, 폴 O. 젤린스키,
　　　　　　코리 R. 테이버, 오현수, 강신은, 허영수, 북하우스
제작처　영신사
펴낸곳　주식회사 제이포럼
등록일　2020년 10월 29일
등록번호　과천, 사00005
주소　(03832)경기도 과천시 별양로 164 711동
　　　2303호(부림동)
전화번호　02-3144-3123
광고 및 문의　jpbforum1@gmail.com
인스타그램　instagram.com/larchiveum_j
카페　네이버 '제이그림책포럼'
ISBN　979-11-975253-6-0(04800)
　　　979-11-975253-0-8(세트)
ISSN　2734-1976

『라키비움J』 다홍을 위해 이미지 사용을 허락하고 보내주신
모든 작가님과 출판사에 감사드립니다.

보통날의 그림책; 어느 보통날 당신의 마음에 스미는 한 권의 그림책

책읽는곰이 지친 일상을 살아가는 당신에게 쉼표와도 같은 그림책을 선물합니다.

당신의 마음에 이름을 붙인다면
마리야 이바시키나 글·그림

낯설고도 아름다운 이국의 말이 건네는 공감과 위로,
그리고 기대와 설렘!

뮤지션 선우정아·뮤지션 요조·작가 최혜진 추천!

예언자
칼릴 지브란 글 | 안나 피롤리 그림

100년 동안 단 한 번도 절판된 적 없는 불멸의 고전!
삶의 근원적인 질문에 답하는 현대의 성서.

Non Stop ; '아무 것도 아닌'을 위하여
토미 웅게러 글·그림

권위와 인습, 폭력과 차별에 맞서 싸운 그림책계의 반항
아 토미 웅게러가 희망 없는 세상에 남긴 희망의 묵시록.

달은 누구의 것도 아니다
토비 리들 글·그림

"전 연령대를 아우르는 현대의 고전으로, 어떤 손, 어떤 앞발, 어떤 발굽에도 딱 들어맞는 우정과 존엄성에 관한 이야기." – 숀 탠

**전 세계 평단과 독자들의 마음을 뒤흔들어 놓은
그림책 《나는 강물처럼 말해요》에 이은 또 하나의 걸작!**

캐나다를 대표하는 시인 조던 스콧과
케이트 그리너웨이상 수상 작가 시드니 스미스의 두 번째 만남!

할머니의 뜰에서
조던 스콧 글 | 시드니 스미스 그림 | 김지은 옮김

할머니는 고속 도로 옆 오두막에서 사셨어요. 할머니의 뜰에는 생명이 가득했지요. 토마토, 오이, 당근, 사과나무, 그리고 지렁이들……. 하지만 지금 할머니는 우리 집 복도 끝 방에 누워 계세요. 나는 할머니에게 생명으로 가득했던 뜰을 돌려드리고 싶어요.

홈페이지 www.bearbooks.co.kr
SNS Instagram @bearbooks_publishers

184 작가 인터뷰 – 노인경
삶이 그대로 흘러가지 않게 그림책으로 기록한다, 작가 노인경 인터뷰

200 영어 그림책 칼럼
파닉스 하는 아이가 딱 읽으면 좋은 그림책, 총집합!

208 칼럼
나는 '엄마표'가 싫다

211 김미진 그림책
그림책의 시간

220 그림책 짝꿍 동화책
이 나이에도 친구는 어려워

232 추모 특집 – 마쓰이 다다시
말의 힘은 생명의 힘

240 칼럼
공룡따라 떠나는 시간 여행, 아이 맘속 여행

244 반가운 복간책
돌아온 명작, 기다렸어요!

247 절판 별점
다시 만날 그날까지

249 신간 별점
베스트셀러 기원!

261 그림책 빙고
렛츠 빙고~

262 편집 후기

표지 이억배
1960년 경기도 용인에서 태어나고 홍익대학교 조소과에서 공부했다. 조선 민화와 기록화, 단원과 혜원의 풍속화, 겸재의 산수화 등 우리 전통 그림에 담긴 마음과 정신을 잇고 새롭게 하여, 현실에 뿌리를 둔 진솔한 그림을 그리려 애쓰고 있다. 대표작으로 『솔이의 추석 이야기』 『개구쟁이 ㄱㄴㄷ』 『잘잘잘 123』 『이야기 주머니 이야기』 『비무장지대에 봄이 오면』 『오누이 이야기』 『한 장 한 장 그림책』 등이 있다.

『라키비움J』 다홍의 모든 기사 내용은 저작권법의 보호를 받고 있으므로 무단 전재와 복제를 금합니다.

Copyright © 2023 JForum
All rights reserved. Reproduction of the whole or any part of the contents without written permission from the publisher is prohibited.

우리 집 T-day는 도서관 가는 날

발행인 **전은주**

아이들이 어릴 때, 우리 집 도서관 원칙은 'T-day와 3T'였어요.

첫째, Tuesday화요일, Thursday목요일, SaTurday토요일에는 꼭 도서관에 간다.
둘째, 도서관에 가면 원하는 Treat간식을 먹고
셋째, 도서관에서 빌린 책 100권을 읽으면 작은 Toy장난감를 하나 살 수 있다.

아이의 독서에 관해서는 저는 늘 고민이 많았습니다. 아이에게 책을 읽힌답시고 간식과 장난감을 너무 자주 사 주는 게 아닐까? 아이가 보상이 없다고 책을 읽지 않으면 어떡하지? 논픽션만 읽으면 논픽션만 읽는 편독이 고민, 내용이 밝으면 유치할까 봐 고민, 내용이 심각하면 아이에게 이런 주제를 너무 일찍 오픈하는 것이 아닌가 고민. 아이가 신나게 잘 읽는 날엔 저렇게 목을 쭉 빼고 읽다가 거북목이 될까 봐 고민!

『도서관에 핀 이야기꽃』(아니카 알다무이 데니즈 글, 파올라 에스코바르 그림 / 봄의정원)

지금 생각해 보면 대부분 자연스레 해결되니 걱정할 필요 없었습니다만, 그 고민의 시간을 후회하지 않습니다. 그렇게 안달복달하느라 아이의 생각과 취향을 살필 수 있었고, 그 덕분에 아이들과 더 좋은 관계가 되었으니까요. 요즘 저는 이웃들에게 이렇게 말한답니다. "스트레스는 받지 마시고, 고민은 많이많이 하세요. 해결책을 찾아가는 과정에서 우리 아이에 대해서 더 많이 알고, 더 사이가 좋아지니까요. 다만 고민은 집에서 하지 마시고, 도서관에서 하세요."

도서관에서 고민해야 하는 이유는 뭘까요? 도서관에선 속된 말로 '본전 생각'을 하지 않게 되거든요. 아이가 중간에 "재미없어."라며 책장을 덮어 버려도 "비싼 돈 들여 사 줬는데 왜 안 읽어?" 하지 않구요, "넌 책 한 권을 끝까지 읽는 법이 없구나. 끈기가 없어서 어떡할래?" 하지도 않습니다. 내일 반납하고 다른 책을 빌리면 되니까요!

편독도 걱정 없습니다. 책 탑을 쌓아 놓고 읽다 보면 아이가 좋아하지 않는 분야의 책이라도 한 권쯤은 마음을 빼앗는 책이 나오게 마련입니다. 어떨 땐 편독도 장점이 있더라구요. 아이는 한 번 마음을 빼앗긴 주제에 대해서는 수준 높은 책도 마구 읽고 싶어 하거든요. 마음 내키는 대로 책을 고르고, 마음 가는 대로 그만 읽을 수 있는 여유는 도서관이라서 가질 수 있었습니다.

도서관의 또 다른 장점은 '간절함'을 준다는 것이었어요. 어쩌다 만난 재미있는 이 책이 내 것이 아니라니! 빌리고 또 빌리고. 이미 외울 만큼 여러 번 읽은 책을 사야 하나 말아야 하나 고민해 본 적 있으신가요? 그러면서 아이는 깨닫습니다. 책은 읽어 치우는 것이 아니라 늘 곁에 두고 싶은 존재라는 것을요.

아이의 그림책 취향을 발견하는 꿀팁 몇 개 알려 드릴까요?

첫째, 반납하기 전에 아이가 좋아한 책 제목을 기록하기입니다. 이왕이면 표지 사진을 찍어 두세요. 흔히 양육자들은 아이에게 보여 주고 싶은 책의 리스트를 적어 두지만, 아이가 읽고 재미있어 한 책의 리스트야말로 꼭 필요하답니다. 아이가 좋아한 책의 표지를 모아 보면 어느새 아이의 취향이 보입니다. 어떤 주제를 좋아하는지, 어떤 스타일의 그림을 좋아하는지 알면 다음 책을 고르기가 훨씬 쉽답니다.

둘째, 도서관에서 아이가 좋아하는 책이 꽂혀 있는 바로 옆자리 책을 눈여겨보세요. 같은 작가이거나 같은 주제의 책이기 때문에 아이가 그 책도 좋아할 가능성이 크거든요.

셋째, 낡은 책을 빌리세요. 흔히 새 책을 대출하고 싶어 하지만, 아이들이 하도 많이 읽어 낡은 책, 페이지가 살짝 부풀어 있는 책은 대부분 재미가 보장된 책이니까요!

넷째, 희망 도서 신청 제도를 적극적으로 이용하세요. 새 책을 볼 수 있어요.

도서관이 먼 동네로 이사 간 적이 있습니다. Tuesday화요일, Thursday목요일, SaTurday토요일에는 꼭 도서관에 가는 T-day 규칙을 더 이상 지킬 수 없어서 시무룩한 엄마에게 아이가 속삭였어요. "이제 집에 있는 책을 매일매일 Today마다 읽을게요. 걱정 마세요." 그때가 아이를 키우면서 느낀 최고의 순간 중 하나였답니다. ♪

프린트(판화)가 프린트(인쇄)인 이유

고무판에 까만 잉크만 찍어 본 우리에게 '판화'는 어둡고 거친 이미지일지도 모른다. 옆의 그림을 보자. 무려 150년 전의 목판화다.

다채로운 색이 어우러져 환상적인 분위기를 만들어 우리를 요정 세상으로 끌어들인다. 가만히 보고 있으면 새들의 노랫소리가 들리는 듯하다.

『In Fairy-Land : A Series of Pictures from the Elf-World』(William Allingham, Richard Doyle / Longmans, Green, Reader & Dyer)

에디터 **정유진**

아름다운 그림책 — 변화 그림책

빅토리아 시대의 3대 그림책 작가라 불리는 월터 크레인Walter Crane, 랜돌프 칼데콧Randolph Caldecott, 케이트 그리너웨이Kate Greenaway의 작품. 모두 목판화로 인쇄되었으며, 부드럽고 따뜻한 온기가 느껴지는 아름다운 그림책의 시초다.

Walter Crane

『The Baby's Own Aesop』(Walter Crane / London Frederick Warne & Co. Ltd and New York)
『The Absurd A.B.C.』(Walter Crane / John Lane, The Bodley Head London & New York)

Randolph Caldecott

『R. Caldecott's Collection of Pictures & Songs』
(Randolph Caldecott / George Routledge & Sons)
『A Frog He Would A-Wooing Go』(Randolph Caldecott /
London Frederick Warne & Co. Ltd and New York)

『Kate Greenaway's Book of Games』
(Kate Greenaway / George Routledge & Sons)
『The Pied Piper of Hamelin』(Robert Browning,
Kate Greenaway / George Routledge & Sons)

Kate Greenaway

현대의 판화

현대에는 인쇄 기술이 아닌 예술의 한 장르로서 앞서 본 회화 같은 섬세한 판화보다는 재료의 특징을 살린 독특한 판화 그림책이 많다. 판화의 종류는 크게 볼록판화[1], 오목판화[2], 평판화[3], 공판화[4]로 나뉜다. 볼록판화는 분명한 명암 대비, 오목판화는 세밀한 드로잉, 평판화는 회화적인 느낌 등 각각의 특징이 확실하게 드러난다.

1. 목판화, 리놀륨 판화, 고무 판화, 지판화
2. 드라이포인트, 에칭, 메조틴트
3. 석판화(리소그래피), 모노타이프
4. 스텐실, 실크 스크린

『아기곰의 가을 나들이』(데지마 게이자부로 글, 그림 / 보림) : 목판화

『불 끄기 대작전』(아서 가이서트 글, 그림 / 보림) : 에칭

『파란 벽』(지혜림 글, 그림 / 현북스) : 에칭

아름다운 그림책 — 판화 그림책

『여기, 지금, 함께』(이소영 글, 그림 / 해와나무) : 석판화
『수달이 오던 날』(김용안 글, 한병호 그림 / 시공주니어) : 석판화
『자장가』(도종환 시, 김슬기 그림 / 바우솔) : 리놀륨 판화 + 다색 소멸 기법

이제 봄이다.
차갑고 추운 겨울이 있었기에 봄이 따뜻하듯,
음과 양의 조화로 이루어진 판화 그림을 보며
화사한 봄을 마음속에 꾹꾹 눌러 담아 보자.

『You Are a Lion! : And Other Fun Yoga Poses』(Taeeun Yoo / Penguin Group USA) : 모노타이프

아름다운 그림책 — 평화 그림책

『마레에게 일어난 일』
(티너 모르티어르 글, 카쳐 퍼메이르
그림 / 보림) : 에칭 + 콜라주

『마음을 보았니?』(김춘효 글, 오정택 그림 / 시공주니어) : 실크스크린
『Seasons』(Blexbolex / Enchanted Lion Books) : 실크스크린

아름다운 그림책 — 판화 그림책

『꽃살문』(김지연 글, 그림 / 느림보): 리놀륨 판화
『첫눈』(엘함 아사디 글, 실비에 벨로 그림 / 책빛): 모노타이프

오래 봐야
더 아름다운
판화 그림책

그림책의 역사를 공부하다 이 책을 보고 두 눈을 의심했다. 이게 판화라고?

1870년 최초의 다색 나이테 목판화 『In Fairy-Land : A Series of Pictures from the Elf-World』이다. 내가 알고 있던 판화와 전혀 다른 느낌이어서 보고 또 보았다. 종이에 직접 그린 게 아닌데도 이렇게 섬세하게 그렸다고? 이렇게 복잡한 색깔을? 삽화가가 직접 그리고 파낸 건가? 결론부터 말하면 '반은 맞고, 반은 틀렸다.' 삽화가는 '리처드 도일Richard Doyle'이지만 도일의 그림을 목판에 옮기고 책으로 찍어 낸 사람은 조판사 '에드먼드 에번스Edmund Evans'다.

이름도 낯선 이 조판사 덕분에 '많은' 어린이들이 '아름다운' 그림책을 만날 수 있게 되었다. 스케치를 찍어 낸 후 일일이 손으로 채색해야 했던 시대에는 그림책은 희귀했고, 그만큼 비쌌다. 에드먼드 에번스가 9~10가지 색을 사용하는 다색 판화법을 완성하여 색깔도 복제하게 되고 나서야 대량 생산이 가능해졌다. 원작의 풍부한 회화적 표현을 살리게 된 후로 에드먼스 에번스는 월터 크레인을 시작으로 랜돌프 칼데콧, 케이트 그리너웨이와도 손잡고 그림책을 만들어 냈다. 서지 정보에 제작처가 적히듯이 당시 에번스가 인쇄한 책에는 그의 이름이 깊이 새겨져 있다. 삼례에 위치한 그림책 미술관에서 하는 '빅토리아 시대 그림책 3대 거장' 전시에서도 그의 이름을 곳곳에서 확인할 수 있다. 그를 모르면 지나칠 수 있으나 알고 나면 그냥 지나칠 수 없는, 반갑고도 고마운 이름이다.

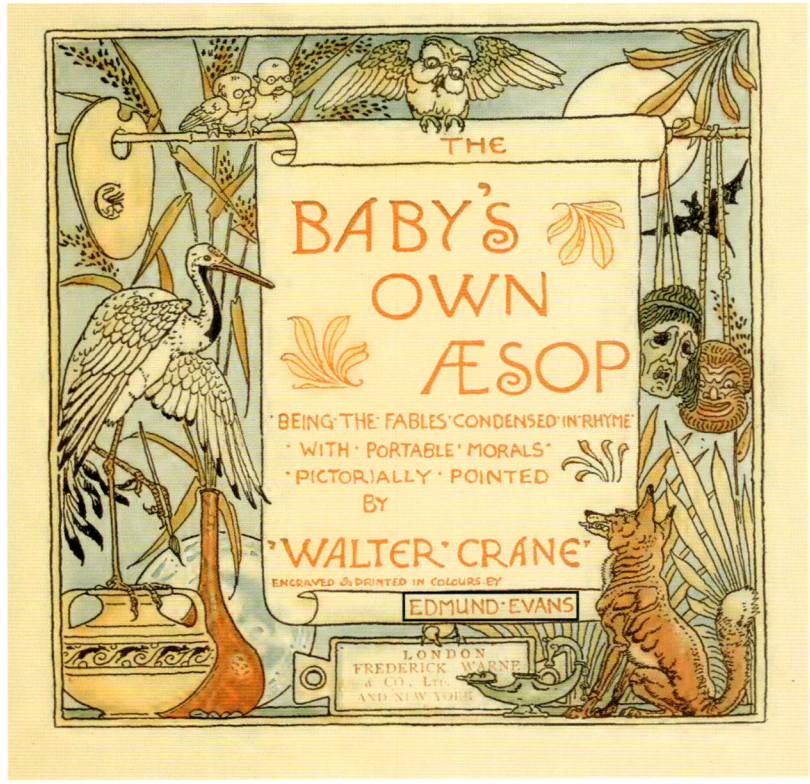

장화 신은 고양이와 40인의 도둑들
Puss in Boots and the Forty Thieves
월터 크레인 그림 / 에드먼드 에반스 인쇄
존 레인 보들리 헤드(런던)
1914년

판화가 곧 인쇄 기술이던 시기에는 삽화가가 종이에 그림을 그리고 조판사가 판에다 파내서 찍어야 했기 때문에 둘의 협력이 매우 중요했다. 지금은 판화 작가가 그림을 그리고 판을 제작하는 것까지 혼자서 완성한다. 판화 그림을 다시 인쇄하여 책을 만드는 것이다. 사실 재료나 장소에 구애받지 않고 디지털 작업을 할 수 있는 시대에 복잡한 단계를 거쳐야 하는 판화로 작업을 하는 데는 그만한 이유가 있지 않을까.

 30년 판화 작업을 이어 오며 원주에서 '무내판화공방'을 운영하는 원혜영 작가는 판화로 작품을 만들어 내는 과정 자체가 매력이라고 한다. 판화는 수정이 어려워 꼼꼼히 계획하는 과정이 필요하지만, 설계한 대로 작품이 완성되어 가는 과정에서 느끼는 기쁨이 엄청나다. 한편 조각하거나 화학 처리를 하는 과정에서 힘든 노동이 필요하지만, 그런 만큼 힘을 써서 파고 누르는 과정에서도 보람을 느끼는 것이다.

 요즘은 배경은 판화로 찍고 선은 연필이나 펜으로 그린다든지 다른 기법을 같이 활용한 판화 그림책도 많다. 그림책마다 기법을 하나하나 분석하기는 무리가 있지만, 적어도 이제는 판화 그림책을 볼 때 작가가 들인 수고의 시간을 생각하며 그림을 꼼꼼히 뜯어보고, 조금 천천히 책장을 넘겨 보길 바란다. ♪

『딱 하루만 고양이』(원혜영 글, 그림 / 우주나무)

고양이가 되면 정말 행복할 거야.

아름다운 그림책 — 평화 그림책

그리워 돌아보면, 그 자리에 있는 노을 같은 사랑

《옥춘당》, 그림책으로 3월 24일 출간!

고정순 글·그림 | 132쪽 | 215×260mm

'옥춘당'을 입에 넣고 천천히 녹여 먹다 보면 나도 모르게 눈물이 차오른다.
떠난 당신에게 묻고 싶은 게 참 많다. 까먹은 시간만큼 나는 나이를 먹었다.
불쑥 당신이 그리워질 때면 입에 달콤하고 쌉쌀한 기억이 고인다.
고정순의 이야기를 오래오래 아껴서 듣고 싶다. _ 최지인 시인 (《일하고 일하고 사랑을 하고》 저자)

그림책 《옥춘당》은 고정순 작가의 기억 속에 머물며 진한 사랑과 그리움이 되어 버린 돌아가신 할아버지와 할머니에 관한 이야기를 담았습니다. 색동옷을 입은 듯 알록달록 예쁜 옥춘당은, 유일하게 제사상에서 볼 수 있는 사탕입니다. 다른 사탕과는 달리 어쩐지 그리운 누군가가 떠오르는 듯한 '옥춘당'에서 할아버지와 할머니의 가슴 저릿한 사랑 이야기를 만나 보세요.

만화책 《옥춘당》을 그림책으로 새롭고 풍성하게 만나 보세요!

한순간, 해변의 파도처럼 소년에게 도착한 그녀, 에스더 앤더슨

"이 순간 이후, 모든 것이 영원히 달라질 거라는 걸 느낄 수 있었다."

티모테 드 퐁벨 글 | 이렌 보나시나 그림
최혜진 옮김 | 80쪽 | 340×240mm

다음 날 아침, 일찍부터 길을 나섰다.
어떻게 해야 길을 잃을지 나는 잘 알고 있었다.
한 번만 돌아가면 그 애를 다시 만날 줄 알았다.
그 애의 가운데 이름을 하나하나 머릿속으로 불러 보았다.

아름다운 시골 풍경이 주는 낯선 느낌과 여유, 길을 잃고서야 우연히 알게 된 바다의 존재, 그리고 에스더 앤더슨과의 만남에서 느껴지는 설렘과 두근거림까지 소년의 감정 변화가 섬세하게 그려진 이야기를 만나 보세요. 아이들에게는 가슴 설레는 공감을, 어른들에게는 아련한 그리움과 추억을 떠올리는 시간이 될 것입니다.

www.gilbutkid.co.kr 길벗어린

소중한 존재의 행복을 지켜 주는 진정한 사랑에 관하여!

'내가 나일 때 행복하듯이, 너도 너일 때 우린 함께 행복할 거야…'

윤강미 글·그림 | 44쪽 | 263×270mm

미나는 작은 새를 무척 사랑했습니다. 단짝 친구처럼 곁에 두고
오래도록 곁에 두고 싶었어요. 어느 날 조심스레 새장에서 꺼낸 작은 새가 휙
날아올라 멀리 날아가자 미나는 다급히 뒤를 쫓습니다.
미나는 사랑하는 작은 새와 이대로 헤어지게 되는 걸까요?

그림책 《미나의 작은 새》는 매혹적인 그림들이 한 편의 꿈처럼 펼쳐지고, 환상 구조를 통해 일상에서 만날 수 없는 신비하고 아름다운 세계로 우리를 초대합니다. 각자의 마음속에 자리한 작은 새를 떠올려 보며 소중한 존재를 사랑하는 방법에 대해 함께 생각해 봐요!

케이트 그리너웨이 상 이름이 바뀌었다고요?

영국 최고의 그림책 상은 그림책 작가인 케이트 그리너웨이Kate Greenaway의 이름을 딴 케이트 그리너웨이 상이다.

1955년 제정되어 70여 년 동안 뛰어난 일러스트레이터에게 매년 수여해 온 영국의 케이트 그리너웨이 메달Kate Greenaway Medal 명칭이 2022년부터 변경되었다. 변경된 이름은 요토 카네기 메달 포 일러스트레이션The Yoto Carnegie Medal for Illustration. 1973년 레이먼드 브리그스 작가의 『산타 할아버지의 휴가』 이후 49년 만에 그래픽 노블이 케이트 그리너웨이 상을 받아 화제가 된 『롱 웨이 다운』이 마지막 케이트 그리너웨이 수상작이 된 셈이다.

어린이, 청소년 책의 글작가에게 수여했던 '카네기 메달Carnegie Medal' 역시 '요토 카네기 메달 포 라이팅The Yoto Carnegie Medal for Writing'으로 이름이 바뀌었다.

요토Yoto는 어린이용 오디오북 플레이어 브랜드로 이 상의 메인 스폰서이다. 두 상은 3월에 최종 후보를 발표하고 6월에 수상작을 발표한다. ♩

구멍이 뻥뻥,
즐거움이 빵빵

『구멍이 슈~웅』
(피터 뉴웰 글, 그림 / 개구쟁이 / 절판)

에디터 **이시내**

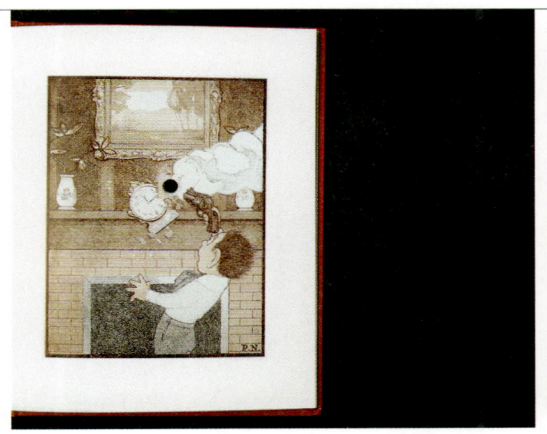

총 맞은 것처럼 뻥 뚫린 그림책

『라키비움J 옐로』(2호)부터 그림책 물성에 관한 기사를 쓰며 '언젠가는 내가 좋아하는 구멍 책에 관해 쓰고 말리라.' 다짐해 왔다. 지난 『라키비움J 롤리팝』(6호)에서 띠지, 겉싸개로 시작해 가름끈, 책입·책머리·책발 등 책 겉에 있는 물성 총정리 편을 실었다. 이제껏 밖은 다 보았다. 그럼 안으로 들어갈 순서다. 드디어 책장을 열고 다이컷Die-Cut기법으로 만든 책을 읽을 시간이 된 것이다!

다음이 궁금한 구멍

'처음으로 그림책에 구멍을 뚫은 작가는 누구일까?' 우연히 『옛날 옛날에 파리 한 마리를 꿀꺽 삼킨 할머니가 살았는데요』(심스 태백 글, 그림 / 베틀북) 헌사에서 힌트를 얻었다. "태백 아저씨는 책 앞 표지부터 뒤 표지까지 구멍이 뚫려 있는 『구멍이 있는 책』을 쓴 피터 뉴웰에게 이 책을 바친대요."라고 말이다. 그렇다면 '피터 뉴웰이 만든 구멍 책은 뭐길래?' 궁금증이 꼬리에 꼬리를 문다.

피터 뉴웰은 1908년 『The Hole Book』(Peter Newell / Harper & Brothers)이라는 구멍 책을 냈다. 한국에는 2005년 『구멍이 슈~웅』으로 번역되었다. 이 책은 톰 포츠란 어린이가 장난치다 실수로 발사한 총알로 인해 일어난 사건·사고를 담았다. 펑! 출발한 총알은 아이가 탄 그네의 줄을 끊고, 유리 어항을 깨뜨리며, 풍선 장수의 풍선을 터뜨리고는, 펠릭스가 아끼는 연까지 잃어버리게 만든다. 끝없는 사건들은 실제 총알이 지나간 것처럼 책장에 뚫린 구멍 덕분에 생동감 넘치게 전해진다.

115년 전 그림책에 구멍을 뚫은 피터 뉴웰의

책도 읽고 꼬물꼬물 손가락 놀이도 하고.

아니, 가만히 있어 보라고. 구멍아!

기발함은 뒤이은 작가들에게 수많은 영감을 주었다. 『아주아주 배고픈 애벌레』(에릭 칼 글, 그림 / 시공주니어) 역시 배고픈 애벌레가 월요일부터 일요일까지 먹은 음식마다 구멍을 뚫었다. 어른이 글을 읽는 동안 아이는 사과, 오렌지, 케이크에 난 구멍에 포동포동한 손가락을 넣어 가며 애벌레가 다음에 먹을 음식에 대한 호기심을 키워 간다.

2012년 노르웨이에서 출판된 『Hullet 구멍』(어이빈드 토세테르 글, 그림 / A9PRESS) 역시 책장을 관통하는 구멍으로 독자를 유혹한다. 주인공은 이사 온 집에서 짐을 풀다 벽에 뚫린 구멍을 발견한다. 깜짝 놀라 구멍을 살피는데 구멍은 약을 올리듯 세탁기로, 바닥으로 요리조리 도망친다. 겨우 구멍을 상자에 담아 연구실로 가는데 연구실까지 가는 길도 만만치 않다. 책의 구멍 위치는 변함없지만, 그림에 따라 구멍은 하늘로 솟았다 땅으로 꺼지며 주인공을 놀린다.

책에 뚫은 구멍 하나로 독자와 책 속 인물을 맘대로 주무르다니! 이렇게 영리하게 물성을 쓰며 생명을 얻은 책은 오랫동안 독자의 손에 머물게 마련이다.

이유 없는 구멍은 없다

사건을 연결하는 장치로 등장하는 구멍뿐 아니라, 책의 메시지를 구멍으로 강조하는 그림책도 있다. 『우리 다시 언젠가 꼭』(팻 지틀로 밀러 글, 이수지 그림 / 비룡소)에는 멀리 떨어진 할머니와 손자가 서로를 그리워하는 마음이 담겼다. 작가는

책장을 넘기지 않아도 멀리 있는 당신이 보인다. 구멍 덕분에.

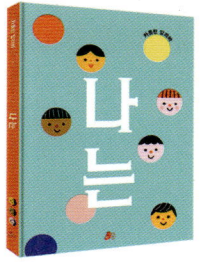

당신은 늘 똑같은 사람인가요?

멀리 떨어져 있지만, 빨리 만나고 싶은 두 사람의 바람을 구멍으로 이뤄 준다.

 내가 있는 공간에는 그리운 이가 없다. 책장을 넘겨야만 바뀌는 공간에서 보고 싶은 이를 만날 수 있다. 하지만 구멍이 있다면 굳이 책장을 넘기지 않아도 구멍을 통해 바라보거나 말을 건넬 수 있다. 구멍은 언제든지 서로를 볼 수 있는 창문이 되거나, 궁금한 일상을 나누는 노트북 화면으로 등장한다. 우리가 아무리 멀리 있어도 언젠가 꼭 만나리란 간절함을 증폭시키는 장치가 된다. 책장을 넘기면 사라지는 이야기가 아니라, 구멍 덕분에 그리운 이에 대한 감정의 연속성을 유지할 수 있다. 구멍의 힘은 정말 대단하지 않은가.

본질을 꿰뚫어 보다

시공간을 통과하는 구멍이 있다면 여기, 또 다른 나를 보여주는 구멍이 있다. 『나는』(카롤린 달라바글, 그림 / 빨간콩)에는 평범하고 익숙한 인물이 등장한다. 집에서는 엄마지만, 직장에서는 의사인 내가, 아이에겐 아빠지만, 내 부모의 자식이기도 한 내가 있다. 누군가에겐 최고의 스타지만 다른 곳에선 반가운 이웃! 트랙에선 달리기 챔피언이 부엌에서는 실수투성이 요리사가 된다. 구멍 너머로 보이는 '나'는 변함없지만, 장소와 관계, 누가 바라보느냐에 따라 달라지는 '나'를 담은 그림책이다. 여기서는 안 보이는 '나'를 구멍으로 소개하다니! "네가 알고 있는 내가 전부가 아니야!"라고 외친다. 여행 갔다 들른 책방에서 삶의 지혜를 쉽고 재밌게 나눌 수 있는 그림책을

빛을 담으며 당신처럼 빛나는 구멍

한 가지 색만 있는 게 아니라고 말한다.

발견했다며 설렘과 기쁨을 함께 나누고 싶다.

통과하지 않고 담아 내는 공간

시공간을 뚫고, 사람의 본질까지 보여 주는 구멍만 있는 게 아니다. 비우기보다 담아 내는 구멍 책도 있다. 『당신은 빛나고 있어요』(에런 베커 글, 그림 / 웅진주니어)는 원형으로 구멍을 낸 뒤 구멍마다 반투명 색 아크릴을 붙였다. 하늘을 데우며 땅을 감싸는 불과 나뭇잎을 키워 신선한 쉼을 주는 색이 책장을 넘길 때마다 겹치며 말을 건넨다. 하늘과 바다, 밀알과 나뭇잎 등에서 흘러온 빛으로 채워진 존재가 바로 당신이라고 말이다. 우리가 이 아름다운 빛만큼 소중한 존재라고, 구멍을 통해 독자에게 전한다. 구름 한 점 없이 맑은 날, 햇빛을 담아 색이 넘치는 창을 아이들 얼굴에 비추면 감동 어린 얼굴을 만난다. 평소 하지 못한 "이 세상 어떤 빛도 너보다 아름다운 건 없더라. 너와 함께 있어 행복해."라는 말을 그림책으로 수줍게 전해 본다.

네 자리도 여기 있어

『이 색 다 바나나』(제이슨 풀포드 글, 타마라 숍신 그림 / 봄볕) 역시 마지막 장에 낸 구멍 하나로 책 밖에 있는 독자를 책 속으로 훅 끌어당긴다. 어떤 존재를 떠올릴 때 대표 색 하나만 생각했던 나에게 존재가 갖고 있는 여러 색과 이름을 알려 준다. "바나나는 당연히 노란색이지."라며 단단히 굳어 있던 시각을 흔들어 놓는다. 외면의 색뿐만 아니라 내면의 색을, 자세히 바라봐야 보이는 작은 존재를, 오래 지켜본 이만이 아는 찰나의 모습을 들려주는 그림책이다.

마지막에 등장하는 여러 피부색 팔레트 가운데 빈 곳이 있다. 이 공간에 내 피부를 직접 대며 마지막 장면을 완성하게 하는 재치는 이 책의 화룡점정이다. 공동체는 하나라도, 이 안에서 하나하나 자신만의 색으로 존재한다는 당연함을, 그렇기에 저마다의 색으로 어우러진 우리가 얼마나 아름다운지, 열 마디 말보다 움직임 하나로 독자를 깨닫게 만드는 이 구멍은 정말 소중하다.

이 기사를 읽는 동안 '이토록 매력적인 구멍 책이 있다니!'하며 호기심이 자랐길 바란다. 이야기를 전하기 위해 뚫은 구멍이 당신의 마음도 관통했길. 집에 구멍 책이 있다면 당장 꺼내서 "이 구멍은 왜 뚫었지? 없었다면 어땠을까?" 아이와 특별한 이야기를 만들어 보길 바란다. 총 맞은 것처럼 내 마음을 뚫어 버린 구멍 이야기가 여기저기에서 들리길, 그래서 더 재미난 물성의 그림책이 독자의 곁에 자주 등장하길 바란다. ♪

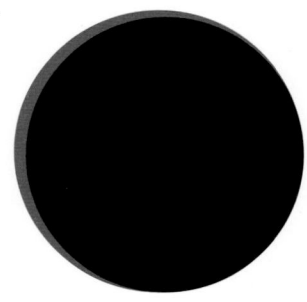

 기댈 곳 없는 외톨이, 머물 곳 없는 떠돌이 늑대의
용감한 실패, 엉뚱한 도전, 그리고 뜻밖의 만남!

누가 알았겠어?
넓고 넓은 초원에서 친구도, 가족도 없는 외톨이,
머물 곳 없는 떠돌이로 살게 될 줄!
누가 알았겠어? 거듭거듭 사냥에 실패할 줄!
누가 알았겠어? 양의 털을 쓰게 될 줄!
그리고 마침내 양의 털을 벗고서 지금, 여기에 이렇게 있을 줄….

누가 알았겠어?

선택과 포기, 도전과 좌절, 성공과 실패 앞에서 넘어지고 일어서며
더 나은 방향으로, 더 가까이 나아가려는 우리 모두의 이야기!
푸름 글·그림 | 키위북스 | 16,000원

#늑대 #양 #도전 #실패 #두려움 #극복 #용기 #희망 #기회
#2022년 아이들나라 창작그림책 공모전 수상작

'행복이란 무얼까요?'

어딘가에 있을 행복을 찾는 우리에게
어미 양 셀마가 들려주는 작지만 확실한 행복 이야기

독일 그림책의 거장 유타 바우어 작품

엄혜숙 옮김 | 키위북스 | 15,000원

 주소 (10447) 경기도 고양시 일산동구 중앙로 1079, 522호 전화 031)976-8235
팩스 0505)976-8234 이메일 kiwibooks7@gmail.com instagram kiwibooks7

Argos
아르고스

그리스 신화 속 눈이 100개 달린 괴물, 모든 것을 보는 자. 한꺼번에 잠들지 않는 100개의 눈은 모두 다른 것을 본다. 여기 『라키비움J』의 눈이 있다. 아르고스처럼 한 권의 그림책을 보는 100가지 눈. 100권의 그림책을 뚫어 보는 하나의 시각을 가졌다. 이제 『간다아아!』에서 100개의 이야기를 읽어 낸다.

어느 날, 꼬마 멜은 결심합니다.
"나, 날아 볼 테야!"
언니 오빠가 걱정하며 말렸지만 끄떡없어요.
"나도 겁나. 그래도 날개는 두었다 무얼 하게?"
멜은 힘차게 날개를 펼칩니다.

"간다아아!"

뛰어오르자마자 멜은 그만
아래로 뚝 떨어집니다.
아래로, 아래로!

동네 이웃이 다 잡아 주려 했지만 소용없네요.
텀벙!

걱정 마세요, 멜은 물총새인걸요.
물총새가 물고기를 잡으려면 일단 아래로, 아래로!
멜은 물고기 한 마리 입에 물고 물 밖으로 솟구칩니다.
이번엔 위로, 위로!

"내가 날았어요!"
엄마는 멜이 대견하대요.
멜도 그래요.
"나도 내가 자랑스러워요!"

떨어지는 것을 두려워하지 않는 멜을 응원합니다.

스토리가 모든 것을 이끌어 간다

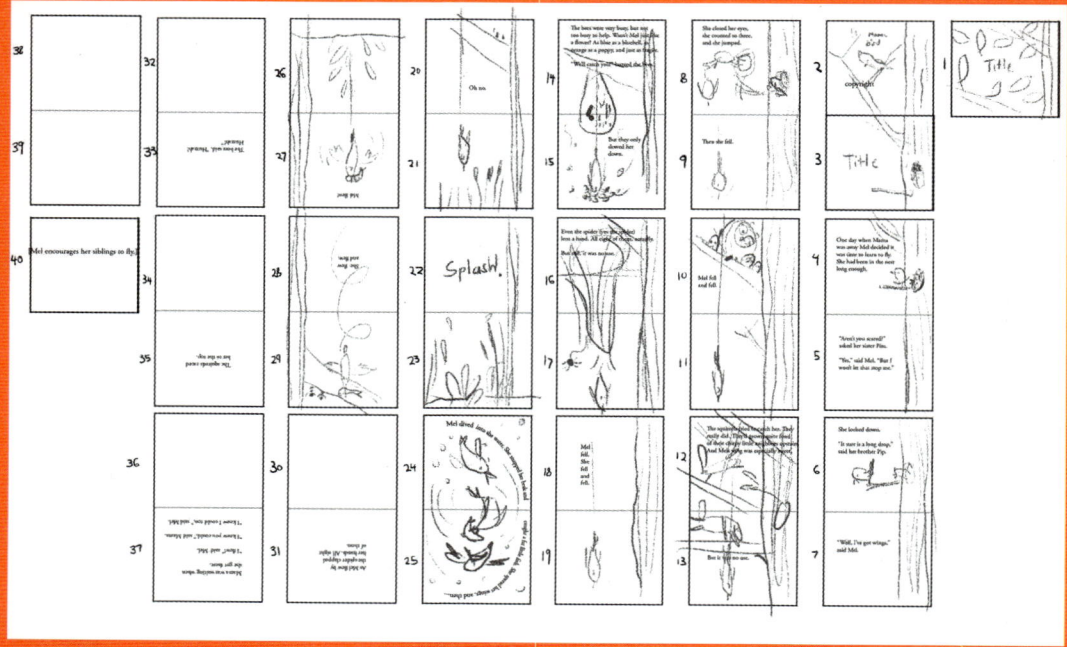

아이디어 단계의 섬네일. 이렇게 섬네일로 보면 전체 구성이 한눈에 들어온다. Copyright © Corey R. Tabor

코리 R. 테이버
Interview

에디터 **전은주**

2022년 칼데콧 수상을 축하합니다. 아이에게 이 책을 다 읽어 주자마자 "또 읽어 줘!"라고 한다는 얘길 많이 들었어요.
그 말을 들으니 정말 기쁩니다. "Again!"은 그림책 작가가 받을 수 있는 최고의 칭찬 중 하나죠.

칼데콧 수상 이후 당신에게 달라진 것이 있나요?
가장 좋은 점은 이 상을 받았기 때문에 다음 작품을 또 할 수 있다는 거죠.
　제가 좋아하는 일을 오랫동안 할 수 있게 되었어요.

당신이 그림책 작가가 되는 데 가장 큰 영향을 미친 것이 있나요? 사람이라든지, 추억이라든지요.
나는 내가 기억하는 한 오랫동안 책과 이야기를 사랑해 왔어요. 그리고 저는 항상 그림 그리는 것을 좋아했습니다. 어렸을 땐 만화가가 되고 싶었어요. 내가 제일 좋아하는 만화책은 빌 와터슨Bill Watterson의 <캘빈과 홉스Calvin and Hobbes> 시리즈예요. 사실은 지금도 기분 전환을 하고 싶거나, 어린 시절에 어떤 느낌이었는지 기억해 내고 싶을 땐 이 책을 읽곤 해요. 그러다가 좀 더 커서는 소설가가 되고 싶었죠. 그다음엔 영화 감독이 되고 싶었어요.
　대학에 가서야 그림책을 만들기로 결심했어요. 내가 영화 학교를 막 중퇴했을 때였어요. 서점(반스 앤 노블이었죠!)에서 이 책 저 책 보고 있다가 우연히 모리스 샌닥의 그림책을 발견했어요. 그 순간이었어요. 그림책과 사랑에 빠졌고, 그 후론 계속 그림책뿐이에요.

가장 적합한 표현 방법을 찾기 위해 실험 또 실험 중

요즘 당신이 그림책 작가로서 특별히 관심을 가지고 있는 것이 있나요?
최근에 저는 글 작가나 일러스트레이터인 친구 몇 명과 그림책을 공동 작업하고 있어요. 나 혼자서는 생각해 낼 수 없는 것들을 만들기 위해서 각자의 감성과 스타일이 어떻게 함께 작용하는지 지켜보는 것은 매우 재미있고 흥미로워요.
　그리고 전 항상 실험을 좋아합니다. 스토리든 책의 형식이든, 아니면 내가 사용하는 예술 표현 방법이든지요. 수채화를 좋아하는 이유도 물과 물감이 어떤 효과를 낼지 알 수 없기 때문이에요. 이것저것 시도해 봅니다.
　지금은 다음 그림책에서 어떤 방법으로 그림을 그릴지 생각하는 단계예요. 저는 모든 가능성을 고려하는 것을 좋아한답니다.

『간다아아!』는 어떤 방법으로 그리셨나요?
어떤 아이디어가 떠오르면 일단 작은 섬네일

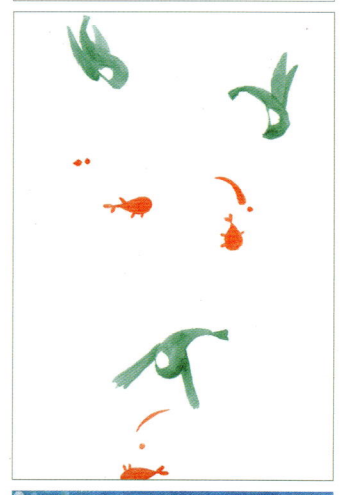

"청록색(Viridian)과 빨강(Red) 아크릴 물감으로 각각 그림을 그려 디지털로 조립했어요." Copyright ⓒ Corey R. Tabor

스케치를 합니다. 그런 다음 연필로 실제와 같은 크기의 디테일한 스케치를 그리죠. 이 스케치를 스캔해서 컴퓨터로 포토샵 작업을 해요. 그 PDF 파일로 '더미Dummy'를 만듭니다. 전체적으로 어떤 책이 될지 모형을 만드는 거죠. 편집자에게 이 더미를 보내면 편집자는 어떤 부분이 좋고, 제가 어떤 부분을 바꾸면 좋을지 의견을 보내 와요. 이렇게 몇 번 왔다 갔다 한 다음, 최종 버전을 만드는 거죠.

그런데 이번 『간다아아!』는 중간에 진짜 종이로 더미를 만들었어요. 책을 돌려 보는 것을 직접 보고 궁리하기 위해서요. 다행히 편집자는 더미를 보자마자 이렇게 돌려 본다는 아이디어를 좋아했어요!

아까도 말했지만 저는 미술 용품들을 여러 가지로 실험해 보는 것을 좋아해요. 『간다아아!』에서 연필과 아크릴 물감뿐 아니라 나무껍질 표현을 위해 목판화를 쓰기로 결정하기 전에 정말 많은 종류의 물감과 잉크, 각종 연필을 시도해 봤어요. 여러 가지 방법으로 그림을 그리고 색칠한 다음 포토샵을 이용해서 마지막에 조립했죠.

좀 더 자세히 설명해 볼게요. 『간다아아!』의 그림은 한 부분만 빼고는 두 색깔로 모든 그림을 그린 다음 포토샵으로 색깔을 조금씩 바꾼 거예요.

예외가 있다면 나무껍질 부분이에요. 롤러로 목판화용 물감을 칠해 원하는 색감을 만들고 포토샵으로 스케치에 얹었어요. 이 과정에서도 많은 실험을 했죠.

아이가 돌아왔을 때, 언제든 그곳에 있는 부모가 되고 싶다

『간다아아!』의 스토리를 좀 더 얘기해 주세요. 『간다아아!』를 통해 특별히 하고 싶은 이야기가 있었나요? 저는 『간다아아!』와 『여우지만 호랑이입니다』를 읽으면서 '자기 자신을 사랑하라'는 메시지를 공통적으로 느꼈어요.
저에게는 항상 이야기Story가 먼저예요. 만약 전하고 싶은 메시지가 있다면 이야기 속에서 자연스럽게 자라요. 결국 그 이야기에서 무슨 메시지를 가져갈 것인지는 독자가 결정한다고 생각해요.

멜이 떨어지는 동안 멜의 표정은 편안해 보여요. 멜은 자기가 추락하는 것이 아니라는 것을 알고 있었나요?
나는 물속으로 다이빙하는 것이 멜의 계획이라고 생각해요. 물론 그녀는 떨어지는 게 무서워요. 하지만 멜은 자기 자신을 믿어요. 자기가 날 수 있다는 걸 믿고요.
　멜이 떨어지는 동안 달팽이를 비롯한 이웃들은 모두 멜이 추락하는 줄 알고 안절부절못하며 멜을 잡아 주려고 하죠. 저도 처음에는 "멜이 위험해! 어떡하지?" 하고 걱정했답니다. 그런데 나중에 멜이 다시 솟구쳐 오르는 것을 보면서 "내가 걱정한 것이 멜에게 방해가 될 수도 있었구나." 하고 깨달았어요. 멜이 덜 자신감 넘쳤다면 주변의 걱정 어린 반응을 보면서 "내가 지금 잘하고 있는 걸까?" 스스로 의심했을 수도 있으니까요. 멜이 자기 자신을

『달팽이 건널목』
(코리 테이버 글, 그림 / 키즈스콜레)

『이상한 참 이상한 자전거 여행』
(코리 테이버 글, 그림 / 키즈스콜레)

『여우지만 호랑이입니다』
(코리 R. 테이버 글, 그림 / 오늘책)

Copyright ⓒ *Corey R. Tabor*

(위) 최종 선택 전에 가능한 한 여러 가지 방법으로 그려 본다.
(아래) 수채화 종이에 롤러로 목판화용 잉크를 덧발라 특별한 느낌을 냈다.

믿어서 다행입니다! 저도 주변의 반응보다 제 선택을 좀 더 믿어야겠어요.
저도 때때로 멜의 자신감이 부러워요.

멜의 엄마가 집을 비웠을 때 날기로 결심한 것도 매우 인상적이었어요. 멜의 엄마는 아이들이 성장할 수 있도록 일부러 자리를 잠시 비켜 준 건가요?

내가 이 이야기를 쓸 때는 멜의 엄마의 의도에 대해 크게 생각해 보지 않았어요. 하지만 멜의 엄마가 멀리 가지 않았고(조금 더 위쪽 나뭇가지에 있었죠), 멜이 돌아왔을 때 그 자리에 있다는 걸 독자들에게 보여 주는 건 매우 중요하다고 생각했어요. 아이가 모험을 마치고 돌아왔을 때, 가족이 든든하게 기다리고 있는 거죠.

그런 멜의 엄마와 부엉이의 엄마는 좀 다른 스타일 같아요. 부엉이 엄마는 아이들을 꼭 껴안고 있어요. 아기 부엉이들은 떨어지지도 않았지만 멜이 물고기를 잡고 힘껏 날아오를 때도 엄마에게 꼭 안겨 있죠. 당신은 어떤 스타일의 부모인가요?

우리는 멜의 엄마와 부엉이 엄마를 모두 다 보여 주려고 노력해요. 아들을 많이 안아 주지만 탐구하고, 배우고, 실수할 수 있는 여지도 많이 주려고 애쓰죠. 어쨌든 목표는 그래요. 하지만 실제로 항상 그렇게 되는 건 아니에요. 네, 우리가 의도한 것보다 부엉이 엄마처럼 되는 경향이 있어요.

핌 언니와 피프 오빠. 막내 멜이라고 돼 있는데요. 핌, 피프, 멜에 특별한 의미가 있나요?

「Mell Fell」이라는 제목은 제가 이 이야기에 대한 아이디어를 생각해 내자마자 떠올랐어요.

멜이 fell(펠)과 운율이 맞는다는 점도 좋았고, 멜이 '멜로디'라는 이름의 애칭이라는 것도 마음에 들었어요. 멜로디는 새 이름으로 딱 어울리잖아요. 피프와 핌도 새가 지저귀는 소리 같달까, 새 이름처럼 들린다고 생각했어요.

그런데 한국 번역은 정말 흥미롭네요. 나는 그 새들의 나이를 생각해 본 적이 없어요. 그냥 그들이 같은 시기에 부화했다고 상상했어요.

**자신을 믿어야 해요.
나는 때로 멜의 자신감이 부러워요.**

어느 인터뷰에서 당신이 "그림책을 읽기에 너무 나이가 들거나, 너무 어린 나이란 없어요."("You are never too old or too young to read a good picture book.")라고 한 것을 보았어요. 당신은 평소에도 그림책을 많이 읽기로 유명하죠. 2022년에 가장 재미있게 읽은 책을 한 권 추천해 주실 수 있나요?

딱 하나만 고르는 건 늘 힘들어요. 세 개 골라도 되나요? 소피 블랙올Sophie Blackall의 「Farm House」는 너무나 놀라워요. 당연하죠. 조너선 스터츠먼Jonathan Stutzman과 이자벨 아르스노Isabelle Arsenault의 「The Mouse Who Carried a House on His Back」은 환상적이고 달콤해요. 이자벨 아르스노는 내가 가장 좋아하는 일러스트레이터 중 한 사람이죠! 그리고 더그 살라티Doug Salati의 「Hot Dog」는 정말 매력적이에요.

그 책들이 한국어로도 번역되면 좋겠어요. 아, 그리고 작업실에 악기가 있는 사진을 보았어요. 연주하는 것을 좋아하나요? 작업을 할 때 음악을 듣는 편이라면 당신의 플레이리스트를 공유해 줄 수 있나요?

제 스튜디오에는 악기들이 너무 많은 편이죠. 드럼, 밴조, 아코디언, 우쿨렐레, 키보드… 악기 연주하는 것을 좋아해요. 해야 할 일을 미루고 꾸물거릴 때 특히 좋아한답니다. 저는 글을 쓸 때는 연주곡 듣는 것을 좋아해요. 하지만 그림을 그릴 땐 주로 팟캐스트나 오디오북을 들어요. 일하는 동안 이야기 듣는 것을 좋아하거든요.

『라키비움J』는 인터뷰마다 작가에게 이 질문을 한답니다. 자신을 세 개의 단어로 표현하자면 무엇인가요? "나는 (   ), (   ), (   )한 작가이다."

I'm a curious, quiet, reader.
저는 호기심 많고, 조용한, 독자입니다.

앞으로도 재미있고, 유쾌한 이야기, 아이들이 "또 읽어 줘!"라고 외치는 그림책들을 많이 만들어 주세요. (인터뷰일: 2022.12.28) ♪

나무둥치를 그리는 데 쓴 물감과 도구들
Copyright © Corey R. Tabor

신데룰라?
오타 아니에요!

『신데룰라』
(엘렌 잭슨 글, 케빈 오말리 그림 / 보물창고)

에디터 **하예라**

『간다아아!』의 원제는 『Mel Fell』이다. 직역하자면 '멜이 떨어졌어요' 정도가 되겠다. 여기서부터 고민이 시작된다. 원제를 살릴 것인가, 분위기를 살릴 것인가? 한글 번역본은 원제를 살리는 대신 물총새 멜이 느낀 첫 비행의 흥분과 떨림을 담아 『간다아아!』라는 제목을 선택했다.

라임을 이렇게 살릴 일임? 재밌으면 된 거임!

멜Mel이라는 이름은 떨어졌다Fell는 동사와 각운을 이룬다. 영어 그림책에서 흔히 찾아볼 수 있는 라임rhyme을 맞춘 문장이다. 하지만 한국어 번역으로는 이러한 말의 리듬을 표현하기가 어렵다. 이런 경우 번역본은 라임을 포기하는 대신 눈길을 끄는 의역을 선택하기도 한다. 물총새 멜이 폴짝 뛰어오른 다음, 핑 공중제비를 돌고선 날개를 쫙 펼쳐 곧장 떨어지는 장면을 "간다아아!"라는 외침으로 바꾼 것이다. 평범한 어느 마을의 집 지붕에 거대한 문어가 나타난 엉뚱한 상황을 담은 『Octopus Shocktopus!』(Peter Bently, Steven Lenton / NOSY) 역시 라임을 살린 원제 대신 『어마어마한 문어가 하늘에서 뚝!』(사파리)이라는 생동감 넘치는 제목으로 독자의 시선을 끈다.

『Cinder Edna』는 신데렐라의 이웃집에 사는 진취적인 소녀 '신더 에드나'를 주인공으로 한 옛이야기 패러디 그림책이다. 영미권에서 신데렐라Cinderella를 잿더미Cinder 엘라Ella로 부르기도 하는 방식에서 착안하여 비슷한 처지에 있으나 전혀 다르게 행동하는 소녀의 이름을 'Cinder Edna'로 붙였다. 이 그림책의 번역본 제목은 『신데룰라』다. 하염없이 잿더미에서 울며 요정 할머니만 기다리는 신데렐라와 달리 이웃집의 앵무새 새장을 청소하고 받은 돈을 꼬박꼬박 모아 할부로 산 드레스를 입고 무도회에 가는 진취적이고 적극적인 신데룰라. 라임을 살린 개명이 그야말로 절묘하다. 할부마저 무이자라면 룰루랄라~.

원제에는 라임이 없지만, 번역 과정에서 한국어 라임을 만든 그림책도 있다. 모든 닭이

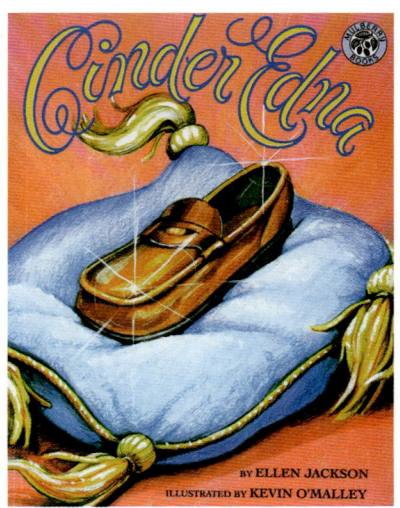

『Cinder Edna』
(Ellen Jackson, Kevin O'Malley / HarperCollins)

알을 낳을 때 꽃과 구름을 보며 꿈속에서 사는 몽상가 암탉의 이야기 『꾸다, 드디어 알을 낳다!』의 원제는 『P. Zonka Lays an Egg』다. 주인공 암탉 P. Zonka의 이름은 화려하게 장식한 우크라이나의 부활절 달걀을 뜻하는 pysanka에서 유래했다. 하지만 생소한 우크라이나의 전통에서 따온 이름이 낯설 독자를 위해, 한글 번역본은 꿈꾸는 암탉의 캐릭터를 살려 '꾸다'로 이름을 바꾸며 제목의 라임도 살렸다. 제목뿐만 아니라 본문에 등장하는 다른 암탉들 역시 라임을 맞춘 이름으로 개명했다. 매일 알을 하나씩 낳는 Maud의 이름은 '하나', 이틀에 하나씩 낳는 Dora는 '두나', 일주일에 정확히 다섯 개씩 낳는 Nadine은 '다나'이다. 한 번도 알을 낳은 적이 없는 Gloria는 '안나'인데, 알고 봤더니 알을 안 낳는 안나는 수컷이었다!

멜과 험프티 덤프티의 After the Fall

이처럼 나라별 고유한 전통에서 유래한 이름이나 서구 문화권에 대한 이해가 필요한 그림책의 제목은 직역보다는 의역의 과정을 거친다. 영미권의 구전 동요인 마더구스 속 주인공 '험프티 덤프티'의 뒷이야기를 담은 그림책『After the Fall』은 담장에서 떨어졌던 험프티 덤프티가 어떻게 두려움을 떨치고 다시 일어나 날아오를 수 있었는지 작가의 상상력을 바탕으로 한다. 마더구스에 익숙하지 않은 문화권의 독자는 표지의 담벼락에 앉아 있는 달걀이 험프티 덤프티라는 것부터가 생소한데 거기다가 그 달걀의 뒷이야기라니, "난감하네~."가 절로 나온다. 담 위에 앉아 있던 험프티 덤프티가 담에서 쿵 떨어지며 깨져 버렸다는 이 노래는 서구권에서는 매우 유명해서 특별한 배경지식이 없더라도 바로 이해할 수 있다. 한국의 어린이들이 흥부와 놀부 같은 전래 이야기를 듣고 자라듯 서양의 아이들은 마더구스를 들으며 자라기

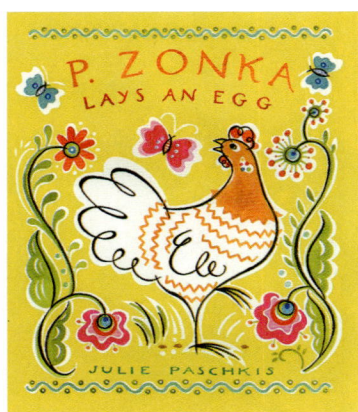

『P. Zonka Lays an Egg』(Julie Paschkis / Peachtree)
Copyright © 2015 by Julie Paschkis

『꾸다, 드디어 알을 낳다!』
(줄리 파슈키스 글, 그림 / 북극곰)

때문이다. 그러나 주인공 험프티 덤프티를 모르는 독자에게 이 그림책을 소개하기 위해서는 제목에서 느껴지는 거리감을 줄여야 한다. 이 책의 한글판 제목은 『떨어질까 봐 무서워』다. '떨어진 뒤에'라는 직역 대신 조각난 몸을 겨우 이어 붙인 채 조심스럽게 살아가는 험프티 덤프티의 심정을 대변하는 제목을 붙였다. 동서고금을 막론하고 떨어지는 게 무섭지 않은 이들은 많지 않으니 독자의 공감을 얻을 수 있는 제목을 선택한 것이다. 부제 역시 '험프티 덤프티는 어떻게 다시 일어설 수 있었나 How Humpty Dumpty Got Back Up Again'에서 '담에서 떨어진 알 험프티 덤프티 이야기'로 바뀌며 뒷이야기라는 걸 강조하기보다는 주인공 험프티 덤프티가 누구인지를 알리는 데 초점을 맞추고 있다.

『떨어질까 봐 무서워』의 험프티 덤프티는 높은 곳에서 새를 관찰하다가 떨어진다. 그 후로는 또 떨어질까 봐 무서워서 땅에서만 새를 보던 험프티 덤프티는 담 위로 올라가는 대신 종이새를 만들어 날린다. 하지만 하늘로 날린 종이새는 자신이 떨어졌던 바로 그 자리에 착지해 버렸다. 종이새를 구하려면 나를 떨어뜨렸던 담벼락 위로 올라가야만 한다. 한 발, 한 발, 마침내 담벼락까지 올라갔을 때 빠지직, 험프티 덤프티의 껍질이 깨진다. 처음엔 사고로 외피가 깨졌다면, 이번엔 스스로 내면의 한계를 깨뜨린 것이다. 험프티 덤프티는 드디어 껍데기를 깨고 자신이 그토록 좋아하던 새가 되어 하늘 높이 날아오른다. 험프티 덤프티는 떨어질 수도 있다는 위험을 감수하고 올라가는 길을 선택했고, 물총새 멜은 다시 날아오르기 위해 기꺼이 몸을 아래로 던진다.

바뀐 그림책 제목? 오히려 좋아!

『Mel Fell』과 『간다아아!』의 제목에는 온도 차가 느껴진다. 작가는 물총새 멜이 떨어진다는 사실을 그림책 본문에서 계속 강조하고 있다. 굳은 결심으로 길을 나섰지만 날기는커녕 계속해서 떨어지고만 있는 멜, 그리고 그런 멜을 안타깝게 여기는 친구들. 하지만 멜은 떨어졌기 때문에

『After the Fall』(Dan Santat / Roaring Brook Press)
Copyright © 2017 by Dan Santat

『떨어질까 봐 무서워』
(댄 샌탯 글, 그림 / 위즈덤하우스)

날아오를 수 있었고, 작가도 그러한 반전을 그림책의 제목에 숨겼다고 볼 수 있다. 떨어졌지만 떨어지지 않은 멜의 이야기를 책을 180도 돌려가면서까지 강조한 것이다. 「간다아아!」에는 둥지를 나서는 멜의 두려움이 내포되어 있지 않다. 아래를 향해 곧장 떨어지던 멜의 모습은 "간다아아!" 그 자체이지만, 날아오르기 전까지 아래로, 아래로 떨어질 것만 같던 긴장감을 이겨 낸 후 위로 날아오르는 멜의 기쁨을 「간다아아!」라는 제목이 미리 알려 주는 결과를 가져오기도 한다.

    그럼에도 불구하고 「간다아아!」라는 제목은 매력적이다. 첫 하강이라는 게 믿기지 않을 정도로 평온한 표정의 물총새 멜의 위로 "간다아아!"라고 적힌 한글판 표지는 당장이라도 다음 장을 넘기고 싶게 만든다. 게다가 "간다아아!"라니! "간다!"도 아니고, "간다아!"도 아니고, "간다아아!"라니, 이보다 더 적절하기도 어렵다. 일곱 살 딸아이가 처음으로 살짝 매운 떡볶이를 먹기 전 "도저어언!" 하고 외치던 그 결연함이 "간다아아!"에 드러난다. 「멜이 떨어졌어요」라는 제목으로는 설명할 수 없는 물총새의 첫 도전이 번역 그림책의 제목에 담겨 있다.

    그림책의 제목은 집의 대문과도 같다. 이 집에 들어갈 것인가 말 것인가를 정하는 중요한 요소이자, 살포시 책장을 열게 하는 마법의 주문인 셈이다. 특히 번역 그림책 제목을 정하는 것은 원작의 분위기를 살리면서도 번역되는 국가의 문화와 정서를 반영해야 하는 까다로운 일이다. 멜의 첫 하강을 설레는 마음으로 볼 수 있게 만들어 준 「간다아아!」와 떨어지는 멜이 다시 날아오를 때의 기쁨을 맛보게 해 준 「Mel Fell」 모두 간절한 마음으로 독자의 마음을 두드리고 있다. 독자여, 멜의 비행에 참여할 준비가 되었는가? 번역 그림책도, 독자도 모두 "간다아아!"

번역 그림책, 알고 보면 더 재밌다!

시대를 풍미했던 유행어를 활용하라

『못생긴 친구를 소개합니다 The Ugly Five』
(줄리아 도널드슨 글, 악셀 셰플러 그림 / 비룡소)
MBC의 간판 예능 프로그램 「무한도전」의 특집 '못·친·소 페스티벌 : 못생긴 친구를 소개합니다'와 그림책 제목이 같다.

『사랑하지만 꺼져 줄래? Angry Little Girls in Love』
(릴라 리 글, 그림 / 위즈덤하우스)
배려를 가장한 참견에 속 시원히 "꺼져."라고 하는 이들이 각광받는 시대. 노래 제목이나 책 제목도 이러한 영향을 받았다.

『마음도 번역이 되나요 Lost in Translation : An Illustrated Compendium of Untranslatable Words from Around the World』
(엘라 프랜시스 샌더스 글, 그림 / 시공사)
원서 제목이 영화 「사랑도 통역이 되나요? Lost in Translation」의 원제와 같은 점을 활용했다.

주인공 이름에는 성격을 부여하라

제목이 주인공의 이름으로만 되어 있는 경우, 한국에서는 캐릭터의 성격을 보여 주는 단어나 사건을 추가하여 제목에서부터 전반적인 그림책의 내용을 상상하게 만드는 편이다.

『마들린느는 씩씩해 Madeline』
(루드비히 베멀먼즈 글, 그림 / 보물창고)

『어니스트의 멋진 하루 Ernest the Elephant』
(앤서니 브라운 글, 그림 / 웅진주니어)

『얼음이의 대모험 Ice Boy』
(데이비드 에즈라 스테인 글, 그림 / 비룡소)

『행복한 허수아비 The Scarecrow』
(베스 페리 글, 테리 펜·에릭 펜 그림 / 북극곰)

단순한 제목에 분위기를 입혀라

『세상의 많고 많은 초록들 Green』
(로라 바카로 시거 글, 그림 / 다산기획)
풍부한 색감의 붓 터치와 책에 구멍을 내는 다이컷Die-cut 기법으로 유명한 작가 로라 바카로 시거의 '색깔 삼부작'의 원제는 『Green』, 『Blue』, 『Red』였지만 번역되면서 '세상의 많고 많은'이라는 수식어가 붙었다.

『Rain : 비 내리는 날의 기적 Rain』
(샘 어셔 글, 그림 / 주니어RHK)
국내에서는 '기적 시리즈'로 알려졌지만 사실 원제 『Rain』에는 '기적'이라는 단어가 없다. 날씨와 계절에 대한 단어로만 이루어진 원제 대신 기적이라는 단어를 추가하여 단조로운 일상에 날씨가 선사하는 특별함을 보여 준다.

『엄청나게 근사하고 세상에서 가장 멋진 내 모자 Old Hat』
(에밀리 그래빗 글, 그림 / 비룡소)
낡은 모자? 오래된 모자? 흠, 조미료 한 숟가락만 넣어 볼까? 아이쿠, 쏟아 버렸네?

때로는 정반대로 붙여라

『이보다 멋진 선물은 없어 The Gift of Nothing』
(패트릭 맥도넬 글, 그림 / 나는별)
모든 것everything을 가지고 있는 친구에게 '아무것도 없는 것nothing'을 선물한다는 기발한 상상력을 보여주는 책. 번역본에는 '아무것도 없는 선물' 대신 '멋진 선물'이라는 제목이 붙었다.

『우리는 최고야! Oliver Button Is a Sissy』
(토미 드 파올라 글, 그림 / 북극곰)
공놀이보다 춤추기를 더 좋아해서 계집애sissy 같다고 놀림 받았던 올리버가 결국엔 최고가 된다는 그림책의 결말을 번역 제목에 담았다. 그뿐만 아니라 주인공의 이름도 올리버 버튼에서 '우리'로 바뀌었다. '우리'는 '우리 모두 최고'라는 뜻을 담은 동시에 북극곰 출판사 이루리 편집장의 이름이 연상되기도 한다. (참고로 『루리, 어떡해! Poor Louie』(토니 퍼실 글, 그림 / 북극곰)의 주인공 루이Louie는 '루리'가 되었다)

창의력을 발휘하라

『나는 강물처럼 말해요 I Talk Like a River』
(조던 스콧 글, 시드니 스미스 그림 / 책읽는곰)
이 책의 주인공은 말을 더듬는 아이이다. 원작에서 강물처럼 말한다는 것은 굽이치고 소용돌이치며 부딪히느라 느리게, 그러나 꿋꿋하게 바다로 흘러가는 강물처럼 말한다는 뜻이지만, 한국에서는 '강물처럼' 말한다고 하면 '청산유수', 거침없이 흐르는 물처럼 말을 잘하는 모습이 연상된다. 직역이지만 공교롭게 정반대의 뜻을 가지게 되었다. 부딪히는 강물의 모습에 빗대어 말을 더듬는 아이의 이야기를 담은 이 책은 서툴게 말하는 듯한 폰트를 통해서도 아이의 심정을 전한다.

『홀라홀라 추추추 Du Iz Tak?』
(카슨 엘리스 글, 그림 / 웅진주니어)
세상 어디에도 존재하지 않는, 작가만의 상상으로 창조된 곤충 언어가 번역가의 상상력이 덧입혀 번역되었다. 책장을 넘길수록 "호야, 호?" "앙 째르르." 같은 곤충 언어를 이해하고 있는 자신을 발견할지도 모른다.

『골탕메롱파이 Enemy Pie』
(데릭 먼슨 글, 태라 캘러헌 킹 그림 / 봄의정원)
나쁜 친구를 없애는 최고의 방법으로 아빠가 건넨 '골탕메롱파이'. 원제는 '적enemy'이지만 골탕메롱이라는 재밌는 단어를 붙여 한국 어린이 독자의 시선을 뺏는다. ♪

작은 존재의 반란

작아도 할 수 있어!
자신의 자리에 당당히 서 있는 완두는 빛이 난다.

에디터 **이시내**

"간다. 또 봐!" 언니, 오빠에게 인사를 전한 뒤 곧장 아래로 떨어지는 멜을 본 순간 가슴이 철렁 내려앉는다. 분명 언젠가 겪을 성장기라는 건 알지만, 곁에서 지켜보는 양육자의 마음은 마냥 편하지는 않다. 만약 엄마 새가 나가지 않았다면, 멜의 무모한 도전이 가능했을까? 엄마는 막내의 낙하를 응원했을까, 아니면 아직은 어리다고 다음 기회를 종용했을까? 멜의 도전은 보호자의 부재로 시작한다.

『간다아아!』를 읽는 동안 멜에게 자신을 대입하며 신나게 읽는 아이의 말간 얼굴을 바라본다. 언니, 오빠도 눈을 가리는 아찔한 모험을 공중제비까지 돌며 아래로, 아래로 뚝! 떨어지는 멜은 어떤 영웅보다 멋질 거다. 돌다리도 백 번은 두들겨 보는 기질을 가진 어른으로서 두 아들의 양육자가 된 뒤 입에 달고 다니는 소리는 "위험해! 안 돼!"였다. 아이가 어디에 있든 지켜보고, 무슨 일이 생기면 바로 달릴 준비가 된 엄마 덕에 아이 역시 돌다리를 백 번 두들기는 성향이 되었다. (물론 타고난 것도 크다.) 어느 날, 새로운 도전보단 포기를 택하는 아이를 본 순간 머리가 띵했다. '자꾸 확인하고 점검하게끔 불안을 키워 놓고 도전에는 과감하길 바라다니. 내 아이가 차갑지만 뜨거운 아이스크림처럼 불가능한 존재가 될 수 있을 거라 믿었나!' 그 뒤로 돌다리는 두 번만 두드려도 된다고(!), 그냥 해 보자며 아이의 손을 잡고 같이 떨어질 준비를 했다. 그래서 이젠 씩씩하게 낙하하냐고 물으신다면, 타고난 게 참 크더라며 먼 산을 보며 너털웃음을 짓겠다. 물론 이런 기질이기에 좋은 점도 많다. 하지만 스스로 한계를 긋고 꿈을 접지는 않길 바란다. 할 수 없다는 포기보다 어쩐지 될 것 같다는 긍정이 가득하길 소원한다. 솔직히 무섭지만 당장 날고 싶었던 멜처럼 "겁나. 그래도 한번 해 볼 테야."라며 용기를 밝혀 줄 촛불을 차곡차곡 모아 본다. 그렇게 모아 둔 촛불을 꺼내 본다.

샛별처럼 빛나는 가능성

멜처럼 작은 존재의 성장을 생각하면 바로 떠오르는 인물이 있다. 태어날 때부터 몸집이 완두콩처럼 작아 이름도 '완두'인 아이. 인형 신발을 신고, 성냥갑 침대에, 세면대가 대형 수영장이 되는 『완두』는 하고 싶은 것도, 좋아하는

『완두』
(다비드 칼리 글, 세바스티앙 무랭 그림 / 진선아이)

것도 많은 아이이다. 책이 텐트가 되고, 메뚜기를 말타기 삼아 놀며 모험을 즐기던 완두는 학교에 가면서 자신이 남들과 다르다는 걸 깨닫는다. 어디에도 내게 맞는 자리는 없다. 선생님도 '가엾은 완두, 이렇게 작으니 나중에 무엇이 될까?' 걱정한다. 어른이 되어도 작은 완두는 여전히 가엾은 사람일까? 완두가 행복할 방법은 정녕 없는 건가 침울해진다. 독자는 완두의 직업을 상상조차 못 할 거라는 작가의 말에 반신반의하며 책장을 넘긴다. 그림 그리기를 좋아하던 완두는 자기 몸에 딱 맞는 자리를 찾았다. 바로 우표에 그림을 그리는 예술가다. 작아도, 아주 작아도 위대한 예술가가 될 수 있다며 당당히 서 있는 완두의 존재는 빛이 난다. 가엾은 완두라니! 지레짐작하며 완두를 낮춰 본 이들은 따끔거릴 수밖에 없다. 나보다 어리거나 작다고 함부로 동정하는 시선이야말로 가엾은 일 아닌가.

　　남의 눈에는 보이지 않더라도 의외의 작은 장점이 모여 아무도 상상할 수 없는 '나'를 완성한다. 그렇게 채워진 나는 누구도 대신할 수 없는 빛나는 존재가 된다. 작기에 더없이 눈부신 샛별처럼 이들의 가능성은 무한하다.

나도 파닥파닥 날갯짓을 해 볼 생각이다

완두처럼 작은 데다 도서관에서는 아예 사라지는 주인공이 있다. 앞표지 한가운데 아래에 붙여 놓은 바코드 덕에 감쪽같이 숨어 버린 아이 『파닥파닥 해바라기』가 바로 주인공이다. 이 책의 주인공은 키 큰 해바라기 아래 온몸을 뻗어야 햇볕 한 움큼 얻고, 혀를 끝까지 내밀면 빗물 조금을 마실 수 있는 작은 해바라기다. 내가 할 수 있는 최선을 다해 살아가지만 가끔은 눈물이 난다. 게다가 내가 우는 걸 알아주는 이조차 없다. 어디선가 나타난 꿀벌이 "날개가 있는데 왜 날지 않아?" 하고 묻자, 설마 하는 마음으로 잎사귀를 파닥거린다. 어라? 뿌리가 투둑투둑 뽑히며 난다? 날갯짓하는 해바라기에 "에이, 진짜 해바라기가 난다고?", "와! 진짜 날았어!" 아이들의 웃음과 감탄이 뒤섞인다. 맘껏 햇볕을 쬐고 빗물을 마시며 따스함을 만끽하던 순간, 작은 해바라기는 꿈에서 깬다. 처음 이 책을 아이와 읽었을 때 "꿈이네~. 꿈이었네~. 해바라기가 어떻게 날아." 라며 웃는 아이와 달리 엄마는 배신감에 놀랐다. "아니, 꿈이라고!"

　　꿈에서 깬 해바라기는 눈물을 펑펑 흘리며 다시 날아 보겠다며 잎사귀를 파닥파닥 흔든다. 해바라기의 애끓는 날갯짓 소리가 그림책을 가득 채운다. 차라리 행복을 맛보지 않았다면 몰랐을 텐데. 이토록 바라던 소망을 줬다 뺏어 버리다니. '울지 마. 그만 파닥거려. 그러다 잎까지 떨어지면 어떡해.' 염려하는 독자의 마음도 그림책을 가득

『파닥파닥 해바라기』
(보람 글, 그림 / 길벗어린이)

간절한 날갯짓은 책장을 가득 채운다.

채운다. 간절함이 닿은 걸까. 키 큰 해바라기들은 파닥파닥 소리에 아래를 보고, 울고 있는 작은 해바라기를 발견한다. 발견된 아이는 모두의 배려로 자기 자리를 갖는다. 친구들처럼 무럭무럭 자란 파닥파닥 해바라기를 보며 많은 생각에 빠진다. 관심과 배려, 공동체의 미덕과 더불어 성장의 메시지도 중요하지만, '작은 해바라기가 꿈에서 깬 뒤 가만히 있었다면?' 자꾸 질문이 떠오른다. 눈물과 함께 멈추지 않은 파닥파닥이 있었기에 이 작은 존재는 발견될 수 있었다.

그저 일어나는 일은 없다. 지금 당장 알 수 없더라도 이제껏 쌓아 온 내 몸짓이 기회를 만든다. 다시 앞표지로 돌아가, 바코드에 가려진 작은 해바라기가 있다면 나도 사서 선생님께 파닥파닥 날갯짓을 해 보자. 이 아이가 가려지면 안 된다고, 옆으로라도 옮겨 자리를 만들어 달라고 말해 보자. (실제 근무를 했던 학교에서 그렇게 바코드를 옮겼다.) 또는 필자처럼 아이의 날갯짓을 응원할 분이라면 책장에서 잘 보이는 칸에 꽂아 주길. 외로운 싸움에서 포기하려는 순간 아이의 귀에 파닥파닥 날갯짓 소리가 잘 들리게 말이다.

간절함을 담은 용기는
내면의 힘을 깨우고

파닥파닥 해바라기처럼 너무 작아 눈에 띄기 어려운 자리도 있지만, 분명히 있으나 보이지 않는 이도 있다. 캄캄한 밤에 까만 별 같은 아이는 나서지 않을 뿐 깊은 우물처럼 속이 신중하고, 마르지 않는 샘처럼 묵묵히 있다. 단지 기회가 없었을 뿐이다. 17년 전, 교실에서 깊은 우물 같은 아이가 갑작스레 내일 전학을 간다고 했을 때 그

용감한 아이만 초대받는 산신령 축제를 마메타와 함께 바라본다.

해 아이들이 유난히 사랑한 그림책을 선물했다. 『모치모치 나무』에는 아직 기회를 못 만난 겁도 많고 조용한 아이, 마메타가 있다. 곰과 싸우다 죽은 씩씩한 아빠의 아들이자, 예순넷이어도 험한 바위를 펄쩍 뛰어다니는 할아버지와 살지만 마메타는 아직 밤에 혼자 오줌 누기도 무서운 다섯 살 아이일 뿐이다. 게다가 집 앞에는 엄청나게 큰 나무가 있어 밤에 혼자 나가기가 더 어렵다. 집 앞 큰 나무에 모치모치란 이름을 붙이며 용기도 내 보지만, 여전히 어두워지면 귀신처럼 두렵다. 할아버지는 마메타에게 '동짓달 스무날 축시'가 되면 모치모치 나무에서 산신령 축제가 열린다고 알려 준다. 하지만 그 축제는 용기 있는 아이, 딱 한 명만 볼 수 있단다. 꿈처럼 아름다운 나무를 볼 수 있지만, 혼자 밤에 나가지 못하는 마메타에겐 엄두조차 나지 않는다.

어느 깊은 밤, 할아버지가 신음을 내며 아파하자 마메타는 무작정 5리나 되는 산기슭 마을까지 달려간다. 급하게 나오느라 잠옷 차림에, 맨발에 피까지 흘리며 달려간 아이는 의사 선생님과 함께 집으로 돌아오는 길에 나무와 마주한다. "모치모치 나무에 불이 켜져 있네!" 할아버지를 위해 두려움을 이겨 낸 마메타는 산신령 축제에 초대받았다. 마메타의 간절함을 담은 용기는 화면 가득 펼쳐진 모치모치 나무의 아름다운 풍경과 어우러지며 감동을 선사한다. 내면의 힘을 깨달은 마메타가 '그 뒤로는 달라졌겠지?' 싶지만, 여전히 쉬가 마렵다며 할아버지를 깨우는 다섯 살 아이일 뿐이다. 자신의 가능성을 발견했어도 변치 않는 아이의 모습은 거창한 영웅이 아닌 평범한 나라도 할 수 있단 가능성을 전한다. "괜찮아. 난 널 믿어. 아직 때가

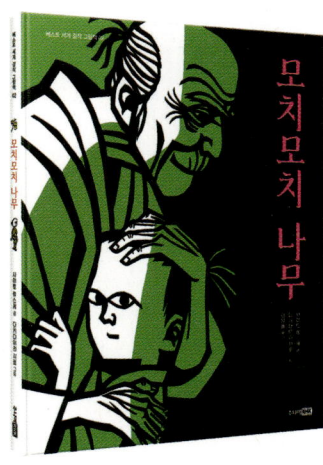

『모치모치 나무』
(사이토 류스케 글, 다키다이라 지로 그림 / 주니어RHK)

되지 않았을 뿐. 네 안에는 상상할 수 없을 정도로 거대한 힘이 있어."라고 말이다.

성장은 보호자의 부재에서 시작한다

『모치모치 나무』처럼 교실에 늘 꽂아 두는 그림책이 한 권 더 있다. 1학년 담임을 맡은 해 '학부모 총회 때 읽어 드려야지' 하는 생각으로 준비 했지만, 코로나로 온라인 수업을 하느라 직접 읽어 드리지는 못했다. 초등학생이 된 아이 곁에서 불안하거나 걱정이 큰 양육자에게 읽어 주고 싶은 그림책 『무슨 일이지?』는 늘 교탁 옆에 가까이 있다. 나도 모르게 아이의 가능성을 차단하려는 습관이 나올 때면 이 그림책을 떠올린다. 이 책은 제목 그대로 끝도 없이 "무슨 일이지?", "무슨 일이야?"라며 달려가는 동물이 등장하는 그림책이다. 오른쪽 장면 끝에 살짝 보이는 모습으로 다음에는 어떤 동물이 나올지 아이와 질문을 주고받는다. 그러다 "진짜 불이 난 거야?", "화장실이 급한 거 아닐까?", "엄마, 사냥꾼이 나타난 거야." 하고 이야기를 나누며 '정말 무슨 일일까?' 호기심이 커진다. 동물들은 누군가 구덩이에 빠졌다는 소식에 힘을 모아 끌어당긴다. 하지만 빠지지도 않은 엉뚱한 코뿔소만 잡아당긴다. 실제 구덩이에 빠진 건 아주 작은 거북이 한 마리였다. 동물들은 자기 몸의 몇 배나 되는 구덩이에 빠진 거북이를 각자 가장 잘하는 방법으로 도우려 하지만, 웬걸? 거북이는 "혼자 할 수 있어요."란다. 애써 올라와도 떨어지기 일쑤지만 거북이는 끝내 홀로 힘으로 구덩이를 빠져나온다.

'혼자 할 수 있구나!' 이제껏 아이를 돕는다고 미리 나선 걸음이 아이의 가능성을 막았던 건 아닐까? 호의라고 베풀었지만, 내가 우위라고 여긴 지나친 친절 아니었을까? 나와 동등한 존재가 아니라, 당연히 도움을 받아야 하는 약한 사람으로 생각했기에 나온 행동이었다. 그게 좋은 어른의 모습이라 단정한 오만에 얼굴이 화끈거린다. 혼자 할 수 있다. 비록 시간이 오래 걸리더라도 말이다. 운동화 끈을 10분 넘게 묶고, 컵이 아니라 식탁에 물을 쏟아도 지금 아이는 값진 경험을 배우는 중이다. 도움을 주려는 이들의 손길을 뿌리치고 홀로 성취를 이뤄 낸 거북이처럼, 멜 역시 보호자의 도움 없이 나만의 첫 비행에 성공한다.

아이들의 성장은 보호자의 부재에서 시작한다. 어떤 영화나 이야기든 무리에서 떨어져 혼자가 되거나, 보호자가 자리를 비웠을 때 사건은 시작된다. 책을 읽는 행위도 나 홀로 낯선 세상에 떨어져 성장하는 것과 마찬가지다. 그림책을 읽어 주는 양육자가 옆에 있더라도, 아이의 도전은 혼자 마주해야 하는 일이다. 멜 엄마가 바로 위

나뭇가지에 있었지만, 멜의 도전은 홀로였던 것처럼 말이다. 그림책 속 인물의 도전과 승리가 아이에게 성공의 사례로 차곡차곡 쌓여 가길 바란다. 그렇게 용기를 밝혀 주는 그림책이 있기에 아이와 함께 양육자인 나도 자란다. 풍덩! 물속에 빠질지라도 비상을 꿈꾸며 서로의 승리를 맘껏 기원하자. ♪

나 혼자서도 할 수 있어요!
『무슨 일이지?』(차은실 글, 그림 / 향)

혼자 할 수 있는 수많은 가능성을 미리 막지 말자

**안 돌려 본 사람은 있어도
한 번만 돌려 본 사람은
없다는 그 책!**

책장을 아래에서 위로 올리면서 독자는 멜의 하강을
감각적으로 느낀다.

에디터 **이미리**

그림책의 판형은 대부분 페이지를 오른쪽에서 왼쪽으로 넘기는 가로 판형이다. 그래서 아래쪽에서 위로 올리며 보는 세로 판형 그림책을 만나면 일단 호기심이 생긴다. 이 책은 왜 이렇게 만들었을까? 아이들은 이미 세로 판형의 그림책 『엄청난 눈』(박현민 글, 그림 / 달그림)을 읽고 그림책 밖까지 와르르 쏟아져 내릴 것 같은 하얀 세상에 푹 빠져 "우아~ 이 책 진짜 근사하다!"라며 책이 주는 희열을 느낀 경험이 있다. 그 덕분에 『간다아아!』의 세로 판형을 보자마자 그때를 기억하며 서로 먼저 보겠다고 실랑이하며 책을 펼쳤다.

『간다아아!』의 작가 코리 R. 테이버는 물총새 멜이 높은 나뭇가지에서 아래로 떨어지는 모습을 실감 나게 표현하기 위해 세로 판형을 선택한다. 이로 인해 책을 펼친 독자도 함께 풍덩 물속으로 뛰어드는 기분이 든다. 이 책의 특징은 세로 판형뿐만이 아니다. 책을 중반쯤 읽었을까? 텀벙! 물속으로 들어간 멜이 통통한 물고기를 한 마리 척 잡았는데! 책이 독자에게 요구한다. "이 책을 접지선 방향으로 돌리세요." 자, 상상해 보시라. 왼쪽 페이지가 위로 가도록 읽고 있었는데 이제는 오른쪽 페이지가 위로 가도록 책을 반 바퀴 돌리는 거다!

이제부터 위아래가 바뀌는 동시에 줄곧 아래로만 향했던 멜이 위로 올라간다. 사냥에 성공한 물고기를 입에 물고서 집으로 돌아가는 멜의 이웃들이 보이는 반응은 곧 독자의 반응이 아닐까? 힘차게 날아올라 높은 가지 위 집으로 돌아가는 멜을 보고 거미는 여덟 개의 다리로 열심히 손뼉을 치고, 꿀벌들도 신이 나서 만세를 외치고, 다람쥐들은 신나서 쪼르르 멜과 함께 위로 올라가며 환호성을 지른다.

책장을 아래에서 위로 올리면서 감각적으로 하강을 느꼈다면, 이제 위에서 아래로 바뀌면서 멜이 날아오르는 것이다.

작가의 의도대로 책의 방향을 바꾸면 독자는 가만히 앉아 책을 읽는데도 롤러코스터를 탄 듯 급격한 방향 전환을 느낀다. 추락하는 줄 알았던 멜이 상승하는 것을 보며 "만세 앵앵! 만세 붕붕!", "짝짝! 짝짝! 짝짝!" 층마다 이웃들은 다양한 응원을 보낸다. 이웃을 지나 "대견하다, 우리 멜." 하며 엄마의 칭찬이 쏟아지고 급기야 "나도 내가 자랑스러워요, 엄마!"라고 멜의 자아 성취감은 절정에 달한다. 책을 돌리는 것은 등장인물들의 감정 변화를 세밀하게 관찰하게 하고, 더불어 작가의 메시지가 명확하게 전달되는 효과도 있다. 그렇다면 이렇게 책을 돌려 작가의 의도를 더욱 강력하게 전달하는 책이 또 있을까?

처음엔 물웅덩이 아래서 바라만 보다가 이제까지 하강하던 공들은 호수호르듭니다.

물속으로 들어간 멜은

부리를 쩍 벌려서 통통한 물고기를 한 마리 척 잡았어요.
재를 이곳으로 돌려서 보세요.

물고기 등의 물집을 찾아서 물집을 살살이 간지럼 태우는 거죠. 놓치지 말고......

이렇게 하고 가자니 무거워요.

책을 돌리는 순간 시간 여행이 시작된다

돌리는 책의 진수라 할 만한 『Are We There Yet?』(Dan Santat / Andersen Press Ltd)은 책을 돌리는 순간 시간 여행으로 빠져든다. 과거로 갔다가 미래로 갔다가 현재로 돌아오는 마법이 일어나는 것이다. 전통적인 그림책 문법에서 오른쪽의 책장을 왼쪽으로 넘기는 것은 자연스러운 시간의 흐름을 나타낸다. 그런데 책장을 거꾸로 넘기면? 시간도 거꾸로 흐를 수밖에!

이 책을 글로 설명하기는 참 어렵다. 처음 이 책을 접한 사람은 "잘못 인쇄됐나?" 갸우뚱할 정도니까. 책을 돌리고 책장을 반대로 넘긴다는 게 어떤 의미인지 언뜻 상상되지 않는 이유는 그런 경험을 한 책이 없었기 때문이다.

할머니 생신을 축하하기 위해 길을 나선 소년은 한 시간 넘게 차에 갇혀 있다 보니 차 안이 지루하고 답답하다. '너무너무 지루해서 정신이 멍해지면 머릿속에서는 무슨 일이 일어날까?'라고 생각하는 소년의 말풍선을 따라가다 보면 자연스럽게 책을 돌리게 된다. 책을 돌리느라 책장을 넘기는 방향이 오른쪽에서 왼쪽이 아닌, 왼쪽에서 오른쪽으로 바뀌는 것이다. 이제부터 독자는 작가가 설계한 낯선 세상으로 들어간다. 시간 여행을 떠난 듯 서부 시대의 카우보이를 만나고, 바다 위 해적도 만났다가 수백만 년 전까지 거슬러 올라가 공룡을 만나기까지, 책장을 반대로 넘기며 과거로의 시간 여행에 독자가 혼이 빠져 있을 때 이 책에는 또 한 번 시간의 도약이 준비되어 있다. 책의 방향을 다시 돌려 책장을 넘기는 방향이 원래로 돌아왔는데 시간 여행의 속도가 너무 빨랐는지 소년은 공룡, 카우보이, 해적 등과 같이 2059년 미래로 이동해 버린 것이다. 그렇다면 뒤죽박죽 시간 여행을 바로잡기 위해서 책을 다시 반대 방향으로 돌리면 현재가 될까? 책의 방향을 바꾸고, 책장을 반대로 넘기는 손동작 하나로 독자는 환상적인 시간 여행을 떠날 수 있다.

책의 방향을 거꾸로 돌리면서 독자는 과거로 향한다. 독자가 현재로 돌아가려면 책을 다시 돌려야 한다.

「새 장난감이 최고야」는 처음에는 평범한 가로 판형이다. 새로운 장난감이 생긴 피기가 제럴드에게 장난감을 건네며 던져 보라고 한다. 피기와 제럴드, 그리고 독자는 하늘 높이 던진 장난감이 떨어지길 기다리는데, 장난감이 얼마나 높이 올라갔는지 표현하기 위해 저자는 책을 돌려 세로 판형을 선택한다. 넓은 가로 판형에서 길쭉한 세로 판형으로 바뀌는 변화를 통해 장난감이 얼마나 높은 곳에서 떨어지는지, 지금 어디쯤 있는지를 극적으로 보여 준다.

이와 비슷한 책으로「The Little Red Cat Who Ran Away and Learned His ABC's」(Patric McDonnell / Little Brown & Co)가 있다. 알파벳 그림책인 이 책은 N에서 그림책 주인공들이 "노~~~~~~~"를 외치며 낭떠러지에서 떨어지는 찰나의 순간을 보여 준다. 다음 페이지인 P에서는 주인공들이 낙하산을 타고 위에서 아래로 안전하게 땅에 착지하는 장면을 세로 판형으로 보여 준다. 저자는 낭떠러지까지는 가로 판형으로 보여 주다가 낙하산을 타고 하강하는 모습은 세로 판형으로 길게 보여 주어, 독자에게 주인공들이 안전하니 안심하라며 다독인다.

책에 더 몰입할 수 있게 판형의 변화를 통해 해당 장면을 확대해서 보여 주는 예도 있다.「곰이 강을 따라갔을 때」는 중요 장면에서 등장인물들을 클로즈업하여 거센 폭포 앞에 선 곰과 친구들의 마음 변화를 세밀하게 보여 준다. 이전까지는 통나무배를 타고 모험하며 즐거움에 빠져 있었지만 예상치 못한 폭포 앞에서 그림책 주인공들은 서로 손에 손을 잡는다. 등장인물들의 감정이 절정에 달하는 순간이다. 서로의 몸을 붙잡으며 앞으로 펼쳐질 추락에 대한 불안을 누그러뜨리는 순간, 작가는 가로 판형을 세로 판형으로 바꾸어 추락하는 높이를 실감나게 만든다. 세로 판형으로 책이 길어진 만큼 독자의 심장도 더 크게 철렁 내려앉지 않았을까? 이런

「새 장난감이 최고야」
(모 윌렘스 글, 그림 / 봄이아트북스)

「곰이 강을 따라갔을 때」
(리처드 T. 모리스 글, 르웬 팜 그림 / 소원나무)

극적인 순간으로 인해 함께한 모험의 시간이 마음속에 각인되고 더욱 찬란하게 빛나리라.

　아이들과 어떤 책을 읽고 있는지, 어떤 책이 재밌는지 종종 질문을 받는다. 그때마다 추천하고 싶은 책이 있을 땐 "이 책 안 본 사람은 있어도 한 번만 본 사람은 없을 거야."라는 낚시성 홍보를 하곤 하는데, 『간다아이!』에 대해서는 이렇게 말하겠다. "이 책 안 돌려 본 사람은 있어도 한 번만 돌려 본 사람은 없을걸!" 이제 돌리고 돌려 보자. 돌리는 순간 보이는 세계는 이전의 것과는 다르다. 책을 돌리면서 물총새 멜과 함께 하강하고 다시 상승하는 기쁨을 독자들이 누리길 바란다. ♪

피기의 장난감을 제럴드가 하늘 높이 던진다.

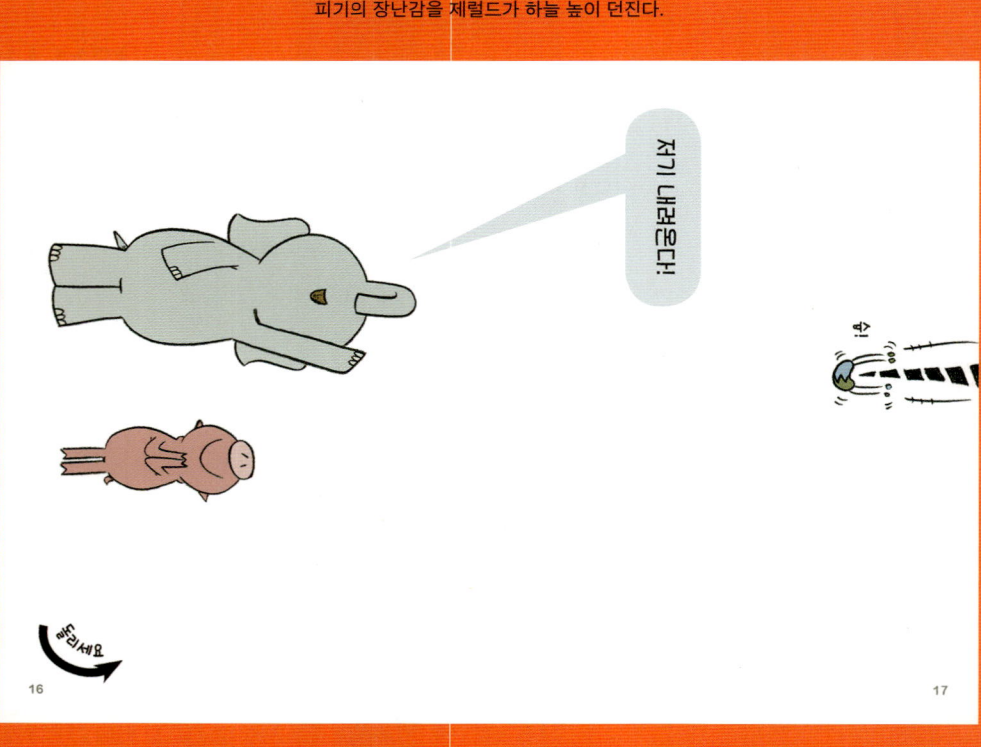

작가는 하늘 높이 던진 장난감이 내려오기까지의 긴 시간을 독자가 느낄 수 있도록 이를 세로 판형으로 보여 준다.

거친 폭포 앞에서 곰과 친구들이 십장이 철렁해서 불안해하는 모습을 세로 판형으로 길게 보여 준다.

세로 판형에서 가로 판형으로 돌아오면서 독자는 긴장감 대신 안정감을 느낀다.

글자가 예술이 되는 순간, 타이포그래피

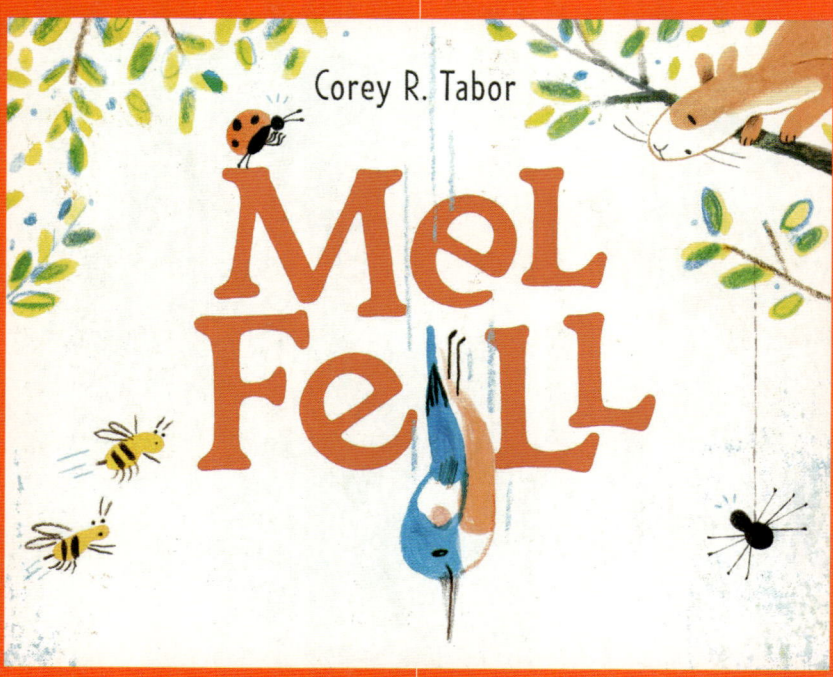

『Mel Fell』(Corey R. Tabor / Balzer + Bray)

에디터 **정유진**

타이포그래피는 다양한 요소를 활용하여 글자를 디자인하는 것으로, 미적인 부분을 고려하는 동시에 메시지를 분명하게 전하는 작업이다. 주요 변형 요소에는 바탕체, 돋움체 등과 같은 '폰트(글꼴, 글씨체, 서체)'와 폰트의 굵기, 기울이기와 같은 '속성(스타일)'이 있으며, 좀 더 화려하게 글자로 이미지를 만들거나 이미지를 글자에 넣기도 한다. 그림책 타이포그래피는 주로 제목과 본문 텍스트에 신경을 많이 쓰는데, 어린이 독자를 대상으로 하므로 무엇보다 가독성이 중요시된다. 제목은 시선을 집중시키기 위해 디자인적인 요소를 많이 활용하며, 텍스트는 메시지를 전하는 인물의 성격이나 말의 감정을 드러내기 위해 주로 폰트에 변화를 준다. 먼저, 제목 타이포그래피가 어떤 것을 고려하여 완성되는지 『간다아아!』를 살펴보며 생각해 보자.

『간다아아!』(코리 R. 테이버 글, 그림 / 오늘책)

'원서 제목을 보면, 흠…. 멜이 하강하며 일으킨 바람에 글자들이 흔들리는 것처럼 'Mel'의 'e'는 오른쪽으로, 'Fell'의 'e'는 왼쪽으로 기울여 표현했군. 우리도 제목을 흔들리는 느낌 정도로 표현해 볼까? 그런데 제목을 '간다아아!'로 번역하니 수동적으로 흔들리는 느낌은 좀 어색한데…. 음…. 그럼 흔들리는 것보다 '간다아아!'에서 '다아'를 멜이 떨어지는 방향으로 V자처럼 디자인해서 빨려 내려가듯이 해 보자. 오! 멜이 떨어지는 속도감이 훨씬 더 강조되어 보여 재미가 있네! 멜이 떨어지며 소리치는 말이니까 소리가 느껴지게 연출해 볼까? 멜이 불안한 게 아니라 자신을 믿고 뛰어 내려갔으니 강하고 크게 외치는 느낌으로 굵은 글씨체로 시작해서 점프할 때 잠시 작아지듯이 얇은 글씨체로 굵기에 변화를 주자. 좋아! 멜한테 시선이 집중되면서 표지 그림이랑 제목이 세트인 것 같군!'

마음에 드는 디자인이 나오기까지 실제 편집 디자이너는 더 많은 선택지 안에서 치열하게 고민한다. 이처럼 그림책 제목 타이포그래피는 혼자 두드러지기보다 표지 그림과의 조화도 고려하여 제목의 의미, 감정 등을 표현하는 정교한 작업이다. 잘 완성된 타이포그래피는 책의 이미지를 더 강화해 독자의 머릿속에 책 표지의 잔상을 오래 남긴다. 제목뿐만 아니라 독자에게 잘 보이고 싶고, 잘 읽히고 싶은 책의 모든 글자에 맞춤옷을 입혀 주는 것, 그것이 타이포그래피다.

『Crictor』
(Tomi Ungerer / Harpercollins)

『크릭터』
(토미 웅게러 글, 그림 / 시공주니어)

『The Very Impatient Caterpillar』
(Ross Burach / Scholastic Press)

『참을성 없는 애벌레』
(로스 뷰랙 글, 그림 / 위즈덤하우스)

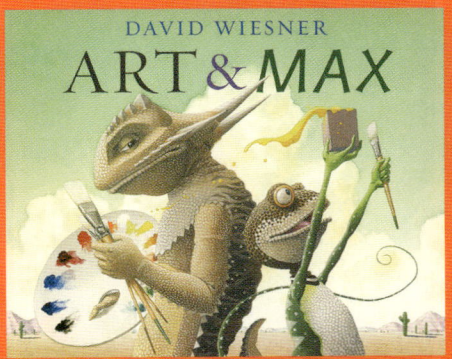

『Art & Max』
(David Wiesner / Clarion Books)

『아트 & 맥스』(데이비드 위즈너 글, 그림 / 베틀북 / 절판)
『아트와 맥스』(데이비드 위즈너 글, 그림 / 시공주니어)

살려? 말아?

국내 작가의 그림책을 출판하는 경우 제목이나 표지 그림에 대해 작가와 직접 상의할 수도 있고, 원어가 한글이라 번역을 거치지 않기 때문에 제목의 본래 의미를 살려 명확하게 디자인하기가 좋다. 반면에 번역본은 『크릭터』처럼 언어는 바뀌더라도 원서의 타이포그래피를 그대로 반영하거나, 『참을성 없는 애벌레』처럼 원서 제목에서는 'VERY'를 굵고 크게 강조한 것에 반해 번역본에서는 '애벌레'에 포인트를 주어 비슷한 듯 다르게 하는 경우도 있다. 가장 고민을 많이 한 경우는 『간다아아!』처럼 원서의 타이포그래피를 고려하면서도 바뀐 제목의 글자 형태와 의미를 살려 내기 위해 새롭게 디자인 한 경우이다. 어떤 방법을 선택하든 중요한 건 원서의 타이포그래피가 어떤 의미를 담고 있는지 생각해 보는 것이다. 바꾸면 안 되는 요소가 있다면 번역본에도 꼭 반영해야 원작가의 의도를 온전하게 전달할 수 있다.

난 지금 궁서체다

『Art & Max』와 『Voices in the Park』는 인물의 성격에 따라 텍스트를 다른 폰트로 표현한 흥미로운 책이다. 둘 다 처음 번역본은 원서의 타이포그래피를 그대로 살리지 못했으나 판권을 옮겨 새롭게 출간하면서 아쉬웠던 부분을 수정하여 원서에 가깝게 돌려놓았다.

먼저 원서 『Art & Max』는 제목 'ART' 글자 끝에 좀 더 길게 선을 뻗는 장식을 넣어 날카롭고 예민한 아트의 기질을 보여주며, 'MAX' 글자는 꾸밈없는 폰트를 살짝 기울여

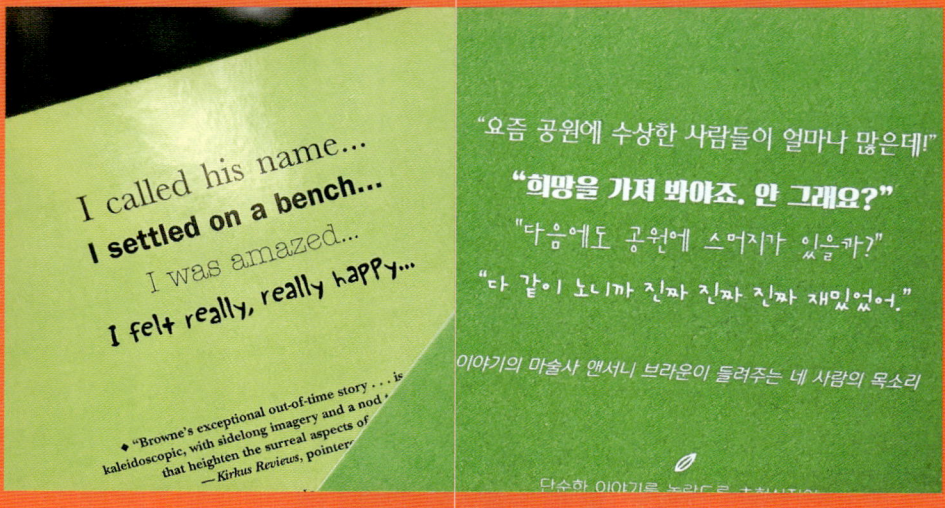

등장인물의 성격에 따라 글자체도 다르다!

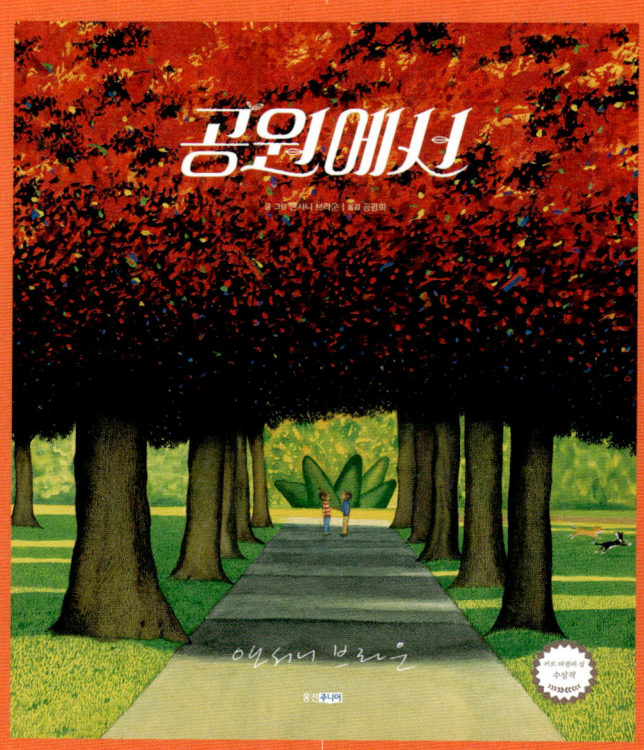

『공원에서』(앤서니 브라운 글, 그림 / 웅진주니어)

써서 맥스의 자유롭고 담대한 기질을 타이포그래피에 반영하였다. 본문에서도 제목과 같이 타이포그래피로 아트와 맥스의 기질 차이를 드러내고 있어서, 제목의 타이포그래피가 달라진다면 아트와 맥스의 기질도 달라지는 것이다. 그 예가 2010년 베틀북에서 나온 번역본 『아트 & 맥스』다. '아트'는 군더더기 없이 깔끔하며, '맥스'는 글자 끝에 약간의 꾸밈을 넣어 두 이름의 타이포그래피가 바뀌었다. 다행히도 2019년 시공주니어의 『아트와 맥스』에서는 앞서 뒤바뀌었던 제목 타이포그래피가 제자리를 찾아 아트와 맥스가 각자 제 옷을 입었다. 게다가 원서 폰트에 비해 한글 폰트가 밋밋하게 느껴질 수 있는 '맥스' 글자 끝에 아주 살짝 포인트를 주고, '맥스' 글자와 뚜렷한 차이를 주기 위해 '아트' 글자 끝을 더 날카롭게 하여 원서의 제목 타이포그래피에 담긴 의미를 보존하면서 멋스러움까지 더한 번역본이 되었다.

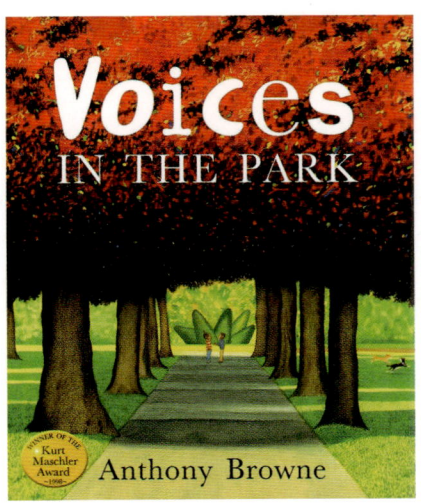

『Voices in the Park』
(Anthony Browne / Corgi Childrens)

『Voices in the Park』는 'Voices'가 한 단어인데도 왜 알파벳마다 다른 폰트로 썼을까? 이 책은 서로 다른 성격과 시선을 가진 네 명의 이야기가 펼쳐지는데, 독자가 인물의 차이를 입체적으로 상상할 수 있도록 본문의 폰트마저 각자 다르게 표현했다. 느낌이 오는가? 그렇다. 네 개의 폰트를 'Voices'에 섞어 놓은 것이다. 무려 25년 전에 폰트마다 느껴지는 감정과 분위기가 있다는 것을 활용했다. 번역본으로 처음 삼성출판사에서 『공원에서 일어난 이야기』로 출간할 때도 네 개의 다른 타이포그래피를 반영하였으나 유심히 보지 않는 한 타이포그래피에 차이가 있다는 것을 알기가 어려울 정도로 차이가 미미하다. 원서의 뒤 표지에 네 개의 목소리를 모아서 표현한 것도 빠진 것으로 보아 독자가 타이포그래피로 인해 인물을 더 생생하게 느낄 수 있다는 점을 간과했던 것이 아닐까. 2021년 웅진주니어에서 『공원에서』로 재출간하면서 제목은 원서와는 달라졌지만, 본문은 원서와 같이 더 분명하게 각기 다른 글꼴을 입혀 내서 글씨만 보고도 어떤 인물인지를 느낄 수 있을 만큼 확실해졌다. 재출간할 때면 앞서 미흡했던 부분을 고치고 다듬어 더 나은 책으로 거듭나게 하려는 출판사의 노력에 박수를 보내고 싶다. 다음에는 제목 타이포그래피도 바뀌지 않을까 살짝 기대해 본다.

번역본이라고 해도 쉽지 않아

다른 나라의 번역본을 보면 타이포그래피에 대한 고민은 모든 디자이너의 고민이구나 싶다. 『Extra Yarn』은 일본어, 중국어, 스페인어 등 다양한

『애너벨과 신기한 털실』
(맥 바넷 글, 존 클라센 그림 / 길벗어린이) – 한국

『Extra Yarn』(Mac Barnett, Jon Klassen / Harpercollins) – 미국
『Hilo Sin Fin』(Juventud) – 스페인(끝없는 실)
『穿,毛衣的小镇』(接力出版社) – 중국(스웨터를 입은 마을)
『アナベルとふしぎなけいと』(あすなろ書房) – 일본(애너벨과 이상한 실)

언어로 출간되면서 모두 원서의 디자인을 따라 글자에 털실 무늬를 넣었다. 다른 점도 있는데, 번역된 언어의 글자 수에 따라 털실 색은 2개 이상으로 선택하여 조화롭게 구성한 것과 원서에 있는 애너벨, 강아지, 고양이, 토끼의 배치가 서로 다른 것이다. 단연 원서와는 완전히 다른 표지를 택한 한국 번역본이 제일 눈에 띈다. 글자 대신 애너벨이 만들어 준 스웨터를 입고 있는 사람들이 그려진 장면을 모아 표지로 만들었다. 사람과 사람을 연결하는 따뜻한 모습을 어필하고 싶었던 건 아닐까. 표지 그림은 총 3장에 걸쳐 책 내지에도 그대로 등장한다. 다만, 사람은 사람끼리, 동물은 동물끼리 털옷을 입고 늘어서 있는 장면인데, 표지에는 사람만 있는 그림에다가 존 클라센의 유명한 작품인 『내 모자가 어디 갔을까?』(존 클라센 글, 그림 / 시공주니어)에 등장하는 곰과 토끼가 털옷을 입고 있는 장면만 따로 편집하여 넣었다. 존 클라센의 곰과 토끼를 알아보는 독자라면 바로 책을 집어 들지도 모르겠다. 원서와 다른 표지를 택했기 때문에 제목에 털실 무늬를 넣지는 않았다. 그랬다면 너무 화려해서 제목이 눈에 안 들어왔을 것이다. 제목은 따로 표지 정중앙에 검은 실처럼 얇게 흘려 썼다. 번역본 표지라고 다 똑같지 않고, 언어마다 타이포그래피도 달라지는 것을 보니, 번역본이라고 쉽게 디자인이 나오는 게 아니었다.

잘 만들어진 타이포그래피를 보는 건 재밌는 일이다. 『배고픈 거미』처럼 제목이 거미의 입이 되거나, 『100곰』처럼 100마리의 흰곰이 나오는 숫자 책이면서 빙하가 녹아 흰곰이 살아갈 터전을 잃어 가고 있다는 환경 메시지까지 제목 안에 모두 담아 낸 기막힌 타이포그래피를 보면 감탄하고 만다. 이제 그림책을 볼 때 타이포그래피에 어떤 의미를 담아 내려 애썼는지 생각하면서 보면 그림책을 보는 또 하나의 시선을 누릴 수 있을 것이다. ♩

『배고픈 거미』(강경수 글, 그림 / 그림책공작소)
『100곰』(나비야씨 글, 그림 / 비룡소)

우리 아이들이 좋아한
칼데콧 수상작

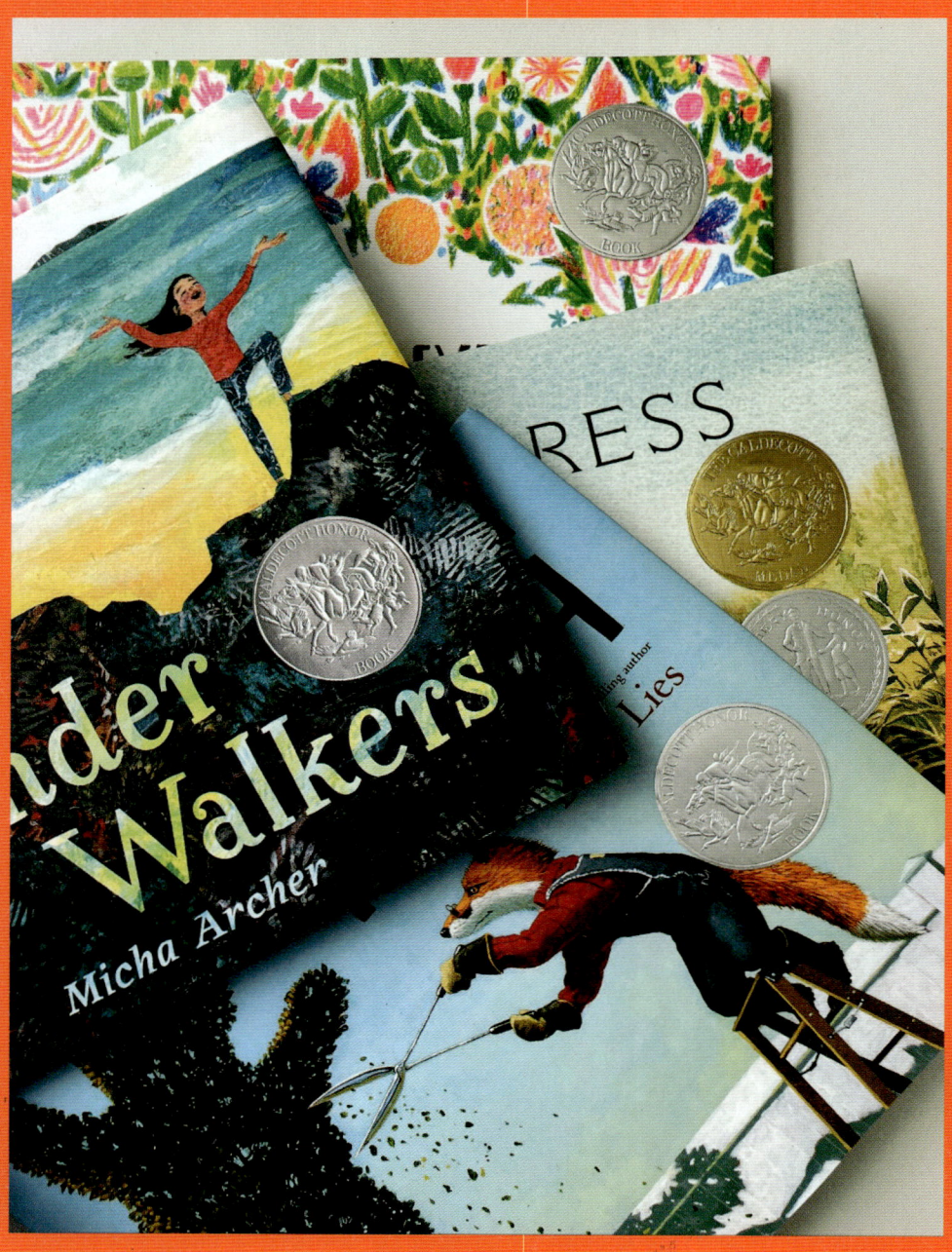

에디터 임민정

그림책 초보 독자 시절, 내가 아이를 위해 산 첫 그림책은 모두 선배가 직접 만들어 준 추천 리스트의 책이었다. 아이에게 읽어 줄 첫 책으로 손색이 없는 좋은 리스트였으나 그 이후가 문제였다. 책을 더 사고 싶은데 무슨 책을 골라야 하나 고민에 빠져 있을 때, 표지에서 반짝이는 상 딱지를 발견한 기쁨이란! 이름도 낯설고 어떤 성격의 상인지도 모르지만, 수상작이라는 이름에 기대어 그림책을 선택한 경험은 누구에게나 있을 것이다. 그리고 그 중심에는 '칼데콧 상 수상작'이 있었다. 물론 지금의 칼데콧 상은 심사 대상을 미국 시민권자나 거주자, 미국 내 출판된 영어 그림책으로 제한한다는 폐쇄성으로 자국 내에서도 비판의 목소리가 이어지고 있지만, 그림책의 황금기를 화려하게 이끈 수상작 리스트는 그 자체만으로도 그림책 역사의 한 축을 이루며, 실제로도 미국 그림책, 아동 문학의 위상을 올리는 데 큰 몫을 해냈다. 우리나라도 처음 그림책이 쏟아져 나오던 시기, 칼데콧 수상작이 앞다투어 번역, 출간되며 국내 독자의 사랑을 듬뿍 받았다.

수상작이라는 좋은 이정표를 발견했다는 기쁨도 잠시, 두 번째 문제가 생겼다. 충분히 아름답고 좋은 책이지만, 수상작이라고 아이가 다 좋아하는 건 아니라는 점이었다. 그림이 이렇게나 예쁘고 엄마 눈엔 감동적이고 재미있는데 아이는 그저 시큰둥. 수상작이라고 덥석 산 엄마의 속을 태웠다. 하지만 이는 칼데콧 상의 수상 기준을 정확히 몰라 생겼던 오해였다. 칼데콧 상 수상 기준을 살펴보면, '예술 기법이 뛰어난 작품', '이야기, 주제, 콘셉트를 회화적으로 잘 표현한 작품', '주제를 드러내기 위한 그림 스타일이 적절한 작품' 등, 대부분 예술성에 그 기준을 두고 있다. 이렇듯 그림책을 표현하는 가장 보편적인 언어인 그림에 중점을 두는 칼데콧 상의 기준은 예술적인 표현에 큰 가치를 부여한다는 점에서 그림책 상의 기준으로는 부족함이 없지만, 아쉽게도 그림 언어를 가장 능동적이고 직관적으로 받아들이는 어린이들에게 재미까지 보장해 주지는 못하는 걸로 보인다.

비록 칼데콧 수상작이 재미의 보증수표가 될 수 없고, '누구에게나 재미있는' 그림책은 애초에 존재할 수 없다 하더라도, 두 아이와 함께 쭉 그림책을 읽어 온 양육자로서 아이들이 자주 찾고 아이들의 손에 오래 머물렀던 칼데콧 수상작을 소개해 본다. 아! 혹시라도 이 글을 읽으시는 분들이 칼데콧 수상작이 그림만 아름답다거나 다분히 예술적이어서 아이들은 관심 없어 한다는 오해는 하지 않으셨으면 좋겠다. 오히려 얼마나 다양한 주제의 이야기를 재미까지 챙기며 전하는지, 그리고 아이들이 얼마나 아름다운 그림책을 좋아하는지 확인하는 기회이길 바란다. 주옥같은 84년간의 수상작 중에서 몇 권만 추리는 것은 어려운 일이지만, "어머어머, 우리 집에서도 이 책이 인기였지!", "오, 이런 책도 있었어?"

『작은 집 이야기』
(버지니아 리 버튼 글, 그림 / 시공주니어)

『딸기 따는 샐』
(로버트 맥클로스키 글, 그림 / 프뢰벨)

혹은 "우리 아이는 한 번 읽고는 전혀 안 찾았던 책인데?" 하며 비교해 보면 좋겠다.

『작은 집 이야기』
· 1943년 대상 ·

제목처럼 주인공은 오래전 지어진 작은 집. 주인공 집을 모든 페이지에 고정해 두고 페이지마다 주변 환경은 바꿔서 그려 넣어 시간의 흐름과 그에 따른 도시의 변화를 담아 냈다. 작은 집은 창문이 눈, 대문이 입처럼 보여 마치 생명을 가진 존재처럼 느껴지기도 한다. 본문의 글씨는 집 주변의 배경이나 계절이 변화하듯 곡선으로 흐르듯 쓰여 있어 글자 하나 허투루 배치하지 않았구나 싶다. 글자마저 그림의 한 부분처럼 보이게 한 구성이나, 페이지를 넘길 때마다 아름답고도 역동적으로 변화하는 주변의 모습을 보며 아이들의 눈동자가 바삐 움직인다. 잔잔한 내용이고 극적인 사건 사고가 없는데도 불구하고 아이들에게 오래 사랑받는 책이다. 일찍부터 칼데콧 수상작을 번역, 출간해 온 시공주니어 <네버랜드 세계의 그림책> 시리즈의 첫 번째 책이기도 하다. 미국에서 이 책을 읽고 자란 어린이가 어른이 되어 그 손주까지 이 책을 볼 나이가 되었다니, 새삼 좋은 책은 시대와 상관없이 읽히는구나 싶다.

『딸기 따는 샐』
· 1949년 명예상 ·

색을 최소화한 석판화 그림책으로, 클래식 하면서도 따뜻한 그림이 인상적이다. 주인공 샐은 엄마와 함께 겨우내 먹을 블루베리를 따러 간다. 하지만 엄마를 돕기는커녕 엄마가 따 놓은 블루베리도 야금야금 먹어 치우는 모습을 보며 아이들은 책 속에서 자기의 모습을 발견하나 보다. 작가가 자신의 딸 Sally를 모델로 해서 만든 샐은 쉬이 잊혀지지 않는 생동감 있는 캐릭터. 월간지 『School Library Journal』이 2009년에 조사한 <그림책 Top 100>에서 13위를 차지한 클래식 중의 클래식. 엄마와 샐, 엄마 곰과 아기 곰이

꼬마 샐리는 엄마 양동이에다 딸기를 하나 넣어 보았어요.
'댕그랑' 소리가 안 나네요. 양동이 바닥에 벌써 딸기가 한 겹 깔려 있거든요.
샐리는 양동이에 손을 넣어 딸기를 꺼냈어요. 그런데 일부러 그런 건 아니었는데,
꺼내고 보니까 한 움큼이에요. 샐리가 넣은 딸기 옆에 다른 딸기들이 워 많아서
그렇게 된 거예요.

블루베리 따는 모습을 배경과 함께 원경으로 그려 낸 페이지는 영화의 롱 샷 기법과, 아기 곰과 샐을 교차로 보여 주는 장면은 영화의 몽타주 기법과 흡사하다. 한 편의 영화 같은 그림책이다.

『눈 오는 날』

· 1963년 대상 ·

다양한 나라의 천과 찬장 깔개용 종이 등을 오려 붙이고 지우개를 파서 만든 도장을 찍은 콜라주 기법으로 만든 에즈라 잭 키츠의 대표작. 올컬러 그림책에서는 최초로 유색 인종을 주인공으로 등장시킨 의미 있는 작품이다. 첫눈을 맞이한 아이의 들뜨고 신난 모습과 놀이를 다양하게 포착해서 그런지, 여전히 겨울철 눈과 관련된 그림책을 얘기할 때 빠지지 않는다. 이 책의 피터 덕분에 세계의 수많은 아이들이 눈천사 만드는 법을 배웠고, 나뭇가지로 그림을 그리며 놀았다. 다시 책을 볼 때는 눈 오는 날의 추억을 떠올렸고 눈이 녹는 장면에서 함께 아쉬워하며 다시 눈이 오기를 기다렸다. 아이들의 겨울 추억과 함께 한 지가 어언 60년. 그 긴 시간 동안 전 세계에서 사랑받은 덕분일까. 2020년 뉴욕공립도서관에서 125년의 역사상 가장 많이 대출되었던 책 베스트 10을 뽑았는데, 바로 이 작품이 당당히 1위를 차지했다. 지난 크리스마스에는 미국 대통령 조 바이든과 영부인 질 바이든이 국립어린이병원을 찾아 아이들에게 이 책을 읽어 주었다는 뉴스가 보도되기도 했다.

『눈 오는 날』
(에즈라 잭 키츠 글, 그림 / 비룡소)

『모기는 왜 귓가에서 앵앵거릴까?』
(버나 알디마 글, 다이앤 딜론·레오 딜론 그림 / 보림)

『모기는 왜 귓가에서 앵앵거릴까?』
· 1976년 대상 ·

서아프리카의 옛이야기를 그림책으로 만든 작품. 옛이야기가 그저 서사의 힘으로 오랜 세월 입에서 입으로 전해져 그 생명력을 이어 온 것을 생각하면 아이들이 이 이야기를 좋아하는 것도 이상하지 않다. 이 이야기처럼 동물의 유래를 다루는 옛이야기는 흔히 볼 수 있지만, 비교적 널리 알려지지 않은 서아프리카의 이국적인 옛이야기인 데다가 토속적인 느낌을 듬뿍 드러내는 다양한 기법의 그림까지 매력을 더해 오랜 세월 동안

사랑받고 있다. 모기가 앵앵거리는데 이유가 있다고? 제목부터 솔깃해진 아이들은 페이지를 넘길수록 이야기에 깊이 빠져든다. 모기가 시작한 사소한 거짓말은 도미노처럼 다른 동물들이 어떤 행동을 하게 만들고, 결국 아기 부엉이가 죽는 사고가 일어난다. 햇님을 깨우는 역할인 엄마 부엉이가 슬픔에 빠져 햇님을 깨우지 못하자 숲속엔 어둠이 계속되고, 이 문제를 해결하려 동물의 왕 사자가 재판을 시작한다. 원인과 결과가 도미노처럼 이어지다가 사건이 일어나기 때문에 '이렇게 아무 생각 없는 행동으로 큰일이 일어날 수도 있는 거야.' 하며 교훈을 강요하는 걸로 보일까 걱정했는데, 이게 웬걸. 아이들은 걱정이 무색하도록 이야기 자체를 흥미롭게 보고 자신만의 교훈을 스스로 찾아 결론까지 내어 버린다. 이야기가 스스로 끌고 가는 힘이 있을 때, 의미와 교훈은 저절로 따라온다는 것을 잘 보여 주는 책이다. 모기가 귓가에서 앵앵거리는 이유가 궁금하다면 이 책에 답이 있으니 꼭 한 번 보시기를! 그 뒤에 숨겨진 어마어마한(?) 비밀을 알고 놀랄 테니까.

『폴라 익스프레스』
(크리스 반 알스버그 글, 그림 / 비룡소)

『안 돼, 데이비드!』
(데이비드 섀넌 글, 그림 / 주니어김영사)

『폴라 익스프레스』

· 1986년 대상 ·

크리스마스의 고전, 아이들이 산타의 존재를 의심하는 시기에 처방전으로 내릴 단 한 권의 책이랄까. 크리스마스이브에 집 앞으로 온 기차를 타고 산타가 있는 북극으로 가 환상적인 경험을 하고 오는 아이의 이야기이다. 작가 크리스 반 알스버그는 현실과 환상의 경계를 줄타기하듯 넘나들기로 워낙 유명하지만, 특히 산타를 믿는 이에게만 들리는 은방울 소리라는 이 작품의 설정은 독자의 마음에 영원히 유효한 부적 한 장을 남겨 놓았다. 이 책 덕분에 아이들은 산타를 믿어야만 산타가 온다는 생각을 굳게 지켜 왔고, 여전히 산타의 존재를 믿는다. (엄마, 아빠가 산타라는 고약한 거짓말은 도대체 누가 만들어 낸 거지?) 고마워요, 반 알스버그! 덕분에 우리 아이들은 여전히 크리스마스이브에 산타 할아버지가 드실 쿠키를 담아 두고 잔다구요! 전집에 포함되어 있다가 지난겨울 단행본으로 재발간되어 더 많은 독자와 함께할 수 있게 된 점 역시 기쁘다.

『안 돼, 데이비드!』

· 1999년 명예상 ·

천방지축 장난꾸러기 데이비드가 등장하는 시리즈 중에서도 가장 큰 사랑을 받는 작품. 시리즈의 첫 책이기도 하다. 표지만 봐도 장난기 가득한 데이비드의 아슬아슬한 장난 수준을 짐작할 수 있다. 코에는 늘 손가락이 들어가 있고, 현관을 온통 진흙탕으로 만들어 놓기 일쑤인 아이들이 어찌 이 책을 사랑하지 않을 수 있을까. 그게 동질감인지, 묘한 카타르시스인지는 모르겠지만 한 가지 확실한 것은 데이비드처럼 엄마의 따뜻한 품에서는 섭섭함도, 서러움도 스르륵 풀린다는 사실. 처음에는 고혈압으로 시작했다가 책장을 덮을 때는 말랑말랑한 마음으로 아이를 꼭 안아 주게 하는 우리 집 화해 책이기도 하다.

『아기 돼지 세 마리』
(데이비드 위즈너 글, 그림 / 마루벌)

『샘과 데이브가 땅을 팠어요』
(맥 바넷 글, 존 클라센 그림 / 시공주니어)

『아기 돼지 세 마리』
· 2002년 대상 ·

'칼데콧 상 수상작'이라는 스티커 덕분에 만난 책 중에 단연 최고라고 생각하는 작품. 옛이야기 '꼬마 돼지 삼 형제'를 기반으로 환상적인 이야기의 세상을 펼치는, 데이비드 위즈너라는 걸출한 작가의 대표작이다. 처음 이 책을 아이에게 읽어 줄 때 주인공이 느닷없이 페이지 밖으로 탈출하거나 독자에게 말을 거는 포스트모던 그림책의 특징이 낯설어 '내가 뭘 보고 있는 거지?'라고 생각했다. 하지만 놀랍게도 아이는 능숙하게 이야기에 빠져들고 이 생소한 장치들을 그저 즐기고 재미있어 해서 놀라웠던 기억이 난다. 낯설지만 흡입력 있게 스토리의 세상으로 빠트리는 작가 상상력의 힘이 아닐까. 이 책은 반드시 '꼬마 돼지 삼 형제' 이야기를 알고 읽어야 재미있으니 미리 읽고 도전해 보자. 바로 "한 번 더!"를 외치거나 이 작가의 다른 작품을 보고 싶다고 조를 것이 분명하다.

『샘과 데이브가 땅을 팠어요』
· 2015년 명예상 ·

어마어마하게 멋진 것을 찾기 위해 땅을 파지만 기가 막히게 어마어마한 것만 피해 땅을 파는 아이들에 관한 책. 툭 하고 던지는 유머에 깔깔 웃으며 책을 보고 나면 무언가 찜찜한 기분이 들어 맨 앞과 뒤를 다시 뒤적이는 책. 아이들은 처음에 그저 샘과 데이브가 무지 운이 없는 아이들이라고 생각하기에 십상이다. 조금만 직진하면 멋진 보물에 닿을 수 있는데도 꼭 그 앞에서 방향을 틀어 버리다니. 하지만 땅에서 얻은 것이 아무것도 없는데도 아주 후련한 얼굴로 "정말 어마어마하게 멋졌어!"라고 말하는 두 아이를 어떻게 어리석다고 말할 수 있을까. 게다가 모험의 처음과 끝, 집과 배경이 묘하게 바뀌어 있다는 걸 찾아내면 샘과 데이브가 정말 엄청난 일을 했구나! 감탄하고 만다. 처음과 끝의 변화를 못 찾아도 괜찮다. 때론 어떤 도전이, 시도가, 과정이 어마어마하게 멋질 수 있다는 걸 이 책보다 더 근사하게 알려 줄 수 있을까? ♩

영화는 「미나리」, 그림책은 『물냉이』가 휩쓴 이유

『물냉이』
(안드레아 왕 글, 제이슨 친 그림 / 다산기획)

송온경

한국에서 교육학을 공부하고 미국에서 도서관학을 공부했다. 전 뉴욕주 공공도서관 사서로 근무했으며 현재는 뉴욕주 공립학교 미디어스페셜리스트로 근무하고 있다. 저서로 『도서관의 힘과 독서교육』 『영어 그림책을 통한 21세기 교육과 인성개발』이 있다.

칼데콧 상은 매년 전년도에 미국에서 출판된 그림책 중 가장 뛰어난 일러스트레이터에게 주는 상이다. 칼데콧 상 수상작들의 경향을 파악하면 각 작품이 만들어진 당시의 시대상을 엿볼 수도 있기에 참으로 의미 있는 일이다. 2000년 이후 지금까지 칼데콧 상을 받은 작품들을 살펴보면, 전체 수상작들의 3분의 2는 상상의 세계를 다루었고, 나머지 3분의 1은 사실에 근거했거나 사실주의적인 작품들이다. 다인종, 다문화 사회라는 미국인데도 2020년대 들어서 그동안 아동문학에서 스포트라이트를 받지 못했던 아시안, 미 원주민, 흑인의 이야기가 칼데콧 상을 수상한 것을 보면, 점점 더 세계화되어 가는 추세에 따라 이들 소수민족에 관한 작품에 관계자들의 관심이 높아지는 것으로 보인다.

2018년 통계에 따르면, 미국에서 출간되는 아동 도서의 50%에서 등장인물이 백인이었고 27%는 동물, 아프리칸 아메리칸 10%, 아시안 7%, 라틴계 5%, 미 원주민 1%인 것으로 나타났다. 다시 말해서 미국에서 출간된 아동 도서의 77%의 주인공은 백인 또는 동물이었다.

2009년부터 2017년까지 미국 최초 흑인 대통령 오바마가 재임한 동안은 흑인의 위상이 조금 향상되었지만, 2017년 1월 트럼프 대통령이 취임한 후로는 흑인을 비롯하여 유색 인종을 바라보는 백인 우월주의자들의 시선이 곱지 못했다. 2020년 5월 미네소타주의 미니애폴리스에서 경찰에게 목이 눌려 숨진 조지 플로이드 살인 사건으로 미국이 아직도 인종차별에서 자유롭지 못하다는 사실이 전 세계에 알려졌다. 2020년 트럼프 미국 대통령이 코로나19를 '중국 바이러스'로 규정한 직후 아시안을 대상으로 한 증오 범죄가 급증했으며, 2022년 현재까지 미국의 이곳저곳에서 대낮에도 아시안을 겨냥한 아시안 증오 범죄가 심심찮게 일어나고 있다.

미국 같은 다문화 사회에서 어린이 책에 다양한 인종과 문화적 배경을 가진 등장인물이 나오는 것은 매우 중요하다. 어린 독자들이 다문화에 대해 공감하게 하려면 책 속에서 자기와 다른 인종, 다른 문화의 등장인물을 접할 수 있어야 한다. 그래야 그들과 자신이 어떻게 비슷한지, 어떻게 다른지 배울 수 있다. 또한 소수민족 아이들은 자기와 유사한 등장인물을 접하면 자신의 정체성과 문화에 대한 자긍심을 갖는 데 도움이 된다. 따라서 미국의 아동 도서에서 잘 다루어지지 않았던 아시안, 라틴계, 미 원주민, 아프리칸 아메리칸 등의 다양한 인종이 등장하는 다문화 도서의 출판과 보급이 시급하다.

또한 다문화 그림책은 가정에서, 학교에서, 도서관에서 부모, 교사, 사서, 사서교사가 자녀에게 또는 학생에게 자주 읽어 주어야 한다. 어른들은 책을 읽어 주며 그동안 사회에 퍼져 있던 특정 인종 또는 문화에 대한 편견을 인정하고 아이들이 편견에서 벗어날 수 있도록 도와주어야 한다. 이렇게 다문화에 관한 관용을 배운 학생들이 자라 다문화 포용성을 지닌 어른으로 성장할 것이며, 그런 어른이 모여야 다문화에 대한 지역사회의 포용력이 자라고 상생이 가능한 성숙한 사회로 발전해 나갈 수 있을 것이다.

이러한 시대적 요구는 아동문학에 영향을 미쳐서 2022년의 칼데콧 상은 오하이오로 이민 온 한 중국인 가정의 이야기인 『물냉이』에 돌아갔다. 미국 학교의 교육 과정에서 많이 다루어지지 않고 있는 아시안 아메리칸에 대한 책이 칼데콧 상을 받은 것이다. 앞으로 미국의 대중이 아시안의 정체성과 문화를 이해하고 공감대를 형성하는 데 이 책이 다리 역할을 하기를 바란다.

『물냉이』는 칠이 벗겨진 낡은 차를 타고 가던 젊은 중국인 부부가 시냇가에 자라는 물냉이를 보고는 차를 급히 세우는 장면에서 시작한다. 두 자녀는 부모님이 시키는 대로 눈에 보이는 물냉이를 캐고, 그 냉이는 저녁상에 반찬이 되어 올라온다. 채소를 슈퍼마켓에서 사지 않고 길가에서 뽑아서 먹어야 하는 것이 못마땅한 어린 딸에게 어머니는 중국의 대기근 때 먹을 것이 없어서 고생했던 가족의 이야기를 들려준다. 안드레아 왕이 글을 쓰고 제이슨 친이 잔잔한 삽화를 그려, 힘들게 미국 생활에 적응하며 살아가는 중국 이민자 가정을 사실적으로 잘 나타냈다.

북미 원주민의 검은 뱀 전설

2020년에 출간되었고 2021년 칼데콧 대상을 받은 『워터 프로텍터』를 쓴 캐롤 린드스트롬은 이 책이 "깨끗한 물과 지구를 지키기 위해 싸우는 스탠딩 록 수Standing Rock Sioux 부족 및 모든 북미 원주민에게 보내는 러브 레터"라고 표현했다.

이 책은 픽션처럼 보이지만 사실은 논픽션이다. 북미 원주민들의 자연 보호 운동에 영감을 받아 쓴 이 책에서 저자는 지구의 물이 오염되는 것을 막자고 외치고 있다. 캐나다 앨버타주의 원주민 원로들은 물을 존중해야 한다고 가르쳐 왔다. 물은 모든 생명의 주관자이며 깨끗한 물 없이는 모든 생명이 멸망할 것이기 때문이다. 미 원주민들 사이에는 인간들이 물을 정성껏 다루고 보호하지 않으면 검은 뱀이 와서 지구를 멸망시킬 것이라는 예언이 있었다. 그런데

『워터 프로텍터』
(캐롤 린드스트롬 글, 미카엘라 고드 그림 / 오늘책)

이 예언이 현실로 다가온 것이다!

    2016년에 스탠딩 록 수 족은 다코다 액세스 파이프라인 회사의 송유관 설치에 반대하며 캠프를 세우고 반대 운동을 벌였다. 첫째, 자신들의 조상들이 매장되어 있는 성스러운 땅에 '검은 뱀'으로 표현되는 송유관이 지나가는 것은 있을 수 없는 일이며, 둘째로 자신들이 매일같이 마시는 식수에 유해물질이 들어갈 수 있기 때문이다. 그러나 결국 송유관이 세워졌다. 송유관을 설치한 회사는 송유관에서 기름이 유출될 경우, 어떻게 환경에 영향을 미칠 것인지에 관한 환경 영향 선언문을 미 원주민 측에 제출하기로 했으나 하지 않았다. 설상가상으로 마지막 송유관이 설치되기도 전에 기름이 유출되었다. 북미 대륙의 모든 미 원주민 부족들과 동맹들이 자신들의 주거 지역에 설치되는 파이프라인과 누출 산업에 대항하여 싸우고 있다. 작가는 어린이들에게 우리의 소중한 지구를 보존해야 하는 이유를 깨닫고 나와 같이 물의 수호자가 되자고 외친다.

    반가운 소식은 2020년 3월 17일에 이 책이 출간되고 나서 같은 해 7월 5일 미국 지방 법원이 다코타 액세스 송유관의 폐쇄를 명령했다. 이는 환경 보호를 위한 여러 규제를 없애고 국내 화석 연료 산업을 다시 부흥시키려했던 트럼프 행정부의 잘못된 노력에 타격을 입힌 통쾌한 결정이었다. 또한 앞으로 북미 원주민들의 성지에 송유관을 묻는 행위를 방지하는 데 좋은 선례가 될 것으로 보인다. 『워터 프로텍터』는 독자들에게 사실만을 전달하는 것이 아니라 칼데콧 상을 수상한 아동 도서가 평소에 학교 교육에서 잘 다루지 않는 미 원주민들을 위한 사회 정의의 구현에 일익을 담당한 사례로 길이 남을 것이다.

    2019년에 출간된 콰미 알렉산더가 쓰고 카디르 넬슨이 삽화를 그린 『우리는 패배하지 않아』는 2020년 1월에 칼데콧 상과 뉴베리 우수상, 그리고 코레타 스콧 킹 상을 동시에 받았다. 알렉산더는 시인, 작가, 강연자, 교육자, 프로듀서로 활약하고 있으며 『뉴욕 타임스』 베스트셀러로 지명된 『An American Story』를 포함하여 총 36권의 책을 저술했다. 알렉산더는 트럼프 행정부가 들어선 이후 더욱 위상이 낮아진 흑인 커뮤니티를 고무하고 그들에게 용기를 주기 위하여 『우리는 패배하지 않아』를 썼다. 알렉산더는 독자들에게 미국의 노예제도와 인종 분리 정책[1] 하에서 대대로 부당한 처우를 받고 살아온 흑인들의 역사를 소개한다. 그리고 그러한 역경 속에서도 발명가, 예술가, 과학자, 운동선수 등으로 미국과 세계에 기여한 자랑스러운 흑인들의 형용할 수 없는 기개와 성취를 잘 묘사하며 경의를 표하고 있다. 이 책은 자칫 무거울 수 있는 주제를 시의 형식을 빌려 직설적이면서도 정교하게, 그리고 리드미컬하게 전달하고 있다. 삽화가 카디르 넬슨은 세부적이고

---

1 미국 인종 분리 정책의 기본이 된 짐크로Jim Crow법은 1876년부터 1965년까지 시행됐던 미국의 주법이다. 이 법은 옛날 남부 연맹에 있는 모든 공공기관에서 합법적으로 인종을 분리하게 했으며, 이로 인해 흑인들은 백인들보다 경제, 교육, 사회 등에서 불평등한 대우를 받았다. 짐크로법의 예를 들자면 공립학교, 공공장소, 대중교통에서의 인종 분리, 화장실, 식당, 식수대에서의 백인과 흑인 격리 등이 있다. 연방대법원에서 공립학교에서의 차별은 위헌이라는 판결을 내린 1954년 <브라운 대 토피카 교육위원회 재판> 사건은 결정적으로 짐크로법의 폐지를 가속화했다. 그 후, 남아 있었던 짐크로법은 1964년 민권법과 1965년 선거권법으로 인해 효력을 상실했다.

정밀한 유화로 이러한 의도를 잘 나타내고 있다. 카디르 넬슨은 이번에 칼데콧 상을 수상하기 전에 이미 두 번이나 칼데콧 명예상을 수상했으며 전미흑인지위향상협회의 이미지 상과 코레타 스콧 킹 상을 두 번이나 수상한 유명 작가이다.

2017년 수상작 『빛나는 아이』는 1960년 브루클린에서 아이티 출신 아버지와 푸에르토리코 출신 어머니 사이에서 태어나 1980년대 자신의 독특한 예술 세계를 구축하다 27세에 타계한 전설적인 뉴욕의 그래피티 예술가, 장 미셸 바스키아Jean Michel Basquiat의 이야기이다.

흑인으로서 뉴욕에서 인종차별을 당하며 고달프게 성장한 바스키아는 어머니로부터 물려받은 예술가의 기질을 발휘하기 시작한다. 운 좋게도 그가 20대로 접어든 1980년대 초 뉴욕은 나이트클럽의 음악, 길거리 퍼포먼스, 연극 등이 폭발적인 인기를 끌면서 다양한 인종과 문화적 배경을 가진 음악가, 화가, 영화 제작자, 시인 등 예술가들이 자연스럽게 크로스오버crossover되기 시작하였다. 로어맨해튼은 바스키아같이 자유분방한 젊은 예술가들에게는 그들의 창의성을 마음껏 표출할 수 있는 최적의 장소였다.

그 당시를 기억하는 뉴요커들은 아마도 뉴욕시 지하철이나 뒷골목 담벼락에 스프레이 페인트로 무분별하게 낙서된 것을 보고 인상을 찌푸린 적이 있을 것이다. 바스키아는 맨해튼 남단의 건물들에 스프레이 페인트로 닥치는 대로 낙서를 하고는 SAMO라는 암호를 남겼다. 그의 낙서에는 특정 단어, 상징, 막대 모양, 동물 등이 등장하는데, 이들은 미국의 흑인 노동계급이 처한 암울한 현실과 구조적 폭력, 인종차별을 나타내는 암시였다. 그리고 흑인이 왕관을 쓰고 있는 그림은 이러한 반항 심리에서 흑인을 왕족으로 표현한 것으로 보인다. 바스키아의 낙서는 젊고 실험적인 예술가들의 운동인 신표현주의Neo-Expressionism의 출현과 맞물려 당시 비평가들에 의해 흑인 문화와 라틴계 문화를 접목한 예술 작품으로 주목을 받았다.

스텝토는 독특한 인종적 문화적 배경과

『우리는 패배하지 않아』
(콰미 알렉산더 글, 카디르 넬슨 그림 / 보물창고)

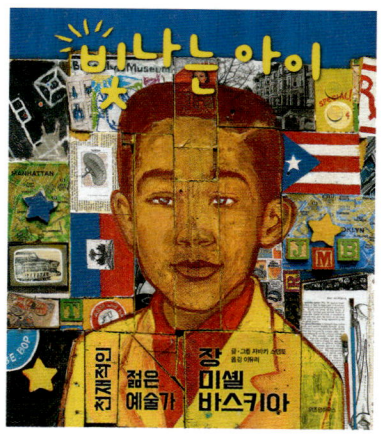

『빛나는 아이』
(자바카 스텝토 글, 그림 / 위즈덤하우스 / 절판)

강렬한 감성을 가진 바스키아가 어떻게 거리의 낙서를 예술 작품으로 승화시켰는지, 그 예술성이 어떻게 그의 어린 시절부터 형성되었는지 바스키아의 예술 작품을 연상시키는 콜라주 형식의 삽화로 잘 나타내고 있다. 어린 독자들이 책에 숨겨진 여러 주제를 제대로 이해하기 위해서는 교사나 부모의 지도가 필요하다. 중고등학생들도 바스키아의 어린 시절부터 청년기까지 이야기를 묘사한 스텝토의 강렬하고 활기찬 삽화를 통해 바스키아라는 그래피티 예술가의 짧은 인생에 관심을 가지며, 더불어 지금도 핫한 이스트빌리지의 1980년대 모습을 보며 미술과 회화에 대한 안목을 넓힐 수 있다.

아이들이 직접 뽑아 보는 모의 칼데콧 상

매년 1월 말이면 칼데콧 수상작이 발표되는데, 이 소식은 공공도서관의 어린이실 사서와 학교 도서관의 사서교사, 서점, 출판사에게는 빅 뉴스이다. 그들은 올해의 칼데콧 수상작을 비치하느라 일손이 바쁘다. 당장 이용자들이 수상작을 찾기 때문이다. 그만큼 칼데콧 수상작에 대한 미국 독자들의 호응도가 높다. 그러나 수상작마다 추천 연령이 다르기 때문에 사서와 사서교사들은 수상작들을 주문하기 전에 하나하나 읽어 보고 어떤 연령대에 이 책이 적당할지 고려해야 한다.

하지만 모든 칼데콧 수상작이 똑같은 사랑과 관심을 받는 것은 아니다. 『물냉이』, 『워터 프로텍터』, 『빛나는 아이』, 『우리는 패배하지 않아』와 같은 작품들은 소수민족의 아픔과 설움이 녹아들어 있어 잠자리 독서나 무릎 독서로 가볍게 읽어 주기에는 적당하지 않다. 이런 책은 학교에서 사서교사와 일반 교사가 사회 과목과 연계하여 이 책에 연관된 배경지식을 먼저 쌓고 나서 학생들에게 읽어 주고 토론을 진행하는 것이 더욱 효과적이다. 한편 『간다아이!』, 『할아버지 댁 창문』, 『달을 먹은 아기 고양이』 같은 책은 부모가 아이를 무릎에 앉혀 놓고 얼마든지 가볍게 읽어 줄 수 있다.

초등학교 도서관에서 사서교사들은 1월 말 칼데콧 상이 발표되기 전에 학생들과 함께 Mock Caldecott 모의 칼데콧 상을 수여하는 이벤트를 하기도 한다. 지난해 출판된 그림책 중에서 눈에 띄는 그림책들을 선정해서 각 모둠별로 5-6권을 주고 그중에서 한 권을 선정한다. 그룹의 구성원은 그림책을 찬찬히 읽어 보고 칼데콧 상 선정 위원회의 수상 기준을 똑같이 적용하여 한 권을 선정한다.

**이야기, 주제, 개념의 회화적 해석이 우수하다.
이야기, 주제 또는 개념을 적합하게 표현하였다.
그림을 통해 플롯, 주제, 등장인물, 설정 분위기 또는 정보를 잘 묘사했다.
사용된 예술 기법이 우수하다.**

각 모둠에서 한 명이 일어나 자기들이 선정한 한 권의 그림책을 발표하고 왜 그 책을 선정했는지 이유를 말한다. 전체 학급은 모둠의 숫자만큼 모의 칼데콧 상을 받은 그림책에 대해 자세히 배울 수 있다. 그리고 1월 말에 칼데콧 상 발표 시기가 되면 학생들은 자신들이 뽑은 모의 칼데콧 상 수상작이 실제로 칼데콧 상을 받을지 마음 졸이며 기다린다. 만일 자신들이 선정한 책이 실제로 칼데콧 상을 받는다면 학생들에게는 매우 기쁜 일이다. 때로는 모둠마다 칼데콧 메달의 디자인을 분석해 보고 무슨 뜻이 들어 있는지 이야기하게 한다. 그리고 만일 자신의 이름을 따서 칼데콧 상 같은 상을 수여한다면 어떤 이름이 좋을지, 메달에는 어떤 그림과 글씨가 들어갈지 디자인해 보는 것도 의미 있는 활동이다.

『간다아아!』가 갖는 의미

이 책을 집어 드는 순간 독자는 잠시 멈칫할 수 있다. 보통 그림책들과 달리 이 책은 책등을 위로 해서 봐야 한다. 앞표지에는 뾰족한 긴 부리를 가진 통통한 파란 새가 '간다아아!'라고 크게 쓰여진 제목 한가운데를 통과하며 밑으로 떨어지고 있다. '멜이 떨어졌다Mel Fell'라는 뜻의 제목과 아주 잘 어울리는 그림이다.

코리 R. 테이버의 『간다아아!』는 멜이라는 어린 물총새를 통해 아이가 어려서부터 독립심을 가지고 자신의 미래를 개척해 나아가도록 코칭하는 미국 부모의 가정 교육을 연상시킨다. 대개 미국의 가정에서는 아이의 독립심을 키워 주기 위해 집 안에서 간단한 소일거리를 하게 한다. 예를 들어서 5-6세의 아이는 식탁에 냅킨과 나이프, 포크 등을 식구 수대로 세팅하거나 자기가 먹은 그릇을 싱크에 갖다 놓는다. 처음으로 집을 떠나 학교에 가는 아이도 분리 불안을 느끼지 않고 교실에 들어갈 수 있도록 평소에 독립심을 가지도록 훈련 시킨다.

이 이야기 속의 멜은 엄마의 보살핌 속에서 엄마가 물어다 주는 먹이를 먹다가 때가 되자 망설임 없이 다이빙 연습에 나선다. 모든 미국 아이들이 그런 것은 아니지만 (이야기 속의 동생들은 멜처럼 용감하거나 독립적이지 않다.) 평소에 엄마가 하는 것을 보아 온 첫째들이 대부분 독립적인 것처럼 멜도 철이 일찍 든 모습이다.[2] 미국에서 같은 블록에 사는 이웃들이 서로 옆집의 아이들을 봐주듯이, 이 이야기 속에 나오는 다람쥐, 꿀벌, 부엉이, 거미, 개미, 무당벌레 등도 엄마 없이 혼자 다이빙하는 멜을 도와주려고 애쓰는 모습이 마음을 훈훈하게 한다. 거미가 자신의 거미줄을 뚫고 가냘픈 다리로 멜을 붙들려고 하는 순간, 뚫린 거미줄 사이로 파리가 빠져나오는 모습이 피식 웃음을 자아낸다.

생전 처음으로 다이빙을 하는 순간 멜은 두 눈을 부릅뜨고 물속으로 들어간다. 물속에서 물고기를 잡아 입에 물고 날아오르는 멜의 모습은 "물고기 한 마리를 잡아 주면 하루를 살 수 있지만, 물고기 잡는 방법을 가르쳐 주면 평생 먹고살 수 있다."라는 유대인의 격언을 연상시킨다.

멜이 물고기를 입에 물고 수면 위로 솟구치는 기세에 무당벌레가 혼비백산하며 앉아 있던 곳에서 떨어지는 장면에서 힘찬 동력을 느낀다. 아까 멜이 다이빙할 때 도와주려던 이웃들이 이제는 박수치며 멜을 응원하는 모습에서 이웃사촌의 정을 느낄 수 있다. "엄마, 나 해냈어요!"라고 날갯짓을 하며 기뻐하는 멜의 모습에서, 이제는 독립하게 된 딸을 대견해 하는 엄마 새와 자기 자신을 믿고 장한 일을 해낸 멜의 포옹에서, 둥지 속에서 날개를 펄럭이며 기뻐하는 동생들의 모습에서 끈끈한 가족 간의 유대와 사랑을 느낀다.

　요즘 같은 4차 산업혁명의 시대에 『간다아아!』는 아이들이 학교 성적과 지식을 쌓는 데만 급급하지 말고, 아이들이 안전하게 보호받을 수 있는 가정 환경 속에서 자존감과 독립심을 길러 주고, 이웃의 아이들도 따뜻하게 보살필 수 있는 사회적 환경을 조성하자는 의미를 한국의 독자들에게 전해 주는 것 같다. ♩

2　편집자 주 : 멜은 막내일까, 맏이일까? 우리말 번역본에서 멜은 막내이다. 뉴욕에서 영어판으로 읽은 송온경 필자는 맏이라고 받아들였으며, 코리 테이버 작가는 출생 순서를 특정하지 않았다고 본지와의 인터뷰에서 밝혔다. (p. 45 참조)

2022 볼로냐 국제도서전 라가치상

논픽션 부문 대상 수상작!

화산 지구를 뒤흔드는 몬스터

놀랍게도 지구에는 800개가 넘는 화산이 활동하고 있답니다. 2022년 11월에는 하와이 마우나로아 화산이 38년 만에 분화했어요. 이 책은 화산에 얽힌 신화, 전설부터 6개 대륙의 23개 대표 화산, 과학적인 내용까지 다양한 이야기를 들려주고 있어요. 이탈리아 폼페이, 미국의 옐로스톤, 아프리카 킬리만자로 등 세계 곳곳의 화산을 만나러 흥미진진한 여행을 떠나 보세요.

쥘리 로베르주 글 | 알레스 MC 그림 | 김연희 옮김
88쪽 | 18,000원

볼로냐 심사평 | "자연 과학 논픽션의 관습을 깨뜨리고 있다." 단순하지만 잘 완성된 색상과 삽화, 페이지 구성 등 그래픽적으로 흠잡을 곳이 없는 책이다. 서로 다른 세계관을 통합하여 주제를 더욱 폭넓게 한다.

알라딘 2월의 좋은 어린이책 | 화산에 담긴 재미있는 이야기를 알아보고, 그 속에 담긴 과학의 세계로 들어가 보기를 추천합니다.
박정웅(지질학 박사, 전 한국현장과학교육학회장)

쓰레기가 넘쳐 나는 바다!

고양이와 바다표범 조사단, 전 세계 사람들이 나섰다!

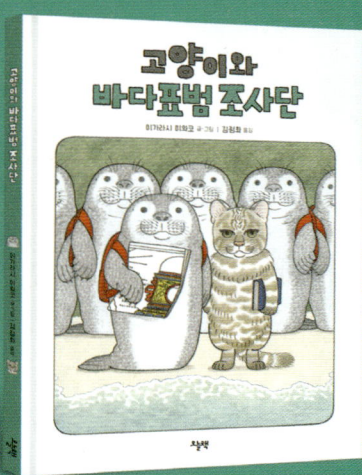

고양이와 바다표범 조사단

어느 날 시계공 할아버지가 녹초가 되어 쓰러진 바다표범을 발견했어요. 할아버지 덕분에 정신을 차린 바다표범은 비닐봉지를 뱉어 냈어요. 숲속 고양이의 통역 덕분에 바다표범들이 바다 쓰레기 때문에 고통받고 있다는 사실을 알게 되었죠. 안타까운 사연을 들은 할아버지와 고양이는 바다표범을 도와주기로 했어요. 할아버지와 고양이, 전 세계 사람들이 모두 힘을 모았어요. 과연 쓰레기가 넘쳐 나는 바다는 깨끗해질까요?

이 책은 지구를 위해 전 세계 모든 사람이 다 같이 '행동'해야 한다는 것을 귀여운 그림과 재미있는 이야기로 들려주고 있어요.

이가라시 미와코 글·그림 | 김정화 옮김
32쪽 | 13,000원

오직 책, 늘 책 오늘책 ⓘ onulbook_official

아이의 스스로 성장을 이끄는 마음가짐
국내 최초 마인드셋 그림책

THE그림책 마인드셋

성장 마인드셋을 형성하는 5개 영역 그림책

생각의 힘	끈기의 힘	습관의 힘	몰입의 힘	마음챙김의 힘
12권	6권	6권	5권	6권

#좋은습관
좋은 습관은 하루하루가 모여 만들어져요. 습관의 힘을 믿어 보아요.
김화서 글, 모드 르그랑 그림
〈더하고 빼면 진짜 나〉

#나만의 속도
남과 비교하지 않고 나만의 속도를 찾아 지금을 즐겨요.
김미라 글, 김지영 그림
〈무지개를 만나는 법〉

#스트레스 다루기
스트레스는 누구에게나 찾아와요. 스트레스에 대한 태도를 바꿔 보아요.
김세실 글, 미겔 탕고 그림
〈스트레스사우루스가 찾아온다면〉

#열린 생각
다양한 생각에 귀 기울이면 넓은 세상을 만날 수 있어요!
시샘 글, 강은옥 그림
〈정말 그럴까?〉

 www.kidsschole.com   kidsschole.official

논픽션 그림책에 유머 한 스푼

에디터 **임민정**
통역 **이지원**
사진 **이시내**

폴란드의 일러스트레이터 피오트르 소하Piotr Socha는 20여 년간 유수의 신문과 잡지에서 일러스트 및 만화 작업을 해 왔다. 동료 일러스트레이터인 알렉산드라 미지엘린스카와 다니엘 미지엘린스키 부부가 출간한 『지구촌 문화 여행』(그린북)의 대성공을 보고 자극을 받아 어린이 책에 도전했다는 작가는, 2015년 처음으로 출간한 어린이 논픽션 책 『꿀벌』의 인기 덕에 안정적인 그림책 일러스트레이터의 길로 접어들었다. 아버지가 양봉가여서 흥미롭게 도전했던 『꿀벌』, 그리고 『꿀벌』의 성공으로 이 책의 글 작가이자 생물학자인 보이치에흐 그라이코브스키와 다시 한번 의기투합한 『나무』까지. 흥미로운 글과 상상력이 돋보이는 유머러스한 일러스트가 눈에 띄는 논픽션 그림책 두 권을 세상에 선보인 작가가 신작 『더러워 : 냄새 나는 세계사』와 함께 지난 12월 처음 한국을 찾았다. 작가에게 논픽션 그림책 작업과 그에 대한 철학을 들어 보았다.

당신의 작품 세 권은 모두 지식 그림책이지만 곳곳에서 유머가 돋보인다. 의도한 것인가, 그리다 보니 배어 나오는 것인가?
매체 일러스트를 할 때부터 재미있는 그림을 그리는 것으로 알려져 있었다. 심각한 문제를 심각하게 접근하는 것은 내 스타일이 아니다. 놀면서 배운다는 정신을 표현하고 싶었다. 나는 어렸을 때 공부를 못해서 이해를 못 한 채 억지로 외우기만 했는데, 어른이 되니 다 휘발되어 버리더라. 그냥 외운다고 외워지는 게 아니라 이해하면 오래 기억할 수 있다는 걸 잘 알기 때문에 이렇게 만든 것 같다.

세 권 모두 글 작가는 따로 있다. 논픽션 그림책에서 글 작가와 그림 작가는 어떻게 소통하나?
첫 책인 『꿀벌』은 아버지가 양봉가라 내가 잘 만들 수 있는 주제라서 선택했다. 자료 수집도 많이 하고 구성도 직접 했지만, 아무래도 그림에만 집중하는 것이 낫겠다는 생각이 들어 출판사에

양봉가인 아버지와 작가

이 책을 잘 써 줄 작가를 요청했다. 글 작가 보이치에흐 그라이코브스키는 생물학 박사인 동시에 어린이 책 글 작가로 활동하고 있어서, 어려운 내용이지만 어린이의 수준에 잘 맞는 단어를 사용해 글을 써 주었다. 『나무』는 기획 단계부터 글 작가와 함께 협업했다. 내용 자체를 내가 그림으로 표현했을 때 재미있을 만한 것으로 구성했고, 내가 찾아낸 재미있는 얘기들의 팩트 체크를 글 작가가 해 주었다.

팩트 체크에서 걸려서 못 담은 내용도 있겠다.
어디선가 수천 년 전 무덤이 발굴됐는데 그 안에 꿀이 그대로 보존되어 있었고, 전혀 상하지 않아서 그 꿀을 사람들이 먹을 수 있었다는 얘기를 봤다. 너무나 흥미롭고 아이들도 재미있어 할 것 같아서 이 무덤이 어디서 발굴된 어떤 무덤인지 찾으려고 무척 노력했지만 결국 찾지 못해서 싣지 못했다. 이론적으로는 말이 되는 얘기지만 논픽션 책은 정확성이 생명이므로, 어쩔 수 없었다.

글의 팩트도 중요하지만 그림 또한 팩트에 기반해야 하지 않나. 그림 자료는 어떻게 찾았나?
모든 자료를 실제 접할 수는 없으니 주로 인터넷으로 찾았다. 논픽션 책의 그림 역시 정확해야 하지만, 교재는 아니니까 정확함을 살리되 시각적인 재미를 살리려고 노력했다. 독자들이 어디까지가 사실이고 어디까지가 유머인지 알아차릴 수 있는 선에서 사실보다는 간략하게 그렸다고나 할까. 독자들이 거부감 없이 받아들일 선을 지키는 게 중요하다.

정확성이라면 일러스트보다는 사진을 사용하는 것이 더 정확하다. 그렇지만 일러스트가 들어간 논픽션 책이 가지는 장점이 있을 텐데?
이야기와 그림이 일체감을 가지게 만드는 것이 내게는 매우 중요한 일이다. 정보를 전달하지만 매 페이지마다 정확한 형태가 잡혀 있는 것, 그리고 내 그림이 내 그림만의 이야기를 하는 지점이 중요하다. 사진과 달리 그림은 내가 그릴 것을 선택하므로 글과 그림의 유기성을 잘 살리고 강조하고 싶은 것을 강조할 수 있다. 처음부터 내 책은 옛날의 도감 스타일을 현대적으로 구현하는 형태이길 바랐다.

분명 현대적인 도감 스타일로 보인다. 컬러풀한 그림이 눈길을 빼앗고 그림의 구석구석을 살피게 된다. 벌 한 마리, 나무 한 그루, 모두 그리기가 무척 까다로웠을 것 같다.
모든 그림은 먼저 종이에 연필로 꼼꼼하게 스케치한다. 밑그림이 완성되면 그걸 컴퓨터로 옮겨서 페이지에 맞게 축소해서 배치하고 채색하는 방식이다. 작은 그림도 처음부터 작게 그린 것이 아니라 크게 그려서 나중에 사이즈를 축소, 배치한 것이다. 크게 그리기 때문에 공이 많이 든다.

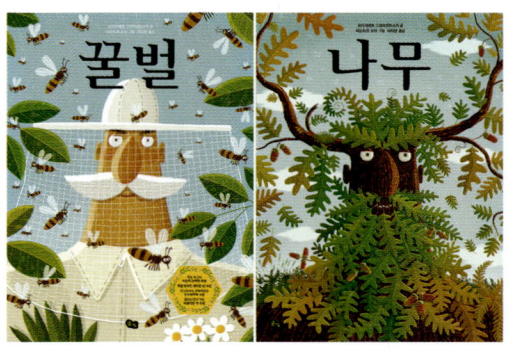

『꿀벌』, 『나무』
(보이치에흐 그라이코브스키 글, 피오트르 소하 그림 / 풀빛)

텍스트를 읽지 않아도 그림만으로도 정보가 전달되도록 명확한 그림을 그리려고 했다. "나뭇잎을 하나하나 그리는 것이 정말 힘들었다. 겨울나무 그리는 게 너무 행복했고, 컴퓨터 작업의 도움이 아니었다면 나뭇잎을 그리다가 미쳐 버렸을지도 모르겠다."

페이지마다 색의 대비나 균형 있는 그림의 배치가 정말 아름답다. 작업 시간도 무척 오래 걸렸을 것 같은데 하루에 얼마나 작업하나?

무척 노력했다. 그렇게 말해 줘서 고맙다. 아름답게 만드는 것도 중요했지만 책을 만들면서 나 또한 몰랐던 사실을 많이 깨달았다. 당연하지 않은 사실과 알아서 흥미로웠던 내용을 책에 포함하려고 했다. 자연의 경이로움을 작업하면서 확실히 느꼈고 그걸 이해하게 되어 기뻤다. 모든 책은 2년에서 2년 반 걸려 작업했다. 나의 확신과 출판사의 지지가 없었다면 하지 못했을 일이다. 백지를 마주하면 정말 막막하고 괴롭다. 그러나 나는 직관을 믿는 편이고, 영감을 기다리기보다는 쓱쓱 아무거나 그려 본다. 틀이 잡히면 스케치하고 그 스케치를 컴퓨터로 옮겨 채색한다. 채색은 상대적으로 수월해서 채색 단계가 되면 오디오북을 듣기도 한다. 하루에 10시간에서 15시간까지 일하는데, 틈틈이 노르딕 워킹 같은 운동도 열심히 한다.

이렇게 오랜 기간이 걸리는 일을 선뜻 시작하기가 쉽지 않았을 것 같다.

나는 첫 책『꿀벌』을 만들어 나의 부모님에게 헌정하겠다는 확실한 목표가 있었다. 강력하고 간절한 동기가 있지 않다면 온갖 종류의 책이 있는 이 세상에서 새로운 책을 만든다는 것이 쉽지 않다.

『꿀벌』,『나무』는 모두 인간의 얘기가 아닌데도 인간이나 인간을 닮은 모습을 표지로 했다. 책을 보고 나니 인간이 해야 할 일이 무엇일까 하는 질문이 생겼다.

『더러워 : 냄새 나는 세계사』
(모니카 우트닉-스트루가와 글, 피오트르 소하 그림 / 풀빛)

아름답지 않은 주제로 아름다운 책을 만들고 싶어 시작했다는 그의 세 번째 책. 기술의 발전이 우리의 삶을 얼마나 편하게 만들었는지, 일종의 역사서의 성격이다. "우리 집에 화장실이 없다면 어떻게 될까?" 같은 질문을 이끌어 내는 책을 만들고 싶었다고.

독자가 읽어 내길 바란 것을 정확히 읽어 줘서 고맙다. 나도 책을 만들면서 환경에 대한 인식이 깨어나고 많이 바뀌었다. 이 세상이 인간을 위해 만들어진 것이 아니라 인간도 수많은 생명 중에 하나라는 것을 깨닫는 계기가 되길 바랐고 지구의 많은 생명이 인간에게 너무나 큰일을 해 주고 있다는 걸 알아주길 바랐다.

논픽션 책도 그 종류가 정말 다양하다. 좋은 논픽션 책은 어떤 가치를 담고 있어야 할까?

모든 대상을 위한 책은 만들 수 없지만 모든

유머러스한 그림은 어떤 주제라도 독자의 흥미를 끈다.

주제에 대한 책은 만들 수 있다. 하지만 어떤 주제이든 재미있고 흥미로운 사실을 보여 줘야 한다. 『더러워』는 나라마다, 시대마다 위생 개념이 어떻게 달라졌는지를 알려 주고, 기술의 발전이 위생을 어떻게 바꿨는지를 보여 준다. 좋은 논픽션 책은 이런 사실을 보여 주는 것뿐 아니라 독자의 상상력을 자극하고 질문을 던져야 한다. "만약 우리 집에 화장실이 없다면?", 혹은 "우리 집에 수도가 없어서 물이 안 나오면 어디로 물을 구하러 가야 하지?" 같은 질문 말이다.

그래서인지 『더러워』를 다 읽고 맨 앞의 헌사를 다시 펼쳐 보게 되더라. (작가는 이 책을 상하수도망을 만든 설계자, 기술사, 건설자에게 바쳤다.)

어떤 전쟁을 승리로 이끈 장군보다도 더 훌륭한 일을 한 사람들이 상하수도망을 만든 사람들이니까! 지금 전쟁 중인 우크라이나에서는 러시아 군인들이 변기를 훔쳐 가는 일이 많다고 한다. 러시아는 아직도 수세식 화장실이 없는 곳이 많기 때문이다. 전 세계 20억 인구가 아직도 화장실이 없는 곳에서 살고 있다. 인도에서는 야외에 있는 화장실에 가다가 범죄에 노출되는 여성도 많다. 화장실이 없는 곳에 산다면 어떨지, 책 너머의 이야기를 생각하고 질문하길 바란다. 내 책이 그 주제의 모든 내용을 담고 있을 수는 없지만, 책을 통해 아이들이 호기심을 갖기를 바란다. 그리고 꼭 부모님이나 어른과 함께 책을 읽어 보기를 바란다.

세 작품 모두 환경이라는 단어로 연결할 수 있겠다. 그렇다면 다음 책의 주제는 무엇일지 궁금하다.

의학을 다루면서도 진지하지 않고 재미있는 책을 해 보고 싶어서 고민 중이다.

마지막 질문은 『라키비움J』의 시그니처 질문이다. "나는 (　), (　), (　)한 작가이다." 괄호를 채워 달라.

나는 재능은 보통이지만, 굉장히 성실하고, 세상에 흥미가 많은 작가이다. 겸손을 떨거나 멋져 보이려고 하는 말이 아니고, 나는 재능 있고 게으른 사람보다 성실한 사람의 작업이 좋다고 생각하기 때문이다. (인터뷰일: 2022.12.6) ♪

"그림은 운동처럼 매일매일 연습해서 근육을 키워야 하는 일이다. 반복적인 작업이 많아 인내심이 꼭 필요하다."

우리 아이,
논픽션 그림책에
빠지게 하는 비결

혹시 지금 자연 관찰 책 뭘 살까, 고민하는 중이니? 만날 창작 책만 보는 우리 집 아이, 슬슬 논픽션도 봤으면 좋겠는데, 어떤 책을 보여 줘야 하나, 걱정되니? 이 언니 얘기 좀 들어 볼래?

책은 다양하다. 내 아이 취향 책을 찾아라

언니도 딸 꽃님이가 세 살쯤 자연 관찰 전집을 뭘 살까, 진짜 고민 많이 했어.

첫 번째 고민은 '사진 책을 살까, 세밀화 책을 살까?'였지.

사진은 정확해 보여도 초점이 한 군데만 맞는데, 세밀화는 인간의 눈이 1초에도 수없이 초점을 옮기는 것처럼 그림 전체에 초점을 맞출 수 있어서 두루 정확하게 보려면 세밀화가 낫더라고. 그래서 처음 산 자연 관찰 논픽션 책은 보리출판사의 <산들바다 자연그림책> 시리즈였어. 예를 들면 고구마 책이라고 고구마만 딱 보여 주는 게 아니라 고구마가 어떤 상황에 사는지 배경을 다 보여 주는 게 마음에 들었어. 내 기억 속 우리 할머니 집과 똑같은 시골에서 어른들은 고구마를 키워 수확하고, 논두렁 밭두렁에서 아이들이 뛰어노는 모습까지 그려져 있었거든. 내가 아이에게 고구마에 대해서 알려 주고 싶은 것은 '고구마는 메꽃과 뿌리채소이고 삽묘 방식으로 번식시킨다' 같은 설명보다 물고구마, 밤고구마가 뭔지, 일상에서 당장 적용할 수 있는 내용이었어. 『고구마는 맛있어』(보리 편집부 글, 양상용 그림 / 보리)에서 이 구절을 봤던 순간이 아직도 생각나. "할머니가 통가리에서 고구마를 꺼냈어요. 겨우내 갈무리해 두었던 고구마가 수북이 쌓였어요. 할머니는 고구마를 골라요. 조금 썩은 것은 도려내고 삶아 먹을 거예요. 많이 썩은 것은 쇠죽 끓일 때 넣고 너무 썩은 것은 거름으로 쓸 거예요. 잘생긴 고구마는 따로 모았어요." 꼭 인생론을 읽는 것 같더라. 세상에 쓸모없는 것은 하나도 없다고, 우리 모두 쓰임새가 있다고, 고구마 먹고 힘내라고 말해 주는 것 같아서 얼마나 감동적이었나 몰라. 하지만 아이는 통가리, 갈무리, 쇠죽 모르는 말들이 연달아 나오니까 재미없어 하더라구. 나중에서야 깨달았지. 이 시리즈는 좀 더 나이가 있는

에디터 **전은주**

본지 발행인. 『웰컴 투 그림책 육아』 『영어 그림책의 기적』 『맥주도 마실 만큼 너를 사랑하니까』 저자.

어린이를 대상으로 한 책이라는 걸 말이야. 아무리 좋은 책도 아이의 성장 단계를 고려해야 하는 거였어.

그래서 이번에는 또래 아이들에게 인기 좋다는 유명 전집을 샀어. '고래', '호랑이', '낙타' 등 대상 하나에 책 한 권씩, 선명한 사진과 자세한 정보가 있는 책이 자그마치 80권이나 되었지. (비쌌어!) 그런데 사슴벌레, 거위벌레, 도롱이벌레, 별별 벌레가 다 있는데도 정작 공벌레, 비둘기, 까치처럼 아이가 날마다 보고 궁금해 하는 건 없더라구. 아이는 또 시큰둥하게 반응했어. 논픽션은 자기와 상관 있는 주제일수록 관심을 갖고 잘 본다는 걸 그제야 알았지. (나는 이번 호에 실린 아르고스 그림책 『간다아아!』를 보자마자 멜이 물총새라는 걸 알아봤어. 그 80권 중에 '물총새'가 있었거든. 20년 만에 읽은 덕을 봤지 뭐야.)

결국 딸이 가장 좋아한 자연 관찰 책은 뭐였게? 보리출판사의 도토리 계절 그림책이야. 『심심해서 그랬어』를 비롯해서 사계절 시리즈인데, 서사가 담긴 아이의 일상을 따라 자연스럽게 동물, 식물을 보여 주는 책이지. 그런데 딸아이가 이 책에서 가장 좋아한 건 자연 관찰 책이라는 목적에 맞게 초점을 맞춰 잘 그린 동물이 아니라, 주인공 돌이가 엄마에게 혼날까 봐 걱정하는 부분이었어. 그 페이지만 보면 감정 이입해서 엉엉 우는 거야. "또! 또! 또 읽어 주세요!" 안 보는 줄 알았는데 언제부터인가 세 살짜리가 흑염소며 산양같이 자기가 좋아하는 논픽션 그림책에 나오는 동물은 다 알더라구. 아이는 다 보고 있었어. 이후에도 꽃님이는 사전처럼 정보만 나열된 논픽션은 그다지 좋아하지 않았지만, 창작 그림책처럼 기승전결이 있는 논픽션은 좋아했어.

"우리 아이는 창작 그림책만 읽어요. 지식 정보 책은 보려고 하지를 않아요." 이런 고민하는 집 있지? 이른바 편독이 고민된다면 아이가 정말 논픽션을 좋아하지 않는 건지, 아니면 좋아하는 논픽션 스타일을 찾지 못한 건지 살펴봐. 논픽션은 서술 방법에 따라 다양한 종류가 있거든. 사전처럼 필요한 부분만 찾아보는 도감형Browsable nonfiction도 있고, 여러 사실을 바탕으로 새로운 결론을 끌어내는 논증적 설명문형Expository nonfiction, 주인공과 사건이 있는 서사형Narrative nonfiction이 있는가

하면, 이런 특징들이 섞여 있는 책도 있어.

곤충 논픽션을 예로 들어 볼게.『진짜 진짜 재밌는 곤충 그림책』은 사전처럼 찾아보는 책이야. 나비목, 벌목, 메뚜기목, 노린재목, 바퀴목, 딱정벌레목 등 먼저 목目별로 분류하고 그 아래 개별 곤충들에 대한 설명이 있어. 나비목 아래에는 해골박가시나방, 나무눈하늘나방 애벌레 등이 있고, 노린재목 아래에는 매미, 소금쟁이, 장구애비, 빈대, 진딧물 등이 있어. 얘들이 모두 노린재목이라는 거 알고 있었어? 난 엄마 되고 나서 애들 그림책을 읽으며 알게 되는 사실이 얼마나 많은지 몰라! 지구에 가장 많이 살고 있는 동물이 곤충이란 것도 몰랐지 뭐야. 지구에 사는 동물 전체의 70% 이상이 곤충이래.

『장수풍뎅이와 사슴벌레의 대결』은 어느 여름밤, 나무 수액을 먹으려는 장수풍뎅이와 사슴벌레의 한판 대결을 그린 책이야. "수액은 누구에게도 넘길 수 없어!" "그렇다면 할 수 없지. 덤벼!" 이런 대사와 '장수풍뎅이의 무기는 머리에 우뚝 솟아 있는 뿔, 사슴벌레의 무기는 날카로운 가위처럼 생긴 큰 턱'이라는 설명이 있어. 독자는 누가 이길까 흥미진진하게 관람하며 정보도 얻을 수 있지. 아예 제목부터 알려 주는『큰턱

이런 페이지는 실감나게 읽어 줘!
『장수풍뎅이와 사슴벌레의 대결』(이리사와 노리유키 글, 구보미 히데카즈 사진 / 길벗스쿨)

사슴벌레 VS 큰뿔 장수풍뎅이』도 있어. 이 책은 설명문형 논픽션이야.

『어서 와! 장풍아』는 양육자가 함께 볼만해. 현장학습을 갔던 아이가 장수풍뎅이 애벌레를 받아 와 집에서 키우는 이야기인데, 이게 남 얘기 같지? 작가도 실제 아이가 애벌레를 받아 오는 바람에 어떻게 키울지 좌충우돌했대. 그래서 자기처럼 졸지에 애벌레를 키워야 하는 부모와 아이를 위해 이 책을 썼거든. 곤충 젤리 주는 법, 사육 상자 꾸미는 법, 암컷과 수컷 구별하는 법 등 완전 실용 정보들로 가득 찬 책이야. 맞아, 그림책!

그런가 하면 『사과가 쿵!』을 쓴 다다 히로시 작가의 아들, 다다 사토시 작가의 『내 친구 장수풍뎅이』처럼 논픽션과 픽션의 특징을 모두 가진 책도 있어. 곤충을 좋아하는 유진이와 숲으로 가고 싶은 장수풍뎅이의 이야기인데, 장수풍뎅이의 한살이에 대해서도 자연스럽게 알게 되지. 이런 책들은 창작 그림책만 보려는 아이에게 논픽션의 즐거움을 알려 주는 좋은 징검다리가 된단다. 요즘은 논픽션과 같은 소재를 다루는 픽션을 짝지어 읽는 독서법도 인기더라구.

이렇게 한 가지 주제로도 다양하게 서술하는 책이 있으니까, 틀림없이 아이가 좋아하는 논픽션 유형을 만날 수 있을 거야. 나는 같은 주제로 많은 스타일의 논픽션을 보여 주려 애썼어. 그림과 사진은 어떻게 다른지, 같은 얘기도 작가에 따라 얼마나 다른지 경험하는 자체가 재미있으니까. 여러 작가의 이야기로 나오는 '팥죽 할머니와 호랑이'처럼 말이야. 같은 이야기도 얼마나 다양한 표현 방법이 있는지 경험하면 내용을 전달할 때 더 많은 방법을 떠올리지 않을까? 어쨌든 한 가지 주제로 여러 권을 읽는 것은 이 책에서 안 정보가 저 책을 읽을 때 배경지식이 되고, 한 번 읽어서는 알쏭달쏭했던 내용을 다른 책들을 통해 거듭 대하면서 확실히 이해할 수 있는 것도 큰 장점이야.

미역국으로 독후활동을 한다면

꽃님이는 초등학교 3학년쯤엔 설명형 논픽션에 자주 나오는 도표와 인포그래픽을 읽는 재미에 빠졌어. 직접 그래프를 만들기도 했지. x축은 월화수목금토일, y축은 텔레비전 본 시간, 손 씻은 횟수 같은 걸로 말이야. 그런데 이때 주의할 점은 그래프 주제를 재미있고 부담 없는 걸로 정해야 해. 기억해 둬. '하루에 공부를 얼마나 했나?' 이런 주제는 아이들이 싫어해. 주제가 싫으면 활동도 재미없어지는 법이야. 엄마가 '"얘들아,

『진짜 진짜 재밌는 곤충 그림책』(수잔 바라클로우 글, 조 코넬리 그림 / 라이카미)
『장수풍뎅이와 사슴벌레의 대결』(이리사와 노리유키 글, 구보미 히데카즈 사진 / 길벗스쿨)

쫌!"이라고 몇 번이나 말하나?' 이런 주제를 정해야 애들이 밥 먹다가도 "앗, 엄마 그 소리 했다!" 하고 뛰어가서 기록한다니깐. 하여간 이런 표 읽기에 익숙해지니까 확실히 다음 책을 읽거나 학교 수업에도 도움이 되더라. 이렇게 논픽션이 딱딱한 내용이 아니라 바로 내 생활과 직접 연결되어 있다는 것을 경험하면 책을 훨씬 더 가깝게 여기지.

책과 관련된 활동이라고 대단한 게 아니야. 우주 관련 책을 읽었다고 꼭 천문대까지 가지 않아도 돼. 밤에 밤하늘 한 번 함께 올려다 보고, 핸드폰에 별자리 알아보는 앱을 깔아서 저게 무슨 별인가 한 번 찍어 보고 그러면 되지. 관련 유튜브 영상을 찾아보는 것도 재미있고 유익해. 미역국도 얼마나 훌륭한 독후활동이 되는 줄 알아? 가령 거의 모든 페이지에 해초가 그려져 있는 『바다』(퍼트리샤 헤가티 글, 브리타 테큰트럽 그림 / 키즈엠)를 읽은 날엔 미역국을 끓여 먹으면서 한마디 하는 거야. "꽃님아, 이 미역 옆으로도 물고기가 쑝 지나갔겠지?"

아이가 서너 살 땐 내가 논픽션을 읽고 생활에서 많이 얘기하기도 했어. "와, 저 은행나무 아래엔 나뭇잎만 떨어져 있는데, 이 은행나무 아래에는 은행이 잔뜩 떨어졌네. 나무에겐 열매가 아기니까, 아기가 있는 이 나무가 암나무이고, 열매가 없는 저 나무가 수나무구나." "그런데 은행에서 왜 이렇게 고약한 똥 냄새가 나지? 이 냄새 덕분에 다른 동물들이 은행을 건드리지도 않거든. 은행은 냄새 덕분에 자기 아기를 지킬 수 있대. 하필이면 왜 냄새나는 은행나무를 가로수로 심었냐고? 이 책에 나온다니까, 엄마랑 같이

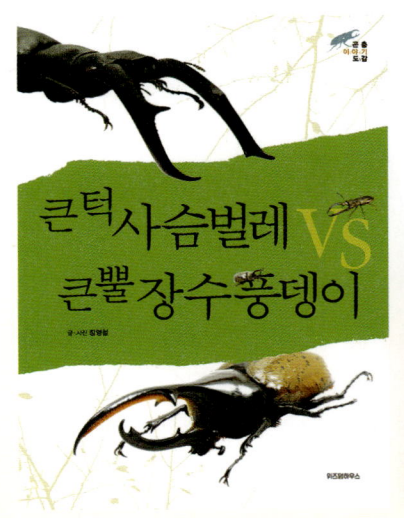

『큰턱 사슴벌레 VS 큰뿔 장수풍뎅이』(장영철 글, 사진 / 위즈덤하우스)
『어서 와! 장풍아』(오오니시 미소노 글, 그림 / 책읽는곰)

읽어 보자." 이런 식이지.

아이에게 논픽션을 권하는 방법, 몇 가지 더 알아볼까? 200권 이상의 논픽션 그림책과 논픽션 교육서를 소개하는 『5 Kinds of Nonfiction』을 쓴 멜리사 스튜어트Melissa Stewart 작가가 추천하는 '학교와 도서관에서 논픽션을 더 많이 읽게 하는 방법'은 이거야. 첫째, 교실과 도서관에 논픽션을 잘 보이게 전시하고, 소리 내어 읽어 준다. 둘째, 북토크, 책 시식회 등 관련 활동을 한다. 책 시식회Book Tastings는 말 그대로 여러 가지 책을 맛볼 수 있도록 서점의 매대처럼 책상 위에 책을 늘어놓고 행사를 하는 거야. 아이들은 이 책 저 책 들춰 볼 수 있어. 평소라면 선택하지 않을 책도 일단 표지라도 보는 거지. 셋째, 북클럽을 한다. 넷째, 시사 문제나 교과 과정 등 논픽션이 학생과 관련돼 있음을 알려 준다.

결국 아이가 논픽션 책을 접할 수 있는 장치를 여기저기 마련하라는 얘기지? 멜리사 스튜어트에 따르면, 어렸을 때 논픽션을 좋아한다고 대답한 사람이 어른이 되어서도 훨씬 더 책을 많이 읽는다는 연구가 있대.

그런데 말이야, 내 얘기가 자꾸 '논픽션을 좋아하지 않는 아이에게 논픽션을 권하는 방법'으로 흘러가고 있는 거 눈치챘어? 나는 논픽션을 매우매우 좋아하는 사람인데도, 마음 깊은 곳엔 아이들에게 논픽션은 어렵고 지루할지도 모른다고 생각하고 있나 봐. 2021년 1월 『워싱턴포스트』에 "왜 어른들은 아이들이 논픽션보다 픽션을 더 좋아한다고 생각할까?"라는 내용의 기사가 실렸어. 바로 어른들이 경험한 논픽션이 교과서뿐인 경우가 많기 때문이래. 요즘 얼마나 재미있는 논픽션 책들이 많은데! 하지만 어른들은 옛날 수업 시간에 재미없게 배웠던 것만 기억하고 지레 아이들이 논픽션을 지루해 한다고 생각한다는 거야. 하지만 『Teacher Librarian Journal』에 학교 사서인 레이 도이런Ray Doiron이 발표한 논문에 따르면, 1학년부터 6학년 학생을 대상으로 책에 대한 다른 정보 없이 제목만 보고 고르게 하면 40% 이상이 논픽션을 선택하고, 1학년은 80% 이상이 논픽션을 고른대.

    어른의 짐작과 취향대로 아이에게 책을 읽으라고 하는 것이 어디 논픽션뿐일까? 어른 생각에 유익한 책, 좋은 책만 권하지 않고, 내 아이가 어떤 책을 좋아하는지 세심하게 관찰하고 반영해 책을 권한다면, 아이는 당연히 "책은 재미있어!"라고 생각 할 거야. 책이 재미있더라는 '성공 경험'은 결국 우리 아이들이 자발적인 독자로 자라게 할 테고. 진짜 그렇게 되면 좋겠다, 그치?

    오늘도 내일도 즐거운 육아, 나와 아이가 함께 성장하는 육아의 시간을 보내길 바라.

♩

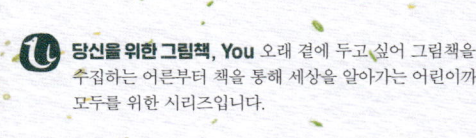

당신을 위한 그림책, You 오래 곁에 두고 싶어 그림책을 수집하는 어른부터 책을 통해 세상을 알아가는 어린이까지 모두를 위한 시리즈입니다.

아무도
NO ONE

정지되고 불안했지만, 노랫말처럼 흐르던 시간

AKMU 이찬혁의 번역으로 완성된 '아무도 없는 시간'의 기억

아델 타리엘 글 | 밥티스트 푸오 그림 | 이찬혁 of AKMU 옮김 | 16,000원

도전을 꿈꾸지만 두려움에 움츠러든 이에게 선물하고 싶은 책
_김소영(방송인, 책발전소 대표)

라마 씨, 퇴사하고 뭐 하게?

계남 지음 | 18,000원

왜 꼭 무엇이 돼야 해?
무언가가 되기 위해 분주하던 걸음을
잠깐 멈춰 봐.

도시 악어
글라인·이화진 글
루리 그림
18,000원

★ 김하나 작가 추천
★ 차영훈 PD 추천

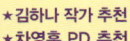

네가 사라진 날
산드라 다크만 지음
김명철 옮김
16,000원

★ 김명철 수의사 번역

일등석 기차 여행
다니 토랑 지음
엄지영 옮김
18,000원

★ 2022 볼로냐 도서전 선정
올해의 일러스트레이터
★ 김보라 감독 추천

요요는 다산북스의 브랜드입니다.

얘들아, 할미랑 숲 놀이 가자. 그림책 들고!

30년 넘은 유치원 원장님의 자연 놀이 특별 수업

전명옥

유치원에서 '책과 나들이로 크는' 유아들과 30여 년을 행복하게 지내고 있다. 두 손녀와 함께 자연물로 놀며 코로나가 심한 시절에는 숲 마실이 유일한 바깥나들이였다. 목련잎으로만 열 가지가 넘는 방법으로 노는 손녀를 보며 숲 놀이의 힘을 깨달았다. 유치원 원아와 손녀, 동네 아이 들에게 숲 놀이 씨앗을 뿌리며 지낸다. 『할미의 숲 마실』의 저자이자, 네이버 카페 황경택 생태 놀이 연구소 스태프이다.

그림책과 함께하는 자연 놀이

그림책이 아주 드물었던 시절에는 자연이 아이들의 놀이터이자 놀잇감으로 가득한 보물창고였습니다. 일곱 살에 가족과 떨어져 시골 큰댁에서 살았던 1년은 산과 들을 자유롭게 향유한 귀한 시간이었습니다. 할머니께서 만들어 주신 향긋한 감꽃 목걸이 덕에 집 생각도 잊었지요. 하지만 이제는 그때처럼 자연에서 뛰어노는 아이들을 보기 어려워졌습니다. 아이들이 자연을 경험하는 것도 숲 놀이 전문가에게 맡기는 시대가 되었지만, 코로나 팬데믹으로 그마저 중단되었습니다. 코로나에도 어김없이 계절은 아름답게 변하지만, 어떻게 무엇으로 놀아야 할지 모른 채 집에만 있는 아이들이 안타까웠습니다. 이런 상황에서 '내가 할 수 있는 일은 무엇일까.' 고민하다 30년 넘은 유치원 현장 경험으로 아이들과 함께한 자연 놀이를 정리하고 나누기로 마음먹었습니다.

어려서부터 자연과 친해지는 몇 가지 방법을 소개하면,

첫째, 먼 곳보다 가까운 익숙한 장소가 자연의 풍성한 변화를 자주 관찰할 수 있어 좋습니다.

둘째, 주변 나무 중 한 나무를 내 나무나 우리 가족 나무로 정해 꾸준히 관찰하는 게 좋습니다. 우리가 친구랑 얘기하면서 친해지듯, 내 나무를 만날 때 "오늘은 어제보다 꽃봉오리가 더 커졌네. 곧 꽃이 피겠다!"라고 말을 건네면 친밀감이 더해집니다.

셋째, 자주 가는 곳에서 놀잇감으로 많이 쓰이는 자연물을 알아 두면 좋습니다. 예를 들어 감나무는 꽃과 풋감, 감꼭지, 감잎을 놀잇감으로 주고, 목련은 겨울눈 껍질, 겨울눈, 꽃잎, 열매, 목련 단풍잎을 내줍니다.

넷째, 놀이에 사용할 자연물은 떨어진 것을 쓴다는 원칙으로 합니다. 부득이 살아 있는 개체에서 채취해야 할 때는 눈에 잘 띄지 않는 부분에서 필요한 만큼만 구하고 "놀 수 있도록 나눠 줘서 고마워." 하고 인사를 건넵니다.

다섯째, 활동에 편한 옷과 신발 차림이 좋고, 간단한 자연 놀이에 필요한 눈알 스티커, 종이테이프, 네임펜, 가위 등을 준비하면 좋습니다.

여섯째, 자세한 설명을 하는 것보다 그 놀이나 놀잇감과 연관된 그림책을 놀이 전이나 후에 나누는 게 좋습니다.

자, 이 봄에 딱 어울리는 숲 놀이와 함께 읽으면 좋은 그림책을 소개합니다.

「나, 꽃으로 태어났어」
(엠마 줄리아니 글, 그림 / 비룡소)

산철쭉꽃과 민들레꽃의 합체 놀이

이 그림책은 꽃 한 송이가 세상에 피어나 인내와 헌신으로 사람을 돕고, 기쁨과 감사로 삶을 노래하는 이야기를 담았습니다. 마치 꽃이 들려주는 이야기가 사람으로 내가 세상에서 어떻게 살고 있는지, 어떻게 살아야 할지를 일깨워 주는 듯합니다. 페이지마다 직접 접힌 부분을 펴서 꽃이 피게 하는 팝업과 모든 페이지가 아코디언처럼 접히는 두 가지 구조로 독자는 찬란한 꽃의 세계를 손끝으로 경험할 수 있습니다.

산철쭉꽃은 홍자색 통꽃으로 4~5월에 두세 송이씩 가지 끝에 달려 핍니다. 10여 년 전 공원에서 한 아이가 떨어진 산철쭉 꽃잎을 주워 잔가지에 꽂았습니다. 스스로 멋진 작품을 만든 아이에게 "와! 진짜 멋진 생각을 했네."라고 칭찬했습니다. '맞아! 아이들이 자연에서 누구의 도움 없이 스스로 할 수 있는 놀이가 좋지.'라는 생각에 비슷한 방법으로 민들레 꽃대에 꽃잎을 끼워 합체를 시도했습니다. 산철쭉꽃과 민들레꽃의 합체는 색다른 꽃으로 태어나는 놀이가 되었습니다. 이렇게 아이들에게 배웁니다.

준비물 : 산철쭉꽃 여러 개, 민들레꽃 꽃대 긴 것 1개

1. 산철쭉꽃 중 크기와 색이 다른 것 여러 개를 크기순으로 늘어놓는다.
2. 꽃대가 긴 민들레꽃의 꽃이 아래로 가도록 거꾸로 세워 준다.
3. 민들레 꽃대에 꽃받침이 없는 산철쭉꽃을 작은 크기순으로 끼워 준다.
4. 민들레 줄기를 바로 세우면 층층이 다른 꽃으로 태어난다.

「팔랑팔랑」
(천유주 글, 그림 / 이야기꽃)

벚나무 꽃잎 놀이

벚꽃이 피는 봄날에 딱 좋은 책이죠. 추운 겨울을 보내고 햇빛이 반짝 빛나고 바람이 살랑 부는 날, 나비는 도시락을 싸고, 아지는 책을 들고 봄나들이를 나왔습니다. 벚나무 아래에서 "여기 참 좋구나." 나비는 콧노래를 흥얼흥얼! "오늘은 누가 있네." 아지는 콧바람을 흠흠. 아지가 다가오자 나비는 의자 위에서 살며시 도시락 가방을 내려놓아 아지가 앉을 자리를 내줍니다. 의자의 양 끝에 앉아 어색하게 서로의 눈치를 살피던 나비와 아지를 이어 준 건 우연히 떨어진 꽃잎입니다. 아지의 콧잔등에서 날아온 꽃잎이 나비의 도시락 위에 살포시 내려앉았습니다. 나비는 잠시 생각에 잠기더니 "김밥 드실래요?" 하고 말을 건넵니다. "아이구, 감사합니다." 아지의 밝은 화답에 둘은 특별하고 따스한 봄을 보냅니다.

벚꽃잎 얼굴에서 떼기 준비물 : 벚꽃잎
1. 벚꽃잎 낱장에 살짝 물을 묻혀서 얼굴에 붙인다.
2. 입바람을 불거나 얼굴 근육을 움직여 꽃잎을 얼굴에서 떼어 낸다.

벚꽃잎 타투 준비물 : 벚꽃잎, 풀잎, 핸드크림
1. 벚꽃잎, 풀꽃 꽃잎, 작은 풀잎을 모은다.
2. 손등이나 얼굴에 핸드크림을 얇게 바르고, 바른 자리 위에 꽃잎, 풀잎으로 꾸민다.

※ 4~5월이 되면 꽃잎이 다섯 장인 벚꽃은 벚나무 가지 끝에서 긴 꽃자루에 2~5개가 모여 달립니다. 벚꽃 꽃받침은 다섯 갈래로 뾰족한 별 모양을 닮았습니다. 꽃받침이 달린 채 떨어진 꽃으로는 별자리 놀이도 할 수 있답니다.

『거울 속에 누구요?』
(조경숙 글, 윤정주 그림 / 국민서관)

물웅덩이 거울

이 옛이야기는 산골에 사는 숯장수가 숯을 팔러 시장에 가면서 부인에게서 반달처럼 생긴 빗을 사 달라는 부탁을 받는 것으로 시작합니다. 한양에 가서 숯을 다 팔고 부인이 부탁한 것을 사려는데 기억이 나지 않자 마침 하늘에 뜬 달을 보고 달처럼 생긴 거울을 사다 줍니다. 생전 처음 본 거울에 비친 모습이 자신이라는 걸 몰랐기에 아내는 외간 여자를 데려왔다고 남편을 의심합니다. 시어머니, 시아버지도 거울 때문에 한바탕 소동을 벌이고, 원님에게 가서 해결을 청했으나 원님도 줄행랑을 치고 맙니다. 낯선 물건을 볼 때 일단 경계심을 갖는 우리 모습도 만날 수 있는 그림책입니다. 그림책 겉표지에 있는 거울이 제법 거울 역할을 하니 읽기 전에 거울 놀이를 해 보길 권합니다.

준비물 : 나뭇잎, 꽃잎
1. 비가 온 다음 날 주변에서 물웅덩이를 찾아본다.
2. 주변에서 떨어진 나뭇잎이나 꽃잎을 주워 와 물웅덩이 가장자리에 늘어놓는다.
3. 물웅덩이 가장자리에 한 사람이 선 뒤 웅덩이에 비친 모습만 보고 누구인지 맞춰 본다.

※ 물에 생기는 반영은 선명하지는 않지만, 물웅덩이 가장자리를 떨어진 꽃잎이나 나뭇잎으로 둘러 주면 마치 거울처럼 내 모습을 비춰 볼 수 있답니다.

아이들 자라는 데 필요한 것은
햇살, 나무 그리고 그림책

『꽃을 선물할게』
(강경수 글, 그림 / 창비)

미니 부케 만들기

커다란 곰 한 마리가 숲을 산책하다 거미줄에 걸린 무당벌레를 만납니다. 무당벌레는 곰에게 자기를 구해 달라고 여러 번 애원하나 거절당합니다. 무당벌레는 꽃을 좋아하는 동물은 좋은 동물이고 자기도 꽃을 좋아하는 동물이니 살려 달라며 다시 청합니다. 자기를 구해 주면 꽃을 선물하겠다는 무당벌레의 한마디를 곰곰이 생각한 곰은 무당벌레를 거미줄에서 구해 줍니다. 덕분에 봄이 되자 곰은 아름다운 꽃밭을 거닙니다. 이렇게 꽃은 누군가의 마음을 움직입니다. 작은 꽃 한 송이도 그냥 주는 것보다 아름답게 꾸며 주는 게 받는 사람에게 선물 같은 감동을 줍니다.

준비물 : 감꼭지, 들꽃
1. 감꼭지를 주워 감꼭지 가운데 구멍이 있는지 확인한다. 혹시 구멍이 없으면 뚫어 준다.
2. 감꼭지 구멍에 여러 가지 들꽃을 높이를 다르게 꽂아 미니 부케를 만들어 선물한다.

※ 6월경 감나무 밑에 떨어진 감꼭지는 쓰임새가 많습니다. 감꼭지 구멍에 나뭇가지를 꽂아 팽이 만들기, 토끼풀꽃 줄기 긴 것 2개를 꽂아 배씨 머리띠 만들기, 들꽃을 꽂아 과대포장 없이 미니 부케도 만들 수 있습니다.

『재미있는 내 얼굴』
(니콜라 스미 글, 그림 / 보물창고)

수피에서 얼굴 찾기

아이가 즐겁게 공놀이하는데 큰 곰이 나타나 공을 빼앗아 갔습니다. 공을 뺏긴 아이는 무척 화가 났습니다. 공을 뺏어간 큰 곰이 아기 곰과 나타나자, 아이는 곰 가족의 마음을 알아차리고 함께 놀았습니다. 상황에 따른 내 표정과 상대방의 표정을 살피다 보면 다른 사람의 마음을 헤아릴 수 있습니다. 서로 존중하고 배려하는 것이 관계 맺기에서 중요하다는 가르침을 줍니다.

준비물 : 눈알 스티커
1. 수피(나무껍질)에 상처가 난 부분이나 가지를 자른 흔적을 찾는다.
2. 상처나 흔적을 살펴보고 어떻게 얼굴을 꾸밀지 생각한다.
3. 새 눈알 스티커를 눈의 위치에 붙이고 어떤 얼굴인지 이름을 붙인다.
4. 어떤 때 그런 표정을 지었는지 이야기한다.

※ 아이들이 날마다 보는 얼굴은 자연물에서 쉽게 발견하거나, 그리거나, 꾸미기로 표현할 수 있습니다. 수피에서 얼굴 찾기, 자작나무 수피에서 다양한 감정의 눈 모양 찾기, 그루터기에 자연물로 얼굴 꾸미기는 관찰력과 표현력을 기르기에 좋은 놀이입니다.

『걷다 보면』
(이윤희 글, 그림 / 글로연)

자연물에서 모양 찾기

두리번거리며 걷다 보면 익숙하면서도 새로운 친구들이 보입니다. 특별한 곳이 아닌 건널목, 신호등이 있는 거리, 깨져서 울퉁불퉁한 보도블록, 그 곁의 꽃밭을 걷다가 여우에게 꽃을 건네는 생쥐, 향기 따라가는 고양이, 거인의 정원 등 평소 생각할 수 없었던 특별한 이야기를 만납니다. 길 위에서 만나는 이야기로 산책이 반가워지고 걸음이 기대됩니다.

걸으며 모양 찾기
1. 가까운 숲으로 가는 길 오른편에 축대가 있습니다. 어느 날 축대에 자리한 사자 형상이 눈에 들어 왔습니다. 아이들과 자세히 보니 그 축대 여기저기에 다른 형상도 눈에 들어 왔습니다. 그 길을 지날 때면 아이들과 그 축대를 유심히 살펴보고 새로운 형상을 찾곤 했습니다.
2. 손녀와 걷다 동네 체육시설 우레탄 바닥이 파손되어 보수한 흔적을 발견했습니다. 손녀가 얼핏 보더니 악어 같다고 합니다. 더 악어처럼 보이려면 어떻게 할까 했더니, 손녀가 작은 나뭇잎과 돌멩이를 주워 와 꾸몄습니다.

※ 잡초나 나무들이 무성하지 않은 봄에 하면 좋은 놀이입니다.

자연물에서 모양을 찾아보세요.

아이들과 함께 자연을 탐색하고 경험하는 것은 결코 거창하거나 어렵지 않습니다. 오감으로 주변의 모든 것을 주의 깊고 민감하게 대하면 됩니다. 자연은 다양하고 풍성한 놀잇감으로 관찰을 끌어내고, 창의적인 표현을 북돋아 줍니다. 일찍 자연에 눈을 뜨면 풍요로운 삶을 살아갈 밑거름이 됩니다. 양육자가 자연으로 나가기를 두려워하면 아이들은 더 두려워합니다. 아이와 함께 자주 자연에 가면 작은 변화에도 눈을 뜨고 새로운 놀잇감도 보입니다. 어려서 자연 놀이의 씨앗을 심어야 큰 열매를 거둘 수 있습니다. 미국의 생물학자인 레이첼 카슨Rachel Carson은 "어린이가 자연에 대한 경이로운 감정을 지키려면 함께 놀라워 할 한 명 이상의 어른이 필요하다."라고 했습니다. 그런 어른으로 자리하고 싶습니다. ♪

놀아 봐야 합니다!
놀아 봐야 압니다!

이지현

연극배우 출신으로, 17년 차 금술가이자 한국문화예술교육진흥원 소속 연극예술 강사. 도서관, 교육청, 학교, 교육 연수원 등에서 교사·학부모 그림책 연수 강사로 맹활약 중이다. 우리 아이들이 '자연스럽고 당연하게' 예술 활동을 경험할 그날을 꿈꾼다. 저서로 『그림책이 있어서 다행이야』 『그림책 연극 수업』 『그림책 예술 놀이』가 있다.

'금술가'. '그림책 예술 놀이 활동가'를 줄인 말입니다. 제가 만든 신조어이지요. 금술이라는 단어는 '금실을 몇 겹으로 모아서 만든 술'이라는 뜻도 가지고 있습니다. 그림책과 예술 놀이가 사이좋게 꼬여 있는 그 중요한 부분에 금술가들이 있다는 의미로 해석하셔도 좋습니다. 저는 금술가로 17년째 활동하고 있습니다. 초중고 연극예술 수업을 하는 강사이자, 도서관과 교육청에서 일반 성인과 교사를 대상으로 그림책 예술 놀이 교육을 하고 있습니다.

여러분은 아이들과 그림책으로 어떻게 소통하고 계시나요? 그냥 읽어 주기만 하는 분도 계실 테고, 그림책 속 그림을 따라 그려 보기도 하고 나만의 표지를 상상해 그리기도 하지요. 또 그림책에 등장한 요리를 만들기도, 글 쓰기도 합니다. 그런데 참 이상합니다. 아이들과 그림책으로 다양한 방법으로 노는 게 현실에선 막상 어렵게 느껴진다는 분들이 많거든요. 아이들도 엄마가 하라니까 하고, 들으라고 하니까 듣지, 그리 그림책과 하는 활동을 그다지 즐기는 것 같지도 않다는 겁니다. 왜 그럴까요? 왜 재미가 없을까요?

답은 아주 단순합니다. "어른인 내가 재미없어서!"입니다. 다분히 의도적인 활동, 이미 정해진 정답, 뭔가를 이끌어 내려는 마음으로 대하면 어른도 아이도 재미가 없습니다. SNS나 책 혹은 누군가가 올려놓은 게시글 속 어느 아이와 엄마가 그림책으로 재미있게 노는 모습을 보고 '우리 아이도 저렇게 그림책 읽어 주면 표현력과 창의력이 키워지겠지? 집중력도 길러질 거야.' 하고 기대하며 그 시간을 함께했기 때문입니다.

그림책 예술 놀이를 재밌게 하는 비결을 알려 드릴게요. 첫 번째 비결, '욕심을 버려야 합니다. 그냥 놀아야 해요.' 그냥 놀다 보면 신기하게 나도 모르는 사이 뭔가를 배우고, 또 그냥 놀다 보면 자연스럽게 집중하게 됩니다. 모든 놀이의 기본은 '자유로움, 즐거움, 흥미, 재미'입니다. 어른들이 바라는 '집중력, 상상력, 창의력, 표현력'은 놀이에 보너스처럼 따라오는 거죠. 그러니 실컷 놀면 됩니다. 아이가 행복하도록. 자, 힘을 빼 봅시다.

혹시, 그림책이 어렵다는 분도 계신가요? 그런 분께 알려 드리는 두 번째 비결, '작가의 의도가 뭔지 고민하지 마세요.' 이 그림책이 아이에게 어떻게 읽히고 어떤 효과가 생길까 계산하지 마세요. 그냥 읽으면 됩니다. 그림책을 읽으면서 어느 페이지가, 어떤 그림과 한마디가 어른인 내 마음, 엄마인 내 감정을 건드리는지 느끼면 됩니다. 그냥 내가 그림책을 펼치고 느끼는 그 감정이, 그 울컥함이, 그 밋밋함이, 그 허무함이, 그 메시지가 정답이에요. 물론 숨은 의미나 얽히고설킨 복선을 풀며 쾌감을 맛볼 수도 있지만, 그냥 읽으세요. 펼쳐 보세요.

아이와 그림책으로 놀고 싶은데 어디서부터, 어떻게 놀아야 하는지 모를 때는 하나만 생각하세요. 흘러가 보자! '내가 이렇게나 준비했는데 왜 재밌게 놀지 못하니?'라는 생각이 들 때는 과감하게 스톱. 놀이는 "준비, 땅!" 하고 놀아지는 게 아니거든요. '이것은 독후활동인가, 독후 장난인가!' 하고 긴가민가하면서 흘러가다 보면 진짜 놀이가 시작되고, 바라던 보너스가 따라옵니다.

예술 놀이 잘하는 비법
첫째, 힘을 뺍니다
둘째, 작가의 의도는 몰라도 됩니다
셋째는 바로…

그림책 예술 놀이를 재밌게 하는 세 번째 비결은, '엄마가 먼저 대답하기'입니다. 그림책을 읽으며 우리는 아이에게 질문을 참 많이 합니다. 아이가 잘 대답하지 않으면 "한번 곰곰이 생각해 봐.", "왜 생각이 잘 안 떠올라?"라고 묻고 아이의 대답을 기다립니다. 바로 그럴 때, 아이가 대답하기도 전에 엄마가 먼저 특이한 대답을 내놓는 겁니다. "너는 어떻게 생각해?"라고 물음표를 던진 뒤 곧바로 엄마가 먼저 독특하고 엉뚱한 대답을 하면 아이는 긴장이 풀리면서 '나는 더 특이한 답을 해야지.' 하고 까불거든요.

그림책으로 집에서 놀 때와 학교에서 놀 때는 비슷하면서 참 다릅니다. 집에서 엄마와 나, 혹은 형제자매 두셋이 알콩달콩 그림책 놀이를 할 때는 나만의 표현을 쌓는다면, 여러 명이 함께하는 교실 그림책 놀이는 다이내믹하고 통통 튀는 상상 쌓기가 된달까요. 나와 다른 상상을 하는, 내가 생각도 못 했던 표현을 하는 또래가 열 명 이상 있으니까요. 그 속에서 아이는 '나는 이렇게 상상했는데, 쟤는 저렇게 표현하네?'라고 발견하는 재미와 '나도 다음엔 더 특이하게 상상하고 발표해 봐야지.' 하는 공유의 즐거움을 느낍니다. 조금 경쟁심을 느끼고 튀려는 마음이 상상력을 더 자극하기도 하죠. 그림책의 간결한 문체와 여백은 아이들이 상상력을 발휘해 채우고 싶게 합니다. 또 다양한 그림은 딱딱한 내용과 정답 같은 표현에 익숙한 아이들에게 유연한 사고와 창의적인 생각을 이끌어 내는 에너지를 선물한답니다. 그림책 예술 놀이, 노하우를 더 드릴게요.

아무리 자유로운 예술 활동이라도 학교에서 하는 그림책 연극 수업은 엄연한 정규 교과 수업입니다. 그러기에 교육적 메시지나 배울 거리를 놓쳐서는 안 됩니다. 저는 연극예술 기법을 종종 사용하는데요, 아이들은 그림책과 함께 연극 용어를 즐겁게 익히곤 합니다. 친구, 가족과 함께 할 수 있는 즐거운 그림책 예술 놀이 방법을 소개합니다.

1 멈춤 동작으로 표현하며 놀기
『3초 다이빙』(정진호 글, 그림 / 위즈덤하우스)과 연극 용어 '타블로'

이 그림책에 나오는 다이빙 느낌을 그대로 가져와 '타블로' 놀이를 합니다. '타블로'란 무대 위 배우가 멈춤(얼음, 조각상) 동작으로 표현하는 것을 말하는데요, 조각상처럼 움직이지 않는 것이 포인트입니다. 아이들이 멈춘 상태로 뭔가를 표현하기란 쉽지 않지요. 웃음이 터지거나 나도 모르게 움직일 테니까요. 그래도 인내심과 집중력을 발휘해 조각상이 되어 봅시다. 자신이 표현하고자 하는 것을 움직임이나 말이 아닌 멈춤 상태로만 보여 주며 놀아 봅시다.

놀이법

1. 그림책 속 주인공처럼 하나, 둘, 셋을 외치고 자신만의 독특한 다이빙 동작을 취하며 다이빙대(낮은 의자 혹은 제자리)에서 수영장(바닥)으로 첨벙! 뛰어내립니다.
2. 바닥에 두 발이 닿는 순간, 자신이 만든 다이빙 동작을 유지한 채 조각상처럼 멈춥니다.
3. 조각상처럼 멈춘 아이 몸 위에 금술가님이 큰 보자기나 큰 천을 씌우며 이렇게 말합니다. "라키비움J 미술관을 방문해 주신 여러분, 환영합니다! 이제 막 도착한 신상 조각상을 여러분께 소개해 드리도록 하겠습니다. 어머, 그런데 어쩌죠? 조각가가 그만 깜빡하고 작품 제목이 적힌 팻말을 보내지 않았네요. 혹시, 여러분께서 조각상 작품명을 만들어 주시겠어요? 자, 공개합니다, 짠!"
4. 대부분 아이들은 설명이 가득한 작품명을 만들 겁니다. '밥을 먹다가 체해서 째려보는 조각상'이나 '화장실 가고 싶은데 어딘지 몰라서 헤매다가 드디어 찾았는데 못 들어간 사람' 하는 식으로 말이죠. 그때는 조건을 달아 주세요. '이 조각상은 사람이 아니다', '이 조각상 제목은 딱 5글자로만 이루어져 있다' 등으로요.
5. 상상력을 확장시키기 위해 금술가가 조각상을 살짝 터치하면 조각상에서 어떤 소리가 납니다. 조각상이 대사가 아닌 의미 없는 소리를 낼 수도 있어요. 아이들은 조각상이 내는 소리를 듣고 새로운 작품명을 거침없이 만들어 낼 겁니다.

2 상상력 발휘하며 놀기
『고구마구마』(사이다 글, 그림 / 반달(킨더랜드))와 연극 용어 '변형'

똑같이 생긴 게 단 하나도 없이 모두 제각각인 고구마를 소재로 한 이 그림책은 말놀이하기에 딱입니다. 『고구마구마』를 읽고 먼저 아이와 3분 정도 이야기를 나눕니다. 단, 무조건 말끝이 "~구마"로 끝나도록 말입니다. 금술가가 먼저 말하세요. "오늘 라면 먹기 참 좋은 날씨구마.", "오늘 유난히 배가 고프구마. 넌 어떻구마?"하는 식으로요. 갑작스러운 말놀이에 아이가 당황한다면 "갑자기 시켜서 당황했구마? 괜찮구마. 천천히 말해도 되는구마."라고 말하며 긴장을 풀어 줘도 좋습니다. 연극 용어 '변형'은 무대 위 소품을 원래 쓰임새가 아닌 다른 쓰임새로 상상해 표현하는 것을 뜻합니다. 어떤 물건이 모양이나 쓰임새가 달라졌다고 상상하면서 실감나게 표현하는 것이 포인트입니다.

놀이법

1. 페트병, 빨대, 국자, 나무젓가락, 종이컵, 신문지, 페트병 뚜껑, 보자기, 네임펜, 포크 등 실생활에서 쓰는 다양한 소품들을 준비합니다.
2. 일상 소품 중에서 1~3개 정도를 골라 원래 쓰임새가 아닌 다른 쓰임새로 쓰는 모습을 보여 줍니다. 약간의 효과음이나 짧은 대사와 표현해도 좋습니다. (예 : 두 손으로 빨대를 잡은 채, 빨대를 입에 물고 누군가를 째려보며 "나의 원수, 드디어 만났구나!" 하고 독침을 쏘듯 빨대를 훅! 불면 빨대가 독침으로 변형된 것입니다. 종이컵을 최신상 모자로 변형시키거나 나무젓가락 두 개를 양손에 들고 줄넘기로 변형할 수도 있겠지요.)
3. 일상 소품을 변형해 표현하는 것을 보고 무엇인지 알면 손을 들고 정답을 맞힙니다. "독침이구마!", "모자구마!", "줄넘기하는구마!" 라는 식으로 말이죠.

3 나만의 대사 만들며 놀기

『내가 연필깎이라면?』(후쿠베 아키히로 글, 카와시마 나나에 그림 / 현암주니어)과 대사

길가의 나무가 말합니다. 돌멩이도 말하고, 신호등도 말을 합니다. 뭐든지 상상하면 말할 수 있지요. 바로, 연극 기법 '의인화 작업'을 통해 우리는 생명이 없는 것들의 목소리를 들을 수 있고, 감정 없는 것들의 감정 또한 느낄 수 있습니다. 그림책 『내가 연필깎이라면?』에서는 아이들과 가장 밀접한 물건인 학용품이 말을 합니다. 아이와 집 안 물건 혹은 교실 안 물건의 목소리를 상상하고 대사를 만들어 감정을 넣어 읽으며 놀아 봅니다.

놀이법

1. 아이들과 뾰족 말풍선(누군가에게 하는 말) 혹은 뽕뽕뽕 말풍선(혼잣말)을 그리고 그중 하나를 선택합니다. 그리고 주변 물건 중 딱 하나만 골라 그 물건이 말을 한다면 뭐라고 말할지 말풍선에 씁니다.
2. 말풍선에 대사를 썼다면, 물건이 말을 하는 것처럼 말풍선을 물건 옆에 붙입니다.
3. 말풍선 속 대사를 읽을 때는 감정을 가득 넣어 읽습니다. 짜증이 났다면 짜증나게 읽고, 불쌍한 감정이라면 불쌍하게 읽고, 화가 났다면 화를 내면서 읽고, 힘이 없다면 힘없는 감정을 담아 읽어 보세요. (예 : 시계의 말풍선 대사 – "흥, 네가 예쁜 줄 아니?", 책의 말풍선 대사 – "나 좀 한 번 쳐다봐 줘!", 핸드폰의 말풍선 대사 – "아, 배고프다. 왜 맨날 충전을 까먹는 거야!")

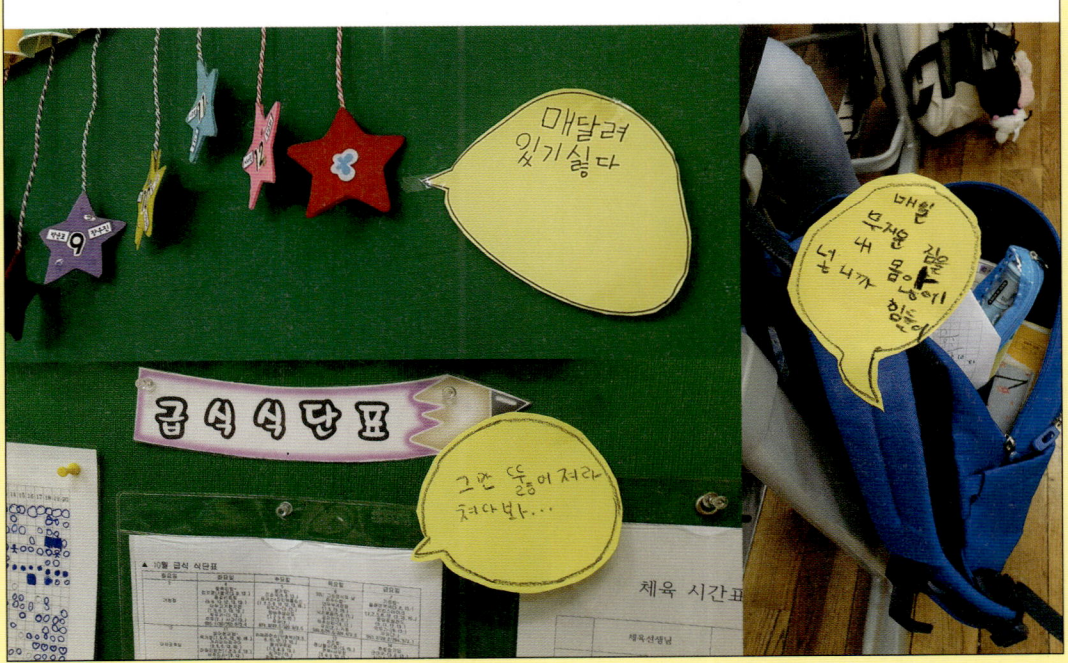

4 독특하게 글자 쓰며 놀기

『모모모모모』(밤코 글, 그림 / 향출판사)와 감정 표현

이 그림책에는 문장이 단 한 번 나옵니다. 나머지는 모두 반복되는 글자 몇 개와 그림이 만나 이야기를 이끌어 가지요. 의성어도, 의태어도 아닌 글자의 반복임에도 불구하고 페이지를 펼치면 문장이 떠오르는 마법 같은 그림책입니다. 농부의 수고로움과 농사의 과정을 재미있게 담은 그림책으로 아이들과 짧은 글자를 쓰고 감정을 표현하며 놀아 봅니다.

놀이법

1. A4용지를 길게 네 칸 정도로 접은 뒤 그림책을 읽다가 "다음 장면에는 어떤 그림, 어떤 글자가 있을 것 같아?"라고 물어보세요. 아이가 생각한 글자를 칸에 적게 합니다. 아이의 수준, 흥미에 맞게 적당한 그림책 페이지에서 멈추고 다음 페이지를 물어보면 됩니다.

2. A4 용지의 칸을 채운 뒤에는 자신이 쓴 글자에 감정을 넣어 크게 읽어 봅니다. 대여섯 글자를 크게 읽으면 되는 거죠. 슬프면 슬프게, 짜증나면 짜증나게, 기쁘면 기쁘게.

3. 마지막엔 그림책 뒤 표지에 담긴 열여섯 글자의 표어를 보고 나만의 표어를 만듭니다. 그리고 특유의 억양으로 발표해 보세요.

5　자유롭게 춤추며 놀기

『춤을 출 거예요』(강경수 글, 그림 / 그림책공작소)와 몸 표현

움직이며 놀 때 중요한 것 중 하나가 바로 '타인의 시선 의식하지 않기'입니다. 하지만 아무리 마음대로 움직이려 해도 자꾸만 타인의 시선이 신경 쓰이기 마련이죠. 아이든 어른이든 누군가 앞에서 춤추기란 쉽지 않은 일이니까요. 자유롭게 춤추듯 움직이고 싶지만 마음대로 되지 않을 때, 이 그림책을 읽고 놀아 보아요.

놀이법

1. 색이 다른 모루 두 개를 어른 한 뼘 정도로 자릅니다. 그리고 하나는 반으로 접어 머리와 다리 부분을 만들고, 하나는 머리 부분을 한 번 감싸 두 팔을 만듭니다. (모루 끝이 뾰족할 수 있으므로 안전사고를 예방한 후에 만드세요.)

2. 그림책 속 주인공처럼 내가 춤을 춘다면 어떤 동작으로 춤을 추고 싶은지 모루 인형으로 그 동작을 똑같이 만들어 봅니다. 두 팔을 크게 벌릴 수도, 두 다리를 앞뒤로 구부릴 수도 있습니다. 모루 인형은 하나 이상 만들어도 됩니다.

3. 모루로 추고 싶은 춤 동작을 만들었다면, 이번엔 모루 인형이 춤을 출 곳을 찾아봅니다. 지금 내가 있는 곳 어디에서 춤을 추면 좋을까요? 에어컨 바람 나오는 부분에 매달려 춰도 좋고, 컴퓨터 타자 위나 시계 옆, 커튼 사이, 살짝 열린 책상 서랍 위에서 춤을 출 수도 있습니다.

4. 여기저기에서 나를 대신해 춤을 추는 모루 인형의 여러 동작 중 하나를 선택해 직접 동작을 따라 해 봅시다. 그러면 다른 사람이 내가 추고 있는 춤 동작을 보고 똑같은 포즈를 하고 있는 모루 인형을 찾는 겁니다.

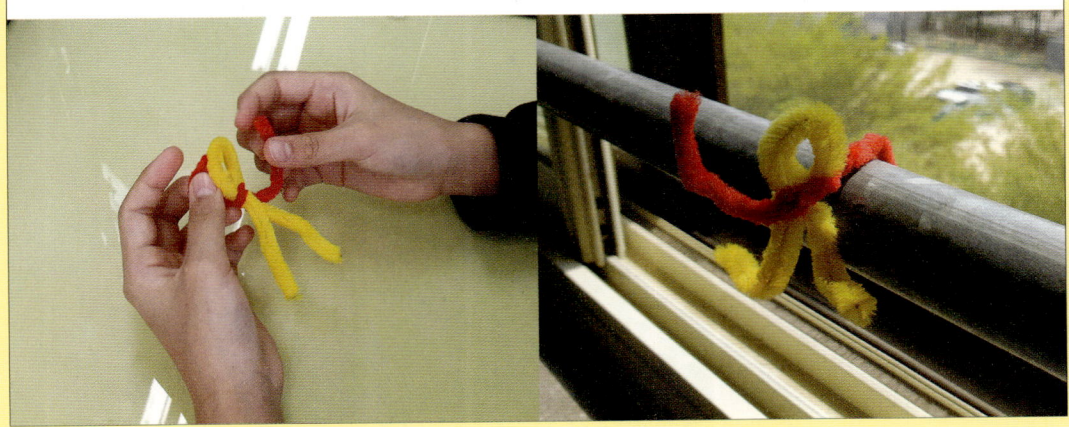

학교에서 하는 그림책 연극 수업의 가장 큰 목적은 '그림책을 통해 함께 누리는 즐거운 예술 활동'입니다. 꼭 권위 있는 수상작이나 유명 작가의 책이 아니어도 좋습니다. 아이들이 좋아하는 그림책을 통해 자유롭게 상상하고 몸으로 표현합니다. 누구도 소외되지 않고 어울려 무대 위에서 발표하고 공유할 수 있다면, 공유하는 동안 학생의 웃음소리와 서로를 향한 응원이 가득하다면, 그림책 연극 수업은 대성공이죠.

17년 동안 유치원부터 초중고, 특수학교 아이들을 만나며 깨달은 게 하나 있다면 바로 그림책은 모든 연령을 아우르며 어떤 학년도 누릴 수 있는 책이라는 사실입니다. 학교나 집에서든 그림책 예술 놀이를 통해 정해진 답이 아닌 나만의 답을 찾기 위해 자유롭게 상상하고, 찾은 답을 즐겁게 표현했으면 좋겠습니다. 교사나 학부모, 그림책 활동가를 대상으로 수업법을 가르칠 때 철저하게 실습형으로 합니다. PPT 자료를 통해 어떻게 놀 수 있는지 소개하며 진행하지 않습니다. "우리 한번 지금, 여기서 그림책으로 놀아 봐요. 부담 없이!" 함께 놀아 봅니다. 직접 놀아 봐야 그림책이 가지는 에너지를 느낄 수 있거든요.

뭐든지 연습만이 살 길! 그림책 예술 놀이의 연습은 노는 겁니다. 아이와 그림책으로 놀기 전에 엄마 혼자 놀아 보세요. 정해진 틀 없이 주인공이 되었다가, 나만의 결말을 만들었다가, 없는 텍스트를 만들어도 보구요. 제목을 바꾸거나, 이야기를 한 장면으로 줄여도 좋아요. 놀다 보면 어느 순간 깨닫습니다. '어? 내가 집중하고 있네? 내가 상상하고 있네?' 깨닫지 못할 만큼 집중하거나 상상하면 더 좋습니다. 그렇게 놀다 보면 집중과 상상이 아이에게 그대로 전해질 겁니다. '나도 그림책으로 놀아 볼까?' 하는 생각이 드시나요? 그림책으로 놀고 싶은 분이면 누구나 다 '금술가'입니다.

"금술가님, 반갑습니다!" ♪

"이젠 나도 셰익스피어?!"
누구나 이야기꾼이 될 수 있는 닮은 듯 다른 두 가지 이야기

www.miraei.com에서
저학년/중학년
온책읽기 자료를 다운!

둘 중 어느 책을 고를까? 선택 가이드

『기울어진 탑과 유령 가족』과 『유령 가족과 기울어진 탑』은 아주 비슷해 보이지만 어딘가 달라요. 둘 중 어느 책을 고를지 아래의 질문에 답하며 찾아보세요.

예 →
아니요 →

시작!

- 친구가 나와 비슷한 장난감을 가지고 있어도 괜찮다
- 궁금한 건 절대 못 참는다
- 나는 유령이 무섭지만 맞설 수 있다
- 세뱃돈을 엄마에게 순순히 맡긴다
- 착하기만 한 주인공은 식상하다
- 같은 일이 반복되면 화가 난다
- 내가 맡겼던 세뱃돈을 엄마가 모른 척하면 섭섭하지만 받아들인다
- 비교하고 관찰하는 것을 좋아한다
- 악당에게 "다리나 부러져라!"라고 말할 수 있다
- 나는 스스로 새로운 이야기를 만들어 볼래.

기울어진 탑과 유령 가족 | **나는 두 책 모두 좋아!** | **유령 가족과 기울어진 탑**

미래i아이 블로그 blog.naver.com/miraeibooks 인스타그램 @mirae_ibooks

그림책 문장보다 그림책을 보면서 나누는 대화가 문해력을 더 많이 키운답니다

문자를 아는 문식성에서 나아가 삶을 이해하는 문해력까지

똑똑똑. 들어가도 될까요?

나의 부모님은 국어국문학, 국어교육학을 전공하신 분들로, 우리 집에는 서재뿐 아니라 창고에까지 책 냄새가 가득했다. 그러나 70~80년대에는 그림책이라 부를 만한 책이 거의 없었다. 「피노키오」나 「백설공주」 같은, '명작 동화'라는 해괴한 장르의 책들이 일본을 거쳐 들어온 시절이었다. 게다가 요즘처럼 자녀에게 책 읽어 주기 문화도 자리 잡지 않았던 때였다. 동생과 나는 일찌감치 안경잡이가 된 책벌레 국민학생이었지만, 아홉 살 이전에는 책을 즐긴 기억이 흐릿하다.

그러니 그림책과의 진정한 첫 만남은 한참이나 지나서 이루어졌다고 볼 수 있다. 대학생이 되어 두 학기를 끝내자마자 중국으로 어학연수를 갔던 겨울, 북경대 구내 서점에서였다. 중국언어학과 당시唐詩에 대한 책들을 찾으러 들어갔다가 문득 눈길이 미친 서가 귀퉁이에 희한한 책들이 있었다. 이국적인 그림으로 가득한 그것은 중국 신화에 대한 그림책이었다. 홀린 듯 세 권을 샀고, 그때 처음 그림책의 세계로 통하는 문을 두드렸다. 용감하게.

왜 이렇게 깊고 넓어?

문 안으로 들어선 이상, 그 세계가 자꾸만 궁금해졌다. 큰 서점에 갈 때마다 어린이 도서 코너를 기웃거렸다. 도저히 집에 데리고 가지 않으면 못 배길 법한 그림책들이 표지를 뽐내며 손짓했고, 과외 아르바이트 해서 번 돈으로 한 권씩, 한 권씩 사 모으기 시작했다. 내 전공은 언어학과 중어중문학이었는데, 갈수록 아동의 언어 습득에 관심이 커져 대학원에서는 아동학을 공부하기로 결정하면서 그림책 사재기에 명분도 생긴 셈이었다.

내 것이 된 책은 천천히 야금야금 읽고 혼자만의 서평을 썼다. 제일 커다란 접착식 메모지에 깨알같이 써서 뒷표지 안쪽에 살짝 붙여 두었다. 스스로 감동했을 땐 출판사에 보내기도 했는데 '이달의 서평'으로 뽑혀 그림책을 선물로 받은 적도 있다. 모리스 샌닥이 처음으로 좋아한

최나야

서울대학교 아동가족학과 교수.
아동의 문해력과 구어능력, 이중언어를 연구하고
있다. 서울대학교 언어학과 졸업 후 같은 학교 대학원
아동가족학과에서 석사 및 박사학위를 취득했다.
캐나다 오타와의 칼튼대학교에서 인지심리학을,
알곤퀸칼리지에서 유아문해교육을, 미국 LA
캘리포니아주립대학에서 이중언어습득을 공부했다.
가톨릭대학교 아동학과 교수로 30대를 보냈다. 「문해력
유치원」 「초등 문해력을 키우는 엄마의 비밀 1~3단계」
「영어의 아이들」 등을 썼다.

작가였는데, 이후에는 버지니아 리 버튼, 레오 리오니, 가브리엘 뱅상, 딜런 부부, 이와사키 치히로, 백희나 선생님까지…. 점차 누굴 가장 좋아한다고 말하기 곤란한 지경에 이르렀다.

컬렉션이 조금씩 커지면서 그림책에 대한 책들도 읽었다. 그림책의 역사, 유명 작가론, 아동 발달과 그림책의 관계, 그림 읽는 법, 아동문학 이론서, 그림책 양육서…. 그런 책들은 스테디셀러 그림책들의 보물창고였고, 갖고 싶은 그림책은 점점 더 많아졌다. 와, 이 세계 정말 깊고 넓잖아? 어린이 책이라고 쉽게 생각했다가 큰코다치고 나의 무지함에 절망할 수밖에 없는 늪에 빠졌음을 깨달은 것이다.

내 아이를 키워 준 그림책

오랫동안 기다리던 아기가 찾아와 주었을 때, 난 드디어 그림책을 읽어 줄 대상이 생겨서 정말 기뻤다. 양육과 함께 내 컬렉션의 활용도가 높아진 것이다! 남들이 영아용으로 보지 않는 걸작 그림책들도 아이에게 일찌감치 보여 주었다. 그저 그림만 봐도 좋다고 여기며 이러저러한 말을 건네면서 책장을 넘겼다. 다행히 아이는 그런 시간을 참 좋아했다. 비록 아들이지만(?) 꽤나 심미적이고, 언어 능력 뛰어난 사람으로 자라난 데에는 어릴 적 그림책 경험이 한몫했다고 굳게 믿고 있다.

엄마가 된 이상, 집에 좋은 그림책은 더 많아졌다. 이 방에는 작가별로, 저 방에는 장르별로, 집이 꼭 도서관 같아졌고, 데이비드 스몰-사라 스튜어트의 「도서관」처럼 나도 언젠간 작은 그림책 도서관을 열어야지, 하는 꿈도 꾸었다. 아이는 매일 그림책을 골라 왔고, 우린 시시덕거리며 충만한 행복감을 즐겼다. 이언 포크너의 「올리비아」에서처럼 '더 읽어 달라, 힘드니 그만 읽자'라는 꿀 떨어지는 밀당도 하던 시절. 휴가 때는 여행의 테마에 맞춰 그림책부터 골라 트렁크에 넣을 생각에 기뻐서 더 설레곤 했다. 그림책은 남편까지 포함한 '우리'의 놀잇감이자, 서로를 연결해 주는 끈이었다.

물귀신 작전

덕업일치! 전생에 어떻게 살았길래, 참으로 감사한 일이다. 대학에서 아동학을 가르치면서 <언어지도>, <아동문학>, <아동 문해 발달과 북아트> 같은 과목들을 맡았다. 내가 좋아하는 그림책과 작가, 아이와 나눈 책 경험이 수업의 소재로 쓰일 수 있어 좋았다.

무엇보다도 순진한 학생들을 그림책의 세계로

끌어들일 수 있다는 게 무지하게 만족스러웠다. 예비 교사로서의 교육 시연을 핑계로, 특정 작가 또는 주제의 그림책을 탐색해 읽어 주기 시연을 하고, 그림책을 활용한 독후활동을 구성해 발표하는 과제를 내주었다. 민망하다고 투덜대던 학생 중 대다수가 학기말 수업 평가에서 고백하곤 했다. '이 수업 덕분에 그림책의 세계에 빠졌다'고. 난 학생들과 그림책 동아리를 만들었고, 방학 때도 모여서 작업을 했다. 연구 업적은 부족해도 열정만큼은 넘치던 30대 초반 시절이 당당할 수 있었던 이유였다.

그냥 즐기는 걸로

아이가 청소년이 되고 내 연구도 점점 바빠지면서, 그림책들은 그냥 책꽂이에 숨 막히게 꽂혀만 있는 날들이 쌓여 갔다. 그러다가도 이따금 여기저기서 신간 그림책을 접하고, 어른을 위한 그림책을 사면서 추억에 젖곤 한다. '살아남으려고 애써 잊은 척하는 거지, 너흴 정말 잊은 건 아니야.' 하고 사과도 하면서.

내가 그림책에 왜 빠졌었는지 생각해 보니, 그 여백이 참 좋았다. 글과 그림이 만나는 사이의 공백, 독자가 채워야 하는, 거기가 숨 쉴 수 있는 공간으로 여겨졌다. 지금은 공부에 대한 부담은 내려놓고, 그림책을 그냥 즐기려고 한다. 기쁘게도 요즘은 멋진 작가도, 매력 넘치는 그림책도 더 많아졌다.

아이들한테도 마찬가지다. 물론 어린이들에게 그림책은 세상을 보여 주는 창이라, 어른과 함께 그림책을 보는 동안 온갖 영역에 대한 학습도 저절로 일어난다. 그림책은 우리가 살아가는 사회의 축소판이고 수많은 정보를 전달해 주기도 한다. 그러나 제발 그림책을 교재로 삼지는 않았으면 좋겠다. 아이들에게는 암묵적 학습의 힘이 큰 데다, 무엇보다 그들은 그림책을 순수하게 즐기는 독자로 자라날 권리가 있다.

그림책과 문해력

아이들이 그림책을 즐기며 자라나면 무엇이 좋을까? 그림책이 아동 문해력 발달에 막강한 원동력임을 모르는 부모가 많다. 문해력이란 'Literacy'의 우리말 표현일 뿐, 갑자기 등장한 개념이 아니다. 좁은 의미로는 글자와 글을 바탕으로 한 콘텐츠를 수용하거나 생산하는, 즉 읽거나 쓰는 능력으로, 무엇보다도 '이해'가 중심이기 때문에 단순히 문자를 아는 '문식성文識性'에서 더 나아가 '문해력文解力'이라고 부르는 것이다. 그러나 리터리시나 문해력 모두 점차 그 의미가 넓어지면서, 글 텍스트뿐만 아니라 그림, 정보, 테크놀로지, 건강 등 우리 삶의 많은 영역에서 요구되는 능력으로 자리 잡았다.

그렇다면 그림책은 어떻게 아이들의 문해력을 키워 주는 것일까?

첫째, 이야기의 내용을 매력적인 그림으로 담고 간결한 문장과 결합한 장르인 그림책은 일단 어린 아동의 흥미를 불러일으킨다. 어릴 때부터 풍부한 그림책 경험을 통해 읽기를 즐기고 주고받는 말을 좋아하게 되면, 이후에 언어·문해가 순조롭게 발달하기에 좋은 '성향'이 만들어진다.

둘째, 무엇보다 성인이 책을 읽어 '주는' 동안 영유아기에 매우 중요한 채널인 청각(듣기)을 통해 이야기를 이해하는 연습을 반복하게 된다. 읽기를 해독과 독해로 나누는데, 글자를 읽는 건 해독이고 글의 뜻을 파악하는 건 독해다. 문해력에서는 독해가 차지하는 비중이 압도적으로 크다. 흥미롭게도, 읽고 이해하는 능력은 문자를 알기 전에 듣고 이해하는 능력에서 발달하기 시작하므로, 그림책을 많이 읽어 준 부모의 아이가 이해력이 더 좋을 수밖에 없다. 이런 이해력은 커서 학습의 바탕이 된다.

셋째, 그림책은 '지금 여기'가 아닌 새로운 맥락을 눈앞에 펼쳐 놓는 마법의 도구라서, 어휘력 성장의 발구름판이 된다. 초등학교에 들어갈 때쯤이면 이미 아이들의 어휘력에 엄청난 개인차가 나는데, 부모와의 그림책 상호작용을 통해 많은 단어를 접한 아이가 당연히 어휘력이 훨씬 좋다.

넷째, 그림책을 놓고 부모와 아이가 나누는 대화는 천금보다 귀하다. 관련 연구 수천 편에서, 그림책의 문장 자체보다는 그에 대해 나누는 부모-자녀 간의 대화가 아동의 언어 발달을 일으킨다는 것이 입증되었다. 이를 통해 아동은 새로운 표현을 익히고, 모국어의 문장 구조를 이해하여 활용하는 능력을 키운다. 한편, 책의 텍스트에 대해 대화를 나누며 글자에 대한 관심이 생기고 원리를 이해하므로 그림책만 보고 한글을 떼었다는 아이들도 많다. 이처럼, 그림책은 아이들이 시각 문해를 키울 수 있는 최고의 매체이며, 듣기, 말하기, 읽기, 쓰기를 포괄하는 의사소통 능력 발달의 핵심이다.

그림책 현명하게 이용하는 법

그림책을 어떻게 활용해야 좋은지 묻는다면, 이렇게 대답하고 싶다.

1. **좋은 그림책을 발견하는 것을 보물찾기로 여겨 보세요.**
   서점과 도서관에서 발품 팔고, 전문적인 책도 읽어서 한 권 한 권 건진 책은 제값을 합니다.

2. **글 텍스트에 집착하지 말고 그림을 많이 보세요.**
   그래야 그림책입니다. 아이들도 그림 읽기로부터 이해를 배웁니다.

3. **그림책을 매개로 풍부한 대화를 하세요.**
   그림책이 아동의 언어 발달에 최고의 역할을 하는 배경은 글도 그림도 아닌 대화입니다. 내용을 아이의 사전 경험과 연결하고, 부모의 감상을 말하고, 적절한 질문을 던지고, 재치 있게 말하세요.

4. **좋은 그림책은 이웃과 나누세요.**
   그림책은 결혼, 출산, 졸업, 이사, 크리스마스 등등 때에 맞춰 선물하기 좋아요. SNS의 소재로도 좋아요.

5. **아이가 다 커도 나의 세계에 남기세요.**
   그림책은 0-100세+를 위한 책입니다. 나의 멘털을 달래 주는 그림책을 모아 든든한 내 편으로 만들어 보세요. ♪

그림책은 어떻게 아이들의 문해력을 키워주는 것일까

느린 아이를
키우는 엄마가 발견한
그림책의 힘

에디터 **이미리**

저녁밥 먹고 나니 6시 45분. 이제 휴식 시간이라면 좋겠지만, 종일 엄마 퇴근만 기다린 아이들이 나를 쳐다본다. 「슈렉」의 장화 신은 고양이처럼 애절하고 간절한 눈망울로 나를 바라보는 7세, 5세, 3세. '그래, 나는 애 셋 키우며 일하는 엄마잖아. 혼자만의 시간이 가당키나 해?' 이런 생각조차 머릿속에 들어올 틈 없이 막내가 다다다 나를 향해 달려온다. 거울이 붙어 있는 가장 좋아하는 그림책을 갖고 오는데, 아뿔싸! 그 뒤로 둘째도 날마다 읽어 달라는 그림책을 들고 온다. 오늘 밤도 험난하겠다. 먼저 온 순서대로 막내의 그림책을 읽어 주면 둘째는 "나는 왜 맨날 두 번째야. 나 먼저 읽어 줘. 읽어 달라고~~~, 흑흑." 투덜거림+짜증×눈물바다가 불 보듯 뻔한 상황이다. 그림책 육아가 아름답고 우아하면 얼마나 좋을까.

짜잔! 이때 나를 도와줄 구원의 손길이 도착한다. "엄마, 둘째 책은 제가 같이 읽을게요. 엄마는 막내 읽어 주세요." 동생들이 블록을 망가뜨린다며 혼자 방에서 놀던 첫째가 등장한 것이다. 위험에 빠진 고담시를 구해 주는 배트맨을 만나면 기분이 이럴까? 맞아. 이런 순간을 위해 목이 쉬도록 졸린 눈을 비벼 가며 그림책을 읽어 준 거지. 문득 말이 느려서 속앓이했던 첫째의 어린 시절이 떠오른다.

첫째는 생후 40개월이 되어서야 말을 했던 언어 발달 속도가 느린 아이였다. 그래도 조급하지 않았다. '때 되면 하겠지… 하겠지….' 하고 있었다. 어린이집 학부모 상담 때 비로소 아이의 언어 발달이 또래 아이들에 비해 늦고, 발화를 위해 부모의 노력이 필요하다는 사실을 알았다. 부모가 처음이라 아이가

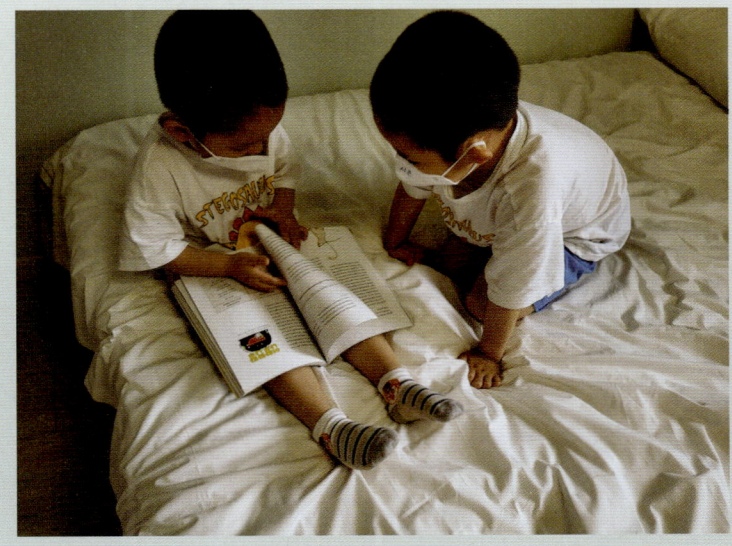

주는 존재의 사랑스러움에 빠져 날마다 "사랑해. 사랑해." 물고 빨고 안고만 있었지, 아이 발달은 예민하게 신경 쓰지 못했구나 싶어 자책도 참 많이 했다. 고민 고민하던 중 인터넷 검색으로 아이의 속도에 맞춰 책을 읽어 주고 발화를 이끌어 낼 수 있다는 '그림책 육아'를 알게 되었다. 먼저 글 양이 많지 않고 아이의 반응을 유도하는 그림책을 읽어 주며 비록 옹알이지만 아이와 그림책으로 소통하려고 부단히 노력하기 시작했다. 이것이 나의 처절한 첫 그림책 육아였다. 『누구게?』, 『또 누구게?』(최정선 글, 이혜리 그림 / 보림)를 읽으며 "여기에 누구 꼬리가 보이네? 이건 누구일까? 어흥? 깡충깡충?" 동물의 기다란 꼬리나 쫑긋 서 있는 귀를 보고 다음 페이지에 어떤 동물이 나올지 반응을 이끌어 내며 책을 읽어 줬다. 아이는 자신이 떠올린 동물이 다음 페이지에 나왔다는 기쁨을 온몸으로 표현하며 말을 건넸고, 우리는 매일매일 서로의 언어를 주고받으며 마음을 나누었다.

"이런 시간을 거쳐 아이는 말을 하게 되었습니다." "여러분도 그림책 육아 하세요."라고 글을 맺는다면 참 좋겠지만, 나에게는 통과해야 할 시간이 아직 남아 있었다.

그림책을 읽어 주었지만 변화는 없었다

그림책 육아를 시작한 지 한 달, 두 달…. 여섯 달이 되도록 눈에 띄는 변화가 없었다. '혹시 어디 문제가 있나?' 하는 걱정이 고개를 들 때쯤 영유아 검진을 했다. 걱정은 걱정으로 끝나지 않았다. 영유아 검진을 담당했던 의사가 언어 발달 장애 소견을 써 주며 전문 기관 방문을 권유했기 때문이다. 우려했던 바가 현실이 되는, 절대 일어나지 않길 바라던 순간이 눈앞에 펼쳐진 것이다. 커다란 충격에 휩싸인 내 머릿속은 '아이의 언어 발달을 위해 시작한 그림책 육아가 잘못된 길이었나? 아니면 내가 하는 그림책 육아 방식에 문제가 있었나?' 확신과 의욕을 가지고 시작했던 그림책 육아에 대한 결심은 의심으로 변했다. 앞으로 어떻게 해야 할지 갈피를 잡을 수가 없었다. 우왕좌왕 하는 내 중심을 잡아 준 건 남편이었다. 우리에게 필요한 건 견디는 힘이라고, 이전처럼 그림책 육아를 하며 아이가 말하는 순간을 기다려 보자고 조언했다. '그래. 내가 흔들리면 당연히 아이는 이리 꺾이고 저리 부서질 수밖에 없겠지. 다시 시작하자!'

영유아 검진 이후 나와 아이는 이전처럼 꾸준히 그림책을 읽었다. 달라진 점이 있다면 그림책을 읽고 난 뒤 독후활동을 시작했다는 것이다. 이름은 거창해 보이는데 사실 별거 없다. 음식 그림책을 보면 그림책에 나온 음식을 만들고, 식당에 가서 먹기도

하고, 마음에 드는 그림책 주인공이 있으면 미니 북을 만드는 정도였다. 아직 그림이 서툰 아이는 엄마에게 이렇게 저렇게 하라며 지시를 내렸는데, 아이가 그리라면 그리고 어떤 색으로 색칠하라면 칠하며 우리만의 미니 북을 완성했다. 집에서 상명하복의 질서가 있을 줄이야. 괜찮다. 하라면 한다! 이 시기 아이가 좋아하는 그림책에 초밥이 나와서 우리는 초밥집 단골이 되었다. 그림책은 잊었어도 초밥은 여전히 현재진행형으로 우리 곁에 있다.

    독후활동을 하니 아이가 책을 들고 오는 횟수도 확실히 많아지고 옹알이하는 시간도 길어졌다. 언어 발화로 이어지는 않더라도 옹알옹알 입으로 뱉어 내려는 시도는 나를 위로했고 고민도 덜어 주었다. 가끔 언제 제대로 말할 수 있을까 걱정될 때, 아이는 놀랍게도 이렇게 말하는 듯했다. "엄마, 나 이렇게 노력하고 있어요. 나는 엄마를 믿어요. 엄마도 저를 믿으세요." 흔들리는 마음을 다잡으며 끈기와 인내심을 갖고 함께 그림책을 읽은 결과, 마침내 생후 40개월에 말을 할 수 있게 되었다. 새로운 단어와 문장으로 매일매일 나를 놀라게 했고 지금은 수다스러운 7세 아이가 되었다. 할렐루야!

    '마침내 말을 할 수 있게 되었다….'라는 한 문장이 나오기까지 내 안에서 몇만, 몇억 개 감정의 소용돌이가 쳤는지 모른다. 그럴 때마다 레오 리오니 작가의 『프레드릭』을 보며 마음에게 "워워."라고 셀프 위로를 자주 했다. 지금 아이는 자신의 생각을 표현할 가장 아름다운 단어를 모으는 중이니까 시간이 걸리는 거라고. 춥고 어두운 겨울날을 위해 햇살과 색과 이야기를 모으는 프레드릭처럼.

    아이가 아름다운 단어를 만나길 기다리는 시간이 힘들었지만, 그림책이 있었기에 견디고 버틸 수 있었다. 하루는 아름다운 그림에 빠져, 다른 날은 느닷없이 다가온 한 문장이 박혀. 우리가 발견했던 그림책의 힘을 이 글을 읽는 독자도 경험할 수 있기를 진심으로 바란다. 차곡차곡 쌓이는 그림책만큼 마음을 지켜 주는 언어가 나에게 발맘발맘 걸어오는 기적은 누구에게나 일어날 수 있다. 그러니 눈과 손이 닿는 곳에 그림책 한두 권 놓아두기를. ♪

since 1999

보림그림책창작스튜디오
그림책, 진보적 상상력의 확장

1999년을 시작으로 12년간 이어 오던 '보림창작그림책공모전'이 '작품 중심'에서 '작가 중심'의 '보림그림책창작스튜디오'로 전환한 지 10년, 보림출판사는 작가와 출판사가 더욱 적극적으로 소통하고 작가의 꿈과 희망이 현실로 구현될 수 있는 최선의 환경을 마련하고자 끊임없이 노력하고 있습니다.

[보림그림책창작스튜디오 멘토 류재수 작가가 들려주는 이야기]

<보림그림책창작스튜디오를 통해 출간된 그림책들>

권정민 작가_《지혜로운 멧돼지가 되기 위한 지침서》
Q. 지침서 식으로 이 그림책을 낸 소감을 표현해 주세요.
A. 어려운 시절이 끝났다고 기뻐하지 말 것. 더 어려운 시절이 찾아올 테니.

박은정 작가_《채소 이야기》《안녕》《책상 왈츠》
Q. 첫 책 《채소 이야기》를 마무리했을 때 소감이 궁금합니다.
A. 꿈꾸던 일상이 현실이 된, 설레는 기분이었어요.

이미나 작가_《터널의 날들》《나의 동네》《조용한 세계》《새의 모양》
Q. 그림책 작업 중 가장 즐거운 순간은 언제인가요?
A. 아무 생각도 하지 않고 그림에 몰입할 때 가장 즐거워요.

이은경 작가_《질문의 그림책》《배추쌈》
Q. 창작스튜디오 생활은 어떠셨어요?
A. 끊임없이 하다 보면 자기 것을 찾을 수 있다는 것을 배웠어요.

신혜원 작가_《나의 여름》
Q. 이 책은 여름에만 봐야 하나요?
A. 여름의 안부가 궁금할 때면 언제든지 볼 수 있어요.

(주)보림출판사 주문 및 문의 전화 | TEL 031-955-3444

수원화성

에디터. 정유진   일러스트. 김리연

"발목 자른 김유신 통일 문무왕~"

　　노래 가사를 틀리고 역사가 바뀌어도 아랑곳하지 않고, 비장한 표정으로 「한국을 빛낸 100명의 위인들」을 4절까지 완창하던 아이들은 역사를 배우기 시작하는 초등학교 5학년 2학기가 되면 홀연히 역사 속으로 사라진다. 오호애재라! 패기 넘치던 아이들은 어디 간 것인가? 아이들이 계속 즐겁고 호기심 가득한 마음으로 역사를 가까이하게 하려면 역사 지식으로 꽉꽉 채워 줘야 한다는 부담부터 내려놓자. 어느 곳에 가든지 어떤 책을 보든지 무엇을 자기 안에 담을지는 스스로 정하는 것이니, 우리의 역할은 아이가 역사 사건을 이해하고 그 속의 인물과 교감하면서 결국 '역사는 흐른다'는 것을 알아 갈 수 있게 돕는 것이다.

　　아이들이 역사를 모르고 노래를 불렀던 것처럼, 수원화성의 역사는 잘 몰라도 드라마 「그해 우리는」의 아름다운 배경이라는 건 잘 안다. 드라마 촬영지 투어도 좋지만 재미있는 역사 이야기와 함께 수원화성에 대해 알아보는 건 어떨까? 그림책, 전집, 동화, 장르 불문하고 부모, 아이 모두에게 도움이 될 책들을 선별했으니, 책과 함께 수원화성의 매력에 스며들어 보자!

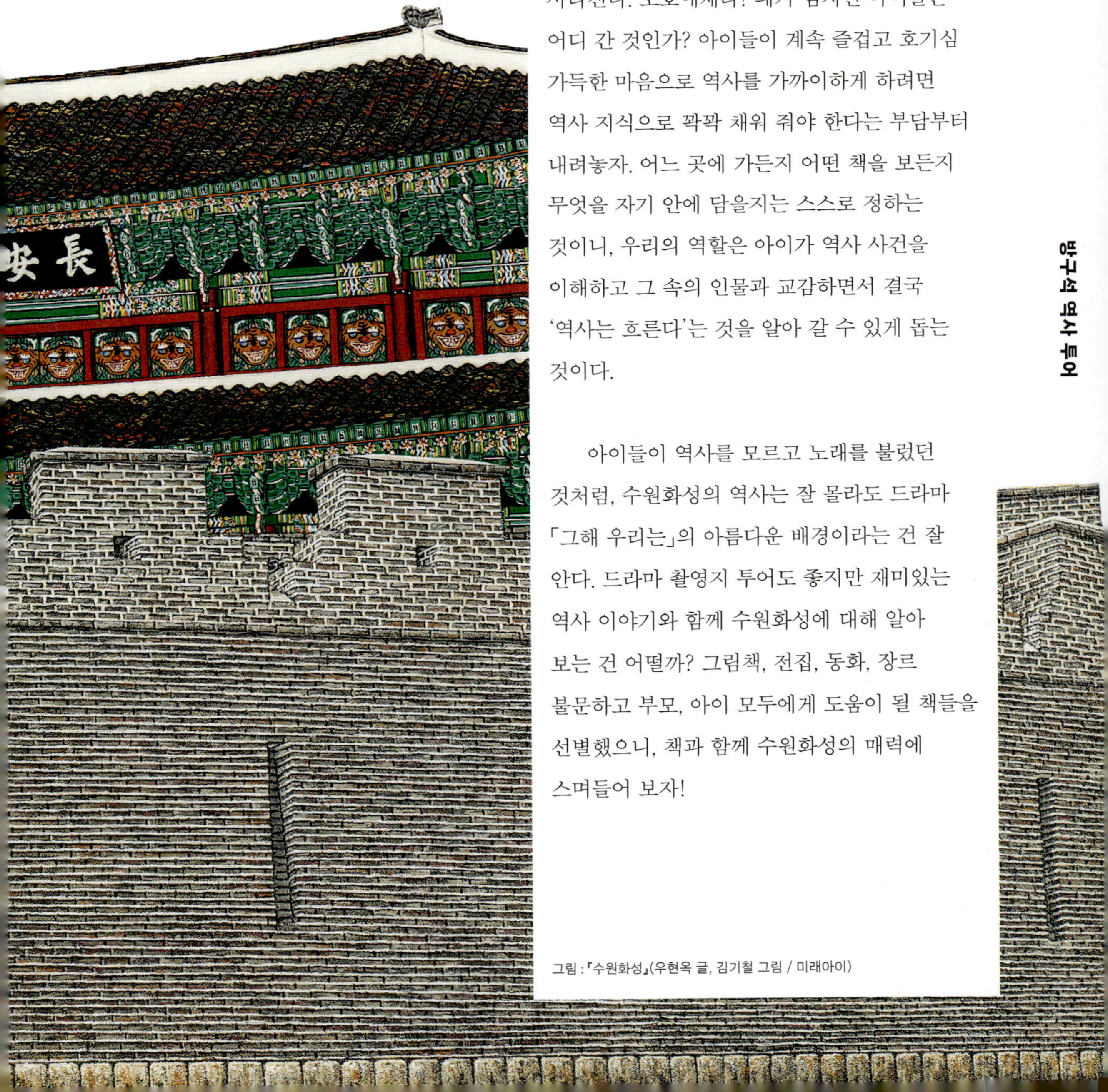

그림 : 『수원화성』(우현옥 글, 김기철 그림 / 미래아이)

0단계
그림책으로 관심 끌기

'아름다움이 적을 이기느니라.'
정조대왕의 말씀을 받들어 아름다운 수원화성 그림책으로 아이들의 마음을 사로잡아 보자.

『수원화성』
(우현옥 글, 김기철 그림 / 미래아이)

『수원화성』
(김진섭 글, 김병하 그림 / 웅진주니어)

수원화성을 만드는 데 2년 9개월의 시간이 걸렸지만, 작가가 책의 그림을 완성하기까지는 8년이 걸렸다. 단청이며 돌 하나하나까지 확대경으로 보며 가장 세밀한 붓으로 그려 나간 그림을 보면 감탄이 절로 나온다. 책의 아름다움에 방점을 찍은 건 강병인 서예가의 멋글씨로 쓰인 제목이다.

병풍처럼 펼쳤을 때 앞쪽 면이 시간의 흐름으로 이어졌다면, 뒤쪽은 물리적 흐름으로 장안성을 시작으로 성곽을 한 바퀴 돌아온다. 덕분에 아이들과 눈으로 편하게 수원화성을 한 바퀴 돌아 볼 수 있다. 병풍 책을 동그랗게 펼쳐 '수원화성 안에 도시 만들기' 놀이도 가능하다.

1단계
다양한 탈 것으로
역사 흘려듣기

그림책에서 봤던 수원화성을 생생하게 보는 시간. 코스와 소요 시간 등을 확인하고 아이가 좋아할 방법을 택해 수원화성을 둘러보자.

XR버스 1795행 : 차창 스크린으로 역사 영상을 보여 주는 미디어 버스. 수원화성 일대를 운행하나, 창밖으로 수원화성이 잘 보이진 않는다. 15분 전부터 개방하며 좌석은 선착순이다. 양쪽 차창의 영상 전체를 볼 수 있는 맨 뒷자리를 추천한다. '터치수원' 어플에서 예약할 수 있으며, 6세 미만 영유아는 카시트가 필요하다.

연무대(동장대)

화성어차 순환형 : 약 20~25분
XR버스(수원화성 일대 순환) : 40분 내외

화성행궁

화성어차 관광형 : 약 40~50분. 팔달산(성신사)포함
행카로드(역사문화풀코스) : 약 40~50분

화성어차 : 순종이 타던 자동차와 조선 시대 국왕의 가마를 모티브로 제작된 관광차. 순환형은 좌우 창문이 없어서 설명 소리가 거의 안 들리므로 3.5젠더 이어폰을 챙겨 가자. 처음에는 설명을 들어도 정확히 못 알아볼 수 있으니 각 시설물에 대한 사진이나 그림이 있는 책을 챙기면 좋다. 중간 하차도 가능하나 재탑승은 불가하다.

행카 : 역사 안내 해설사와 함께하는 전기 자전거 택시. 5~6월 / 9~10월 운영, 이용료 : 30,000원. 한 자전거에 2명까지 탑승할 수 있으며, 목적지마다 내려서 설명을 듣고, 사진 촬영도 할 수 있다.

자세한 정보는 '수원문화재단' 홈페이지(www.swcf.or.kr)를 확인하세요.

이 책 들고 가 보자!

책에 나온 곳을 한 번에 다 보려고 하면 저승에서 정조대왕을 만날지도 모른다. 가기 전에 무엇을 볼지 아이와 상의하여 정한 후에 가거나, 책을 갖고 가서 실물을 보며 책에서 해당 내용을 찾아보자.

유치·초저	『화성은 어떻게 지어졌을까?』 (김진섭 글, 정소영 그림 / 여원미디어)	
	정조가 어떤 고민을 하며 각 건축물을 지었는지 설명한다. 책을 가지고 수원화성에 가서 설계자의 마음으로 책 내용과 건물을 비교하며 살펴 볼 수 있게 하자.	
초등 중학년 이상	『수원 화성에서 만나는 우리 과학』 (김연희 글, 무돌 그림 / 창비)	
	두 주인공을 따라 여행하듯 이야기가 진행된다. 수원화성이 지어진 배경부터 과학 기술, 현장 답사까지 쭉 이어진다. 옛 자료와 오늘날의 사진이 있어 과거와 현재를 연결해 주는 친절한 안내서이다.	
부모	『수원화성 : 정조의 꿈이 담긴 조선 최초의 신도시』 (김준혁 글, 양은정, 이종호 그림 / 주니어김영사)	
	체험학습용으로 나온 책이라 얇고 가벼우면서 내용이 집약적으로 쓰여 있다. 아이가 이 책으로 수원화성을 시작하기에는 부담스럽지만, 장소마다 볼거리를 실사와 함께 짚어 주고 있어 참고하기에 좋다. 부모가 관련 이야기도 읽어 보고 현장에서 관찰할 것들을 설명해 주면 아이도 거부감 없이 받아들일 수 있다.	

2단계
오래 보고 오래 머물기

한 폭의 그림 같은 연못과 탁 트인 공간으로 이루어진 코스다. 아름다운 풍경에 매료되어 수원화성이 군 방어 시설이라는 사실마저 깜박 잊고 만다. 거리는 짧지만, 장소마다 충분히 쉬고 누리고 즐기며 하루를 만끽하길 바란다.

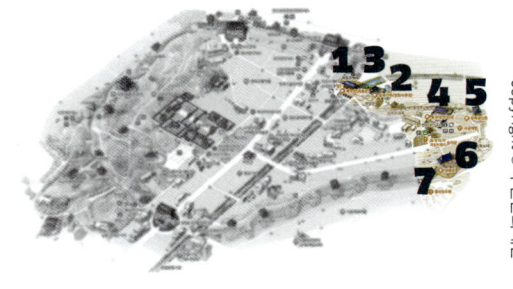

코스
북수문(화홍문) ⋯→ 용연 ⋯→ 동북각루(방화수류정) ⋯→ 동장대(연무대) ⋯→ 동북공심돈 ⋯→ 창룡문 ⋯→ 플라잉수원

1. 북수문(화홍문)
용연에서 흐르는 물은 화홍문을 통해 수원천으로 흘러간다. 초기에는 적의 침입을 막기 위한 쇠창살이 홍예문마다 있었다. 화홍문 뒤편 수원천길에서 '용지와 용두암 이야기'를 읽고, 징검다리를 건너 용연으로 가는 계단에서 이무기 상까지 찾아보자.

2. 용연
연못에 노니는 오리와 거위만 봐도 아이들은 행복하다. 피크닉 용품 대여점에서 피크닉 용품을 대여하거나 돗자리랑 음식을 챙겨 가서 용연 주변에 자리 잡고 잔잔히 흘러나오는 국악을 들으며 잠시 시간이 흘러가게 놓아두자.

3. 동북각루(방화수류정)
수원화성에서 가장 아름다운 곳으로 정조대왕이 즐겨 찾아 활쏘기를 했다. 완전함을 뜻하는 십자 무늬 돌을 이용해 꽃이 핀 듯 화려함을 더했다. 용연에서 올려다보면 아름다움에 빠져 방심한 적을 공격할 수 있도록 방화수류정 아래쪽에 만든 총구멍을 볼 수 있다.

용연에서 바라 본 동북각루(방화수류정)

4. 동장대(연무대)

평상시 장용영 외영 군사들이 무예24기를 훈련했던 장소다. 계단 앞에 놓인 비석에서 전쟁이 남긴 탄흔을 발견할 수 있다. 동장대 옆 잔디밭에서는 초등학생부터 국궁 체험을 할 수 있다. 50발 중 49발을 명중시키는 정조대왕의 활쏘기 실력을 가늠해 보자.
(국궁 체험: 1회 10발 2,000원)

5. 동북공심돈

수원화성에서만 볼 수 있는 건물이다. 동북공심돈은 복원한 것이고, 서북공심돈은 원형 그대로 남아 있다. 공심돈은 벽돌로 지어져 포를 맞아도 맞은 부분만 뚫려 무너진 부분을 빠르게 메꿀 수 있지만 벽돌은 약하다는 단점을 보완하기 위해 벽돌 사이를 석회로 채워 더 튼튼하게 하였다.

6. 창룡문

공사에 참여한 자들의 이름이 적힌 '공사 실명판', 홍예 개판(아치형 문 사이에 있는 천장)에 그려진 '푸른 용 그림'을 찾아보자. 동쪽을 상징하는 '푸른 깃발'이 꽂혀 있는데, 장안문(북)은 흑색, 화서문(서)은 백색, 팔달문(남)은 홍색 깃발이 꽂혀 있어서 깃발을 보며 방향을 확인할 수 있다.

7. 플라잉수원(열기구)

최대 150미터 상공에서 약 10분가량 비행하며 수원화성을 조망할 수 있다. 현장에서 탑승 번호를 받고 대기해야 하므로 기다리는 동안 창룡문 앞 잔디밭에서 연을 날려 보는 것도 좋다.

창룡문과 플라잉수원 ⓒ 수원 관광(https://url.kr/bdtlvu)

3단계
나는 사도세자의 아들이다!

정조대왕은 왕권을 강화하고 왕을 호위하기 위해 장용영이라는 군영을 만들었는데, 장용영 내영은 도성 중심으로, 외영은 수원화성을 중심으로 구성했다. 사도세자가 죽고 나서 살아남기 위해 강해져야만 했던 정조대왕을 떠올려 보자. 긴 코스를 따라가며 몸도 마음도 더욱 단단해지기를 바란다.

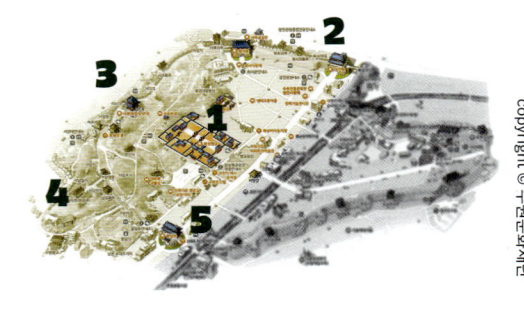

copyright ⓒ 수원문화재단

코스

화성행궁 유여택/신풍루 ⋯ 장안문 ⋯ (서북공심돈) ⋯ (화서문) ⋯ 서장대 ⋯ (효원의 종) ⋯ 서남각루(화양루) ⋯ 팔달문

1. 무예24기 시범 공연

정조의 명을 받은 실학자 이덕무, 박제가와 무예의 달인 백동수가 1790년에 편찬한 『무예도보통지』의 24가지 무예를 화성행궁 내 유여택에서 시연한다.
매주 화~일요일 11:00-11:30 / 14:00-14:20(주말)

장용영 수위 의식

장용영의 창설 목적과 군례 의식의 위용을 보여 주는 행사로 화성행궁 내 신풍루 및 인근 지역에서 시행한다.
매주 일요일 14:00-14:30 공연.

2. 장안문

임금이 서울에서 수원으로 내려오기 때문에 서울을 향한 북문인 장안문이 수원화성의 정문이다. 방어 시설인 옹성, 오성지, 현안을 살펴보고, 일제강점기와 6·25 전쟁을 거치며 생긴 탄흔도 확인해 보자.

'화서문'과 '서북공심돈'은 2단계에서 비슷한 형태의 '창룡문'과 '동북공심돈'을 보았기 때문에 이번 코스에서 설명을 제외했으나 둘 다 원형 그대로 보존된 보물인 만큼 꼭 둘러보길 바란다.

3. 서장대

팔달산 정상에 있는 군사 훈련 지휘소로, 화성에서 유일하게 정조가 직접 쓴 현판과 시문 현판이 걸린 곳이다(현재는 복원&복제품). 1795년 정조는 이곳에서 직접 장용영 외영의 주간 및 야간 훈련을 지휘하였다.

서남각루로 가는 길에 있는 '효원의 종'에서 유료로 타종 체험을 할 수 있다.

4. 서남각루(화양루)

처음 설계에는 없었던 곳이지만 성 밖에 높은 지형이 있으면 적이 그곳에 올라가 성안으로 공격하기 쉬우므로 성보다 높은 지형을 적에게 내주지 않기 위해 용도(양쪽을 담으로 쌓은 좁은 길)와 화양루를 지었다. 수원화성 전체 성곽의 형태는 버드나무 잎 모양으로, 화양루가 줄기 부분이다.

5. 팔달문

장안문보다는 조금 작지만, 축성 당시의 모습을 보존하고 있어 보물로 지정됐다. 출입이 통제되어 멀리서 봐야 하는 아쉬움이 남는다.

장안문 © 수원 관광(https://url.kr/bdtlvu)

서장대(화성장대) © 수원 관광(https://url.kr/bdtlvu)

4단계
과거와 현재를 잇다

역사를 재현하는 행사에 참여하거나 현대 기술을
접목한 게임을 통해 좀 더 적극적인 역사 체험을
할 수 있다. 게임에 나오는 문제를 풀기 위해
유적을 더 자세히 관찰하여 새로운 지식도 얻고,
책에서 배울 수 없는 색다른 경험을 할 수 있다.

정조대왕능행차 재현

정조대왕능행차는 정조가 어머니 혜경궁 홍씨의 회갑을 기념하기 위해 을묘년(1795년)에 진행한 대규모 행차로, 1996년부터 재현 행사를 진행해 오고 있다. 초등학교 1학년부터 참여 신청이 가능한 구간도 있으니 축제 일정과 참가 조건을 공식 홈페이지에서 확인해 보고, 직접 참가해 보거나 시간에 맞춰 행차를 구경하며 역사 현장을 직접 경험해 보길 바란다.

정조대왕능행차 공동 재현 홈페이지
www.kingjeongjo-parade.co.kr

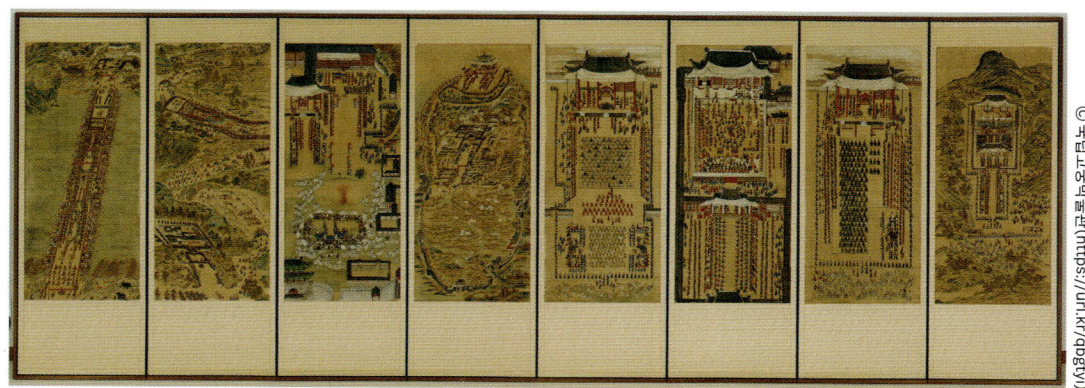

화성능행도병풍
1795년 정조대왕이 어머니 혜경궁 홍씨의 회갑을 기념하기 위해 수원화성으로 행차하여 치른 여러 행사 장면을 그린 그림이다.

'용연의 아이' 앱 체험

'리얼월드' 앱을 다운로드 받아서 '용연의 아이'를 검색하고 결제(7,500원)하면 시작할 수 있다. 화홍문 뒤편 수원천길에 쓰인 '용지와 용두암 이야기'를 바탕으로 한 미션 게임으로, 미션이 그리 어렵지 않아 유아 또는 초등 저학년한테 적당하다. 해당 장소에서 주변 또는 사물을 관찰하고 찾아야 문제를 해결할 수 있기 때문에 소요 시간은 아이마다 다를 수 있다. 전체 이동 코스는 화성행궁 앞-여민각-화서문-장안문-화홍문 순이다. 어플 사용 기간이 정해져 있지 않으니 아이의 반응과 컨디션을 보며 시간을 조절해서 해 보자.

'수원화성의 비밀' 앱 체험

신개념 미션 투어 온라인 방 탈출 게임이다. 앱에서 원하는 체험을 선택하여 비용을 결제하고 장안문 매표소 또는 화성행궁 광장 안내소에서 암호 해독지 수령 후 진행한다. '사라진의궤', '정조이념록', '마지막임무'의 총 3가지 코스가 있으며 소요 시간, 출발 장소, 난이도 등이 다르므로 자세한 내용은 어플에서 확인하길 바란다. 결제 후 30일 이전에 다시 이어서 할 수 있으니 너무 어렵다면 무리하지 말고 다음을 기약하자.

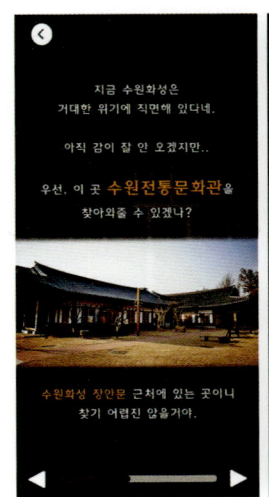 

5단계
수원화성 지식과 공감 두 스푼

수원화성을 설계한 정조는 어떤 사람이며, 왜 수원화성을 지었는지, 그 과정은 어떠했는지를 이야기로 만나 보자. 아이가 어려서 책을 소화하기 어렵다면 부모가 먼저 읽고 이야기를 해 주는 것도 좋다.

어린 이산이 정조대왕이 되기까지

『겁쟁이 이산』 (정하섭 글, 전미화 그림 / 우주나무)
아버지의 죽음 뒤 두렵고 겁이 많았던 이산이지만 왕이 되어야만 했던 운명과 그 운명을 받아들이고 어떤 왕이 될 것인지를 고민하여 훌륭한 왕으로 거듭난 과정을 보여 준다.

『정조가 쓴 편지』
(신동경 글, 전명진 그림 / 천개의바람)
사도세자의 죽음 후, 자신이 처했던 상황들과 그 상황에서도 해 온 일들, 특히 화성을 계획하는 정조의 생각과 마음을 담아 냈다. 편지 형식을 통해 정조의 다정하면서도 단단한 마음을 느낄 수 있다.

『시간의 책장』
(김주현 글, 전명진 그림 / 만만한책방)
25세에 왕이 된 정조가 시간의 책장을 통해 11살의 이산과 만난다. 사도세자의 죽음 이후부터 왕이 되기까지 정조가 어떤 마음으로 버티고 또 준비했는지 엿볼 수 있다.

수원화성 축성 이야기

『화성 소년 장비』
(이창숙 글, 신슬기 그림 / 현북스)
화성을 짓던 일꾼 '장비'가 주인공이다. 당시 일꾼들의 모습을 엿볼 수 있으며, 더 나아가 수원화성이 지어지는 과정과 화성을 짓는 정조의 의도까지 이해하는 데 도움을 준다.

전집 이야기

앞서 소개한 수원화성 책을 포함하고 있는 시리즈 또는 전집을 소개한다. 먼저 도서관에서 책을 확인해 보고 아이가 좋아한다면 구매하는 것도 좋은 방법이다.

탄탄 두레박 문화(여원미디어)

전통 생활문화 이야기를 8가지 테마로 구성하였으며, 다양한 기법의 그림들로 이루어졌다. 적절한 정보를 이야기로 전해 주니 낯선 우리 문화를 처음 접하기에 좋다.

신나는 교과 체험학습(주니어김영사)

교과서에 나오는 장소를 체험학습 주제로 만든 책이다. 체험 장소에 대한 사전 정보부터 장소에 대한 참고 자료 및 이야기와 체험 후 활동까지 체계적으로 만들어졌다. 부모가 읽고 가이드해 주면 딱 좋을 책이다. 낱권으로도 구입할 수 있다.

인물그림책(우주나무)

평범한 것 같은 아이가 어떻게 위인으로 성장하는지 보여 준다. 위인의 업적을 강조한 위인전에 거리감을 느끼는 아이라면 이 시리즈를 통해 자신과 닮은 듯한 주인공의 성장을 보며 공감과 위로, 응원을 얻을 것이다. 서점에서 낱권 구매도 가능하다.

첫역사그림책(천개의바람)

선사시대부터 시작하는 통사 형태로, 시대적 상황과 역사적 사실을 바탕으로 쉽게 읽어 갈 수 있도록 이야기로 풀어 내고 있다. 그림이 다채롭고 역사를 처음 접하는 어린아이에게 부담이 되지 않을 정도의 지식을 담아 역사가 친근하게 느껴지도록 공들였다. 전집은 키즈스콜레 판매이며, 낱권은 서점에서 구매할 수 있다.

최종 단계
기록

5단계에 걸쳐 수원화성을 경험한 아이는 자연스레 궁금증이 생긴다. '1796년에 생긴 수원화성이 어떻게 지금까지 남아 있는 걸까?' 이때 우리는 '복원'과 '기록'에 대해 얘기할 수 있다.

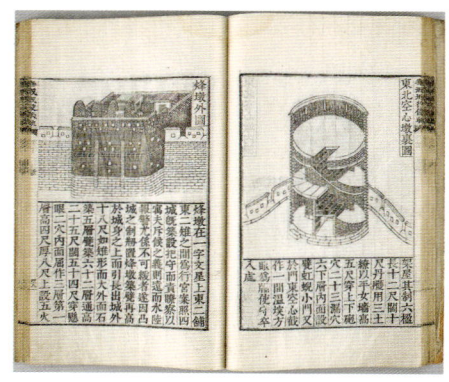

『화성성역의궤』 속 봉돈과 동북공심돈 ⓒ 국립중앙박물관

"동문은 도망가고 서문은 서 있고 남문은 남아 있고 북문은 부서졌다."라는 이야기가 있을 정도로 수원화성은 일제 강점기와 6·25전쟁으로 많은 부분이 손실 및 파손되었다. 1975년부터 화성 복원 사업이 이뤄졌고, 덕분에 축성 당시 모습을 되찾아 지금의 아름다운 수원화성의 모습을 갖추었다. 복원 후 수원시는 유네스코에 세계문화유산 등재를 요청했지만, 세계문화유산은 '진정성' 기준에 합당하는 잘 보존된 원형만 인정했기에 복원 문화재인 수원화성은 등재를 거부당했다. 이에 수원화성은 재해석으로 복원한 것이 아닌 『화성성역의궤』를 기준으로 복원하였다는 것을 설명했고, 의궤를 본 유네스코 이사회는 수원화성을 세계문화유산으로 지정하지 않을 수 없었다.

1801년에 발간된 『화성성역의궤』는 돈 한 푼 헛되이 쓰이지 않도록 모든 것을 기록하게 한 정조의 뜻에 따라 축성 계획, 인력 인적 사항, 못의 개수, 못 가격 등 사소한 것 하나까지 모두 적어 엮은 책이다.

이 의궤가 있다면 본래의 모습으로 똑같이 복원 가능하다는 점이 크게 작용하여 1997년 마침내 세계문화유산으로 등재될 수 있었다. 세계문화유산이 되기 위해 기록한 것은 아니지만 철저한 기록이 훗날 큰 유산이 된 것을 보면, 기록이 얼마나 중요한지 알 수 있다. 실제로 『화성성역의궤』는

복원된 봉돈 ⓒ 수원 관광
복원된 동북공심돈 ⓒ 수원 관광

세계기록유산으로도 등재되었다.[1] 수원화성은 기록이 살려 낸 유산이라고 감히 말할 수 있겠다.

정조는 왕세손 시절부터 날마다 자신의 생활을 반성하고자 공부한 것과 말한 것 등을 기록했다. 왕이 되고서도 직접 일기를 쓰다가, 3년 후부터는 규장각 신하들이 일지를 쓰고 그 내용을 승인받게 하여 기록을 이어 갔다. 그 기록이 『일성록日省錄』으로 정조부터 시작된 기록이며, 이 또한 세계기록유산으로 등재되었다. 항상 기록하고 또 신하에게도 기록을 강조했던 정조였기 때문에 의궤 중에서도 가장 뛰어난 『화성성역의궤』도 존재할 수 있는 것이다.

아이와 함께 수원화성을 통해 기록의 중요성을 느끼고 기록하고 싶은 경험을 했길 바라며, 지금부터라도 어떤 걸 기록할 것인지 생각해 보고 시작하는 건 어떨까. 기억에 남는 것을 기록하는 것도 좋지만, 기억하기 위해 기억하고 싶은 것을 적어 보자. 아이가 쓴 기록은 또 다른 수원화성의 역사가 되어 흐를 것이다. ♪

1 2007년 『조선왕조의궤』가 세계기록유산으로 등재되었으며, 그중 『화성성역의궤』가 포함되어 있다.

『화성성역의궤』 ⓒ 국립중앙박물관(https://url.kr/ifwcet)

그림책을
기록하는 시간

기록한 것만이 기억된다고 믿는 사람은 어떻게든 자기만의 방법을 찾는다. 무엇이든 쉽게 질리는 이가 꾸준히 몇 년 동안 즐겁게 기록하는 방법은 바로 '**다**'이어리 '**꾸**'미기다. 책과 어울리는 예쁜 스티커와 마스킹테이프를 붙이고, 인상 깊은 문장을 옮겨 적으며 오늘 아이와 나눈 대화를, 내일 나누고 싶은 이야기를 부푼 마음으로 쓴다.

사진이든 앱이든 기록하는 여러 방법이 있지만, 다꾸를 계속 이어 온 것은 '보기 좋으니 자꾸 보고 싶다. 자꾸 보기에도 쉽다. 자꾸 꺼내다 보면 생각도 자꾸 하게 된다'는 이유에서다. 더 잘하고 싶은 마음이 생긴다. 그렇게 기록한 다이어리 두 장을 공개해 본다.

에디터 **이시내**   본지 에디터. 『초등학생이 좋아하는 동화책 200』 저자.

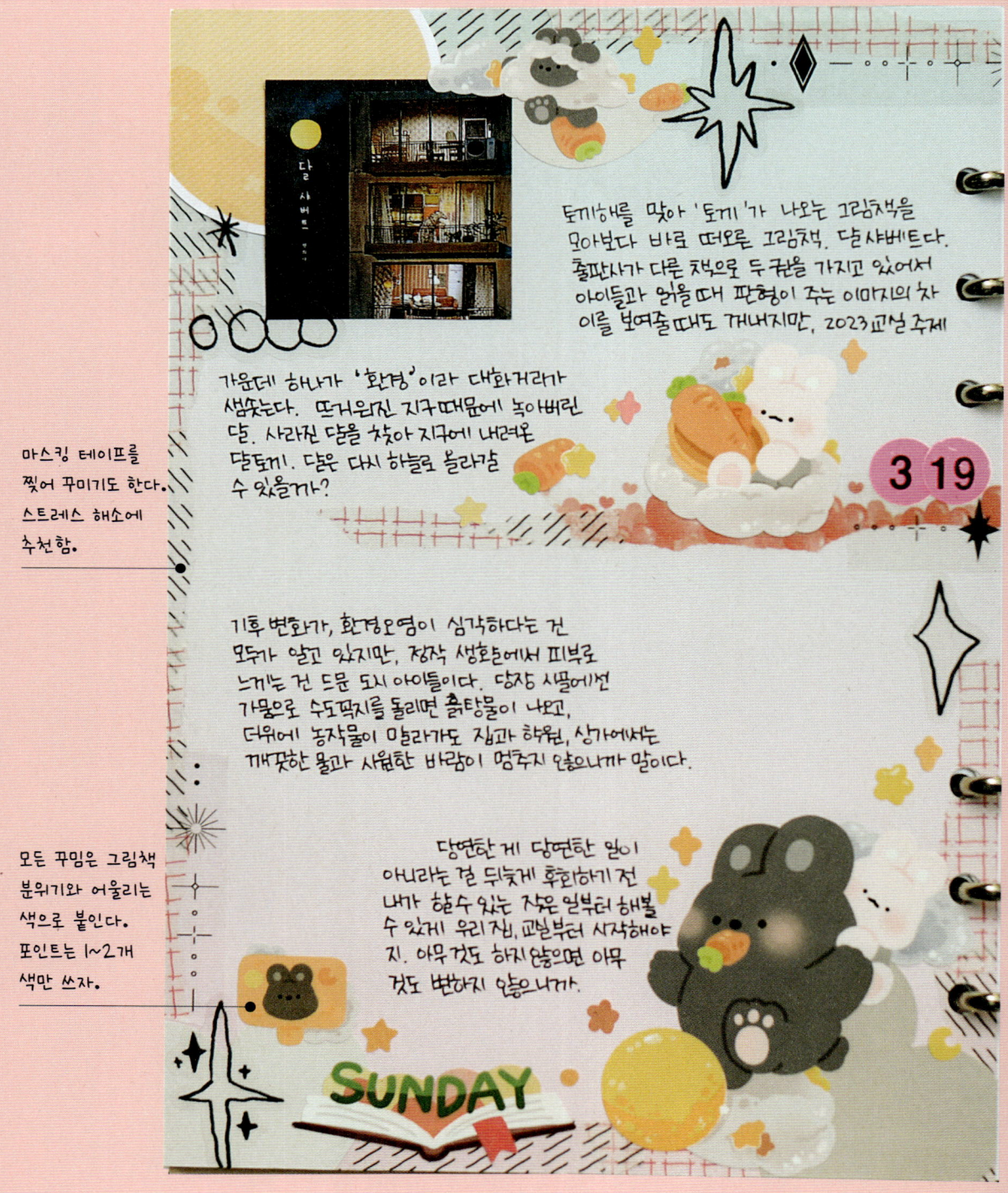

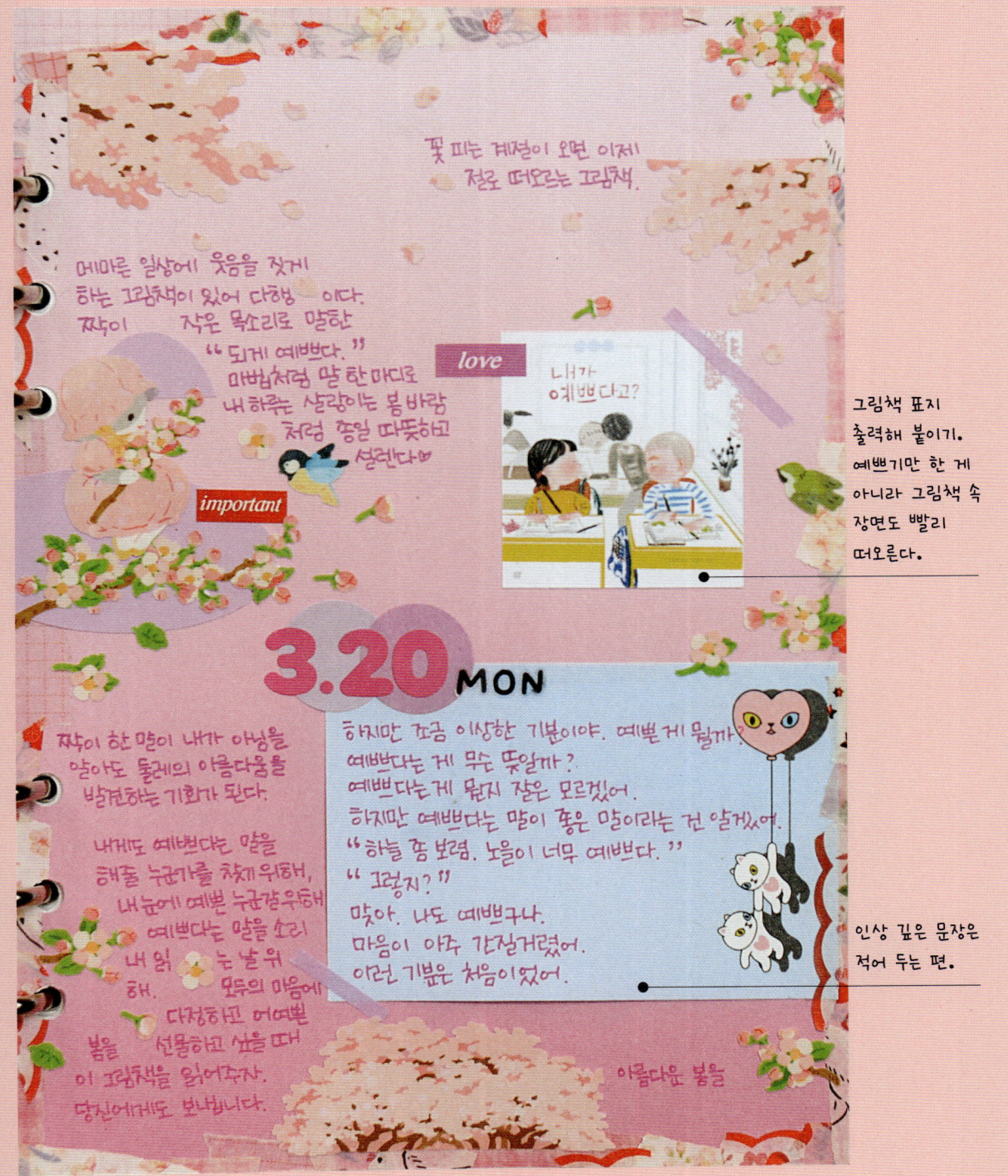

꽃 피는 계절이 오면 이제
절로 떠오르는 그림책.

메마른 일상에 웃음을 짓게
하는 그림책이 있어 다행 이다.
짝이 작은 목소리로 말한
"되게 예쁘다."
마법처럼 말 한 마디로
내 하루는 살랑이는 봄바람
처럼 종일 따뜻하고
설렌다♡

important

love

그림책 표지
출력해 붙이기.
예쁘기만 한 게
아니라 그림책 속
장면도 빨리
떠오른다.

3.20 MON

짝이 한 말이 내가 아름을
알아도 둘레의 아름다움을
발견하는 기회가 된다.

내게도 예쁘다는 말을
해줄 누군가를 찾기 위해
내 눈에 예쁜 누군가들 위해
예쁘다는 말을 소리
내 읽 는 날 위
해. 모두의 마음에
다정하고 어여쁜
봄을 선물하고 싶을 때
이 그림책을 읽어주자.
당신에게도 보냅니다.

하지만 조금 이상한 기분이야. 예쁜 게 뭘까.
예쁘다는 게 무슨 뜻일까?
예쁘다는 게 뭔지 잘은 모르겠어.
하지만 예쁘다는 말이 좋은 말이라는 건 알겠어.
"하늘 좀 보렴. 노을이 너무 예쁘다."
"그렇지?"
맞아. 나도 예쁘구나.
마음이 아주 간질거렸어.
이런 기분은 처음이었어.

인상 깊은 문장은
적어 두는 편.

아름다운 봄을

독서노트

제품 정보: 노루달상점, 아르디움, 프롬사월, 워너디스, 다이소 등

그림책의 이미지가 떠오르는 색과 스티커를 골라 붙인다.

기록할 글이 많다면 작은 스티커는 글 쓰기 전에, 글 양이 적으면 글 쓴 다음 붙이기.

메모지를 찢어 붙이고 남은 부분도 통일성 있게 아래에 붙여 주는 센스!

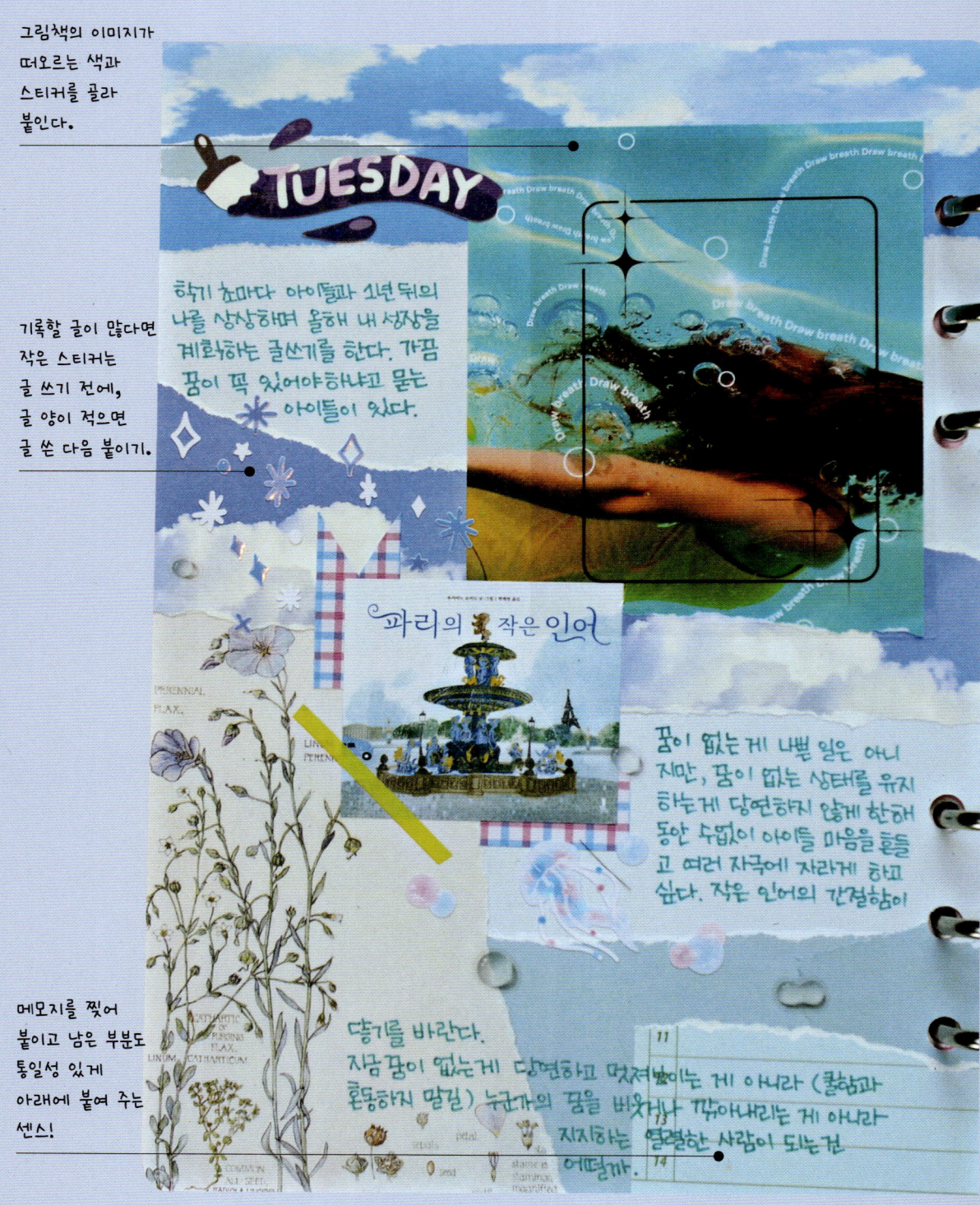

TUESDAY

학기 초마다 아이들과 1년 뒤의 나를 상상하며 올해 내 성장을 계획하는 글쓰기를 한다. 가끔 꿈이 꼭 있어야 하냐고 묻는 아이들이 있다.

꿈이 없는 게 나쁜 일은 아니지만, 꿈이 없는 상태를 유지하는 게 당연하지 않게 한해 동안 수없이 아이들 마음을 흔들고 여러 자극에 자라게 하고 싶다. 작은 인어의 간절함이 닿기를 바란다. 지금 꿈이 없는 게 당연하고 멋져 보이는 게 아니라 (쿨함과 혼동하지 말길) 누군가의 꿈을 빗대거나 깎아내리는 게 아니라 (충함과 혼동하지 말길) 지지하는 열렬한 사람이 되는 건 어떨까.

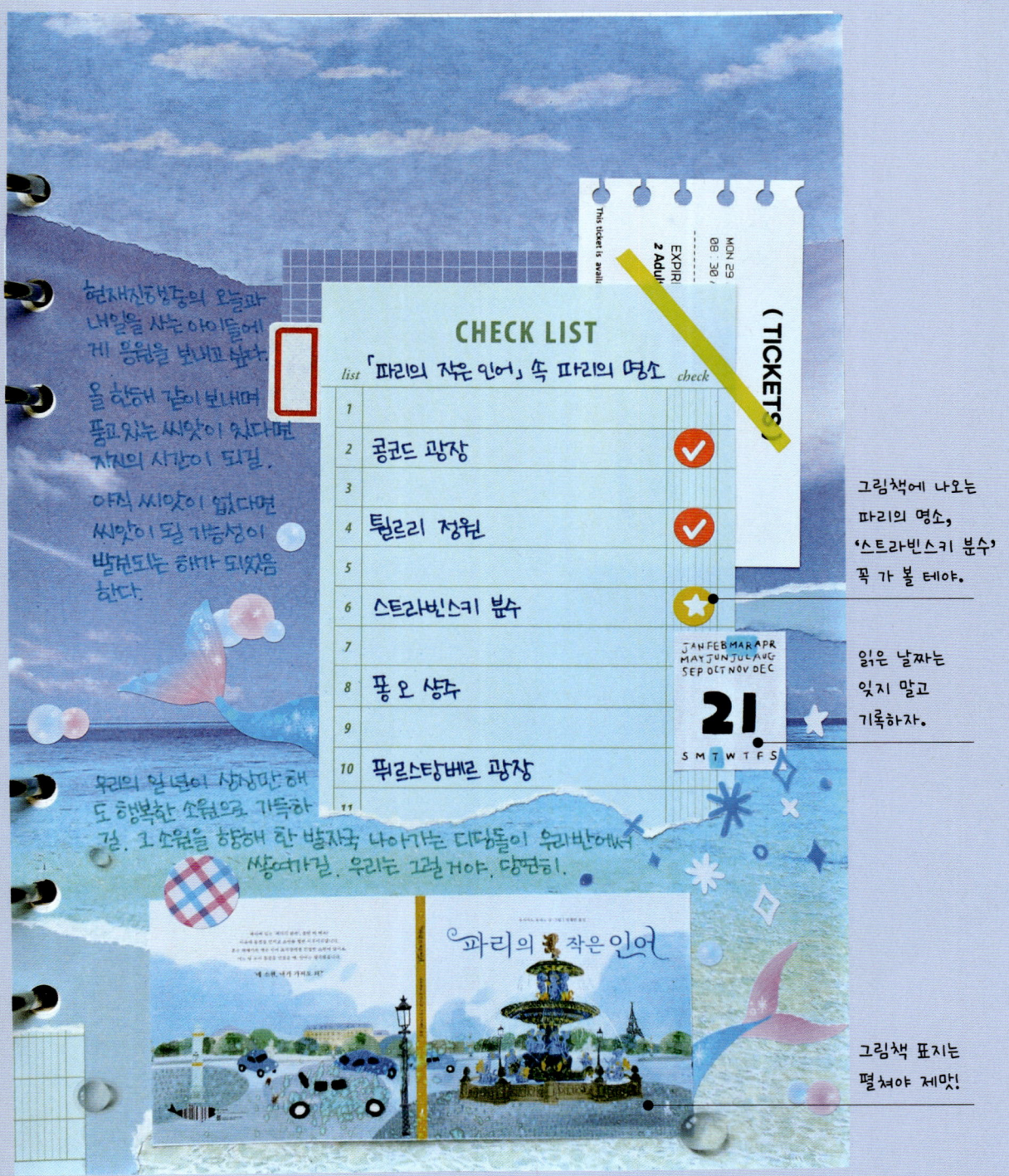

CHECK LIST
list 「파리의 작은 인어」 속 파리의 명소   check

1	
2	콩코드 광장	✓
3	
4	튈르리 정원	✓
5	
6	스트라빈스키 분수	★
7	
8	퐁오 샹쥬
9	
10	퓌르스탕베르 광장
11	

현재진행방중의 오늘과 내일을 사는 아이들에게 응원을 보내고 싶다.

올 한해 같이 보내며 품고 있는 씨앗이 있다면 지지의 시간이 되길.

아직 씨앗이 없다면 씨앗이 될 가능성이 발현되는 해가 되었음 한다.

우리의 일년이 성장만 해도 행복한 소원으로 가득하길. 그 소원을 향해 한 발자국 나아가는 디딤돌이 우리반에서 쌓여가길. 우리는 그럴거야, 당연히.

그림책에 나오는 파리의 명소, '스트라빈스키 분수' 꼭 가 볼 테야.

읽은 날짜는 잊지 말고 기록하자.

그림책 표지는 펼쳐야 제맛!

독서노트

제품 정보 : 이롯, RIHOON, 뇨뇨뇨니스튜디오, 땡땡이네, Appree, 다이소 등

어떤 방법이든 좋다. 내가 지치지 않는, 누가 뭐래도 내가 좋아하는 방법으로 기록해 보자. 과거를 그리워하며, 미래를 불안해 하지 말고, 오늘을 소중히 여기며 우리의 시간을 영원히 붙잡아 두길 응원한다. ♪

전정숙 글·김지영 그림 | 40쪽 | 14,000원

하늘이
굴러서 어디든 갈 수 있고
모두와 잘 어울린다.

땅이
누워 있는 걸 좋아하고
앞만 보고 다닌다.

사람이
서 있는 걸 좋아하고
위를 보고 다닌다.

우리가 모이면
뭐든지 만들 수 있어!

★자매품!★

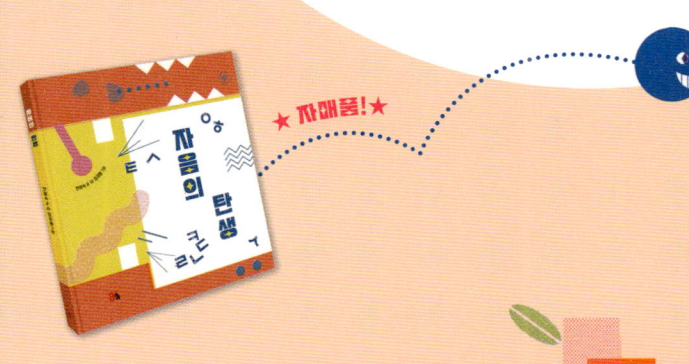

올리; 어린이의 미래를 디자인하는 콘텐츠 스쿨

★인스타그램   @allnonly.book

슈만과 그림책
그리고 나

> 내가 그의 이름을 불러 주었을 때
> 그는 나에게로 와서
> 꽃이 되었다.
> – 김춘수 「꽃」 일부

고등학교 입학 후 첫 국어 시간이었다. 처음 만난 국어 선생님은 별다른 인사도 없이 칠판에 시를 하나 쓰기 시작했다. 당황스러운 수업 전개에 어찌할 바를 몰라 선생님 뒤통수만 쳐다보던 우리는 이내 공교육에 길들여진 학생다운 태도로 공책에 따라 적기 시작했다. 시 쓰기를 마친 선생님은 열심히 칠판을 베끼고 있는 우리 모습에 재밌다는 듯 웃었다. 선생님은 모두 함께 이 시를 읽도록 한 다음에 자신의 이름을 알려 주었다. 꽤 신선한 소개였다. 그 후로도 김춘수의 「꽃」을 접할 때마다 그 국어 시간이 떠오른다. 정작 선생님 이름은 기억이 나지 않는 게 아이러니다.

나 그대에게 모두 드리리

이름을 안다는 것, 이름을 부른다는 것은 누군가에게 꽃이 되고 눈짓이 되는 순간이다. 시인은 시를 통해 이름을 부르고 음악가는 음악을 통해 이름을 부른다. 독일의 낭만주의 작곡가 슈만은 시와 음악이 하나라고 생각했다. 하이네, 괴테, 뤼케르트, 바이런 등의 시에 멜로디를 입혀 피아노 반주를 더한 슈만의 예술가곡은 '시Gedichte'라는 제목으로 출판될 정도로 음악과 문학의 구분을 짓기 힘들다. 특히 자신의 음악 스승이었던 비크의 딸 클라라와 결혼하던 해인 1840년에 완성한 가곡집 「미르테꽃Mythen, Op. 25」는 신부 클라라에게 바치는 신랑 슈만의 결혼 선물이자 사랑의 노래였다. 26개의 노래로 이루어진 「미르테꽃」은 '헌정Widmung'으로 시작한다.

> 그대는 나의 영혼, 그대는 나의 마음,
> 그대는 나의 축복, 오 그대는 나의 고통,
> 그대는 나의 세상, 그 안에 내가 살고,
> 그대 나의 하늘, 거기서 내가 떠다니네.

무명에 가까웠던 음악가 슈만과 이미 피아니스트로 이름을 날리고 있던 클라라의 결혼 과정은 순탄치 않았다. 클라라의 아버지 비크의 엄청난 반대로 법정 소송을 불사하는 투쟁 끝에 마침내 결혼이라는 관문을 통과한 슈만과 클라라. 뤼케르트의 이 시에는 본래 제목이 없었다고 한다. '헌정'이라는 이름은 슈만이 음악을 입히며 직접 붙였다. 클라라에게 노래를, 그리고 자기 자신을 바치는 슈만의 고백이 '헌정'이라는 제목에 녹아 있다.

에디터 **하예라**

클래식계의 다빈치 코드

가곡은 가사가 있으니 문학에 닿아 있는 영역으로 이해하기에 부족함이 없다. 그러나 슈만은 가사가 없는 독주 피아노곡에서조차 문학적 코드를 덧입혔다. 그것도 매우 음악적인 방법으로 말이다.

어릴 때부터 문학과 음악을 모두 좋아했던 슈만이 음악가로서의 삶을 결심하고 처음 완성한 작품 「아베크 변주곡Abegg-Variationen, Op. 1」은 슈만이 만하임의 무도회에서 만난 피아니스트 메타 아베크Meta Abegg의 이름에서 영감을 받아 작곡했다고 전해진다. 또한 메타Meta라는 이름이 '주제'라는 뜻을 가진 라틴어 '테마Tema'의 애너그램[1]으로 사용되어 '아베크 주제'라는 뜻으로 해석되기도 한다. 슈만은 여기서 더 나아가 파울리네 폰 아베크 백작 부인이라는 가상의 인물을 만들어 그 부인에게 이 곡을 바쳤다. 곡 하나에 설정이 참 많기도 많다. 그런데 아직 끝나지 않았다. 슈만은 어떻게 아베크라는 이름을 음악으로 녹여 냈을까?

음악에는 음이름이 있다. 슈만은 이 음이름을 사용하여 아베크 변주곡을 만들었다. 이 곡의 첫 선율은 독일식 음이름 A(라)-B(시b)-E(미)-G(솔)-G(솔)로 시작하여 곡 전반에 흐른다. 이름을 거꾸로 부른 멜로디 G(솔)-G(솔)-E(미)-B(시b)-A(라)도 사용된다. 방송인 유재석이 동료 연예인 조세호를 친근함의 방식을 표현하는 방법으로 호세라고 부르듯 아베크의 이름은 다양한 방식으로 곡 안에서 울려 퍼진다.

1 애너그램Anagram : 단어나 문장을 구성하고 있는 문자의 순서를 바꾸어 다른 단어나 문장을 만드는 방법

슈만 「아베크 변주곡」 주제(Breitkopf & Härtel)

어떻게 사랑이 변하니

본격적으로 음악 공부를 시작한 슈만은 라이프치히에서 음악 교육자로 이름을 날리던 비크에게 피아노 레슨을 받았다. 당시 비크의 제자 중에는 보헤미아의 아쉬에서 나고 자란 에르네스티네라는 여학생도 있었다. 슈만과 에르네스티네는 사랑에 빠져 결국 약혼까지 하는 사이가 되었다. 슈만은 에르네스티네의 고향 아쉬(Asch)의 철자가 자신의 이름(SCHumAnn)에도 들어 있다며 그녀를 더 특별하게 생각했다고 한다. 그렇다면 슈만이 할 수 있는 것은 뭐다? 바로 약혼녀를 위한 음악 선물이었다. 한창 열애 중이던 1834년에 출판한 「알레그로Allegro, Op. 8」는 에르네스티네에게 헌정되었다. 그러나 이걸로 멈출 슈만이 아니다. 이번엔 슈만의 이름에도 들어 있는 그녀의 고향 아쉬가 작곡의 소재가 되었다.

「사육제Carnaval, Op. 9」는 21개의 모음곡으로 이루어진 피아노 독주 작품으로 '네 개의 음에 의한 작은 장면'이란 부제가 붙어 있다. 이 '네 개의 음'이 바로 에르네스티네의 고향 아쉬Asch에서 따온 A(라), S(미b), C(도), H(시)였다. '네 개의 음'은 작품 안에서 다양한 조합으로 계속해서 나타난다. 각 곡에는 사육제에 참여한 다양한 캐릭터들의 이름이 제목으로 붙어 있다. 슈만이 자신에게 부여했던 캐릭터인 활기차고 충동적인 성격의 플로레스탄과 우울하고 감성적인 오이제비우스부터, 약혼녀이자 이 곡에

「도레미 : 최초로 악보를 만든 구이도 다레초 이야기」 (수잔 L. 로스 글, 그림 / 미래아이)

영감을 준 에르네스티네(에스트렐라로 등장)의 이름도 찾아볼 수 있다. 동시대에 활동하고 있던 음악가인 파가니니와 쇼팽의 이름도 보인다. 흥미로운 사실은 나중에 슈만과 결혼하게 되는 클라라 역시 키아리나라는 이름으로 작품에 이름을 남겼다는 점이다. 결국, 슈만은 에르네스티네와 헤어진 후 클라라와 연애를 시작했고, 에르네스티네는 전 약혼남의 작품에 이름과 고향만을 남긴 채 음악사의 뒤안길로 쓸쓸히 사라졌다.

계이름을 처음 만든 신부, 구이도 다레초

이처럼 슈만이 자신의 음악 작품 속에 이름을 새길 수 있었던 데에는 음이름의 공로가 크다. 그렇다면 맨 처음 음에 이름을 붙여 준 이는 누구일까? 누가 맨 먼저 계이름을 만든 걸까? 『도레미 : 최초로 악보를 만든 구이도 다레초 이야기』는 중세 시대 음악 이론가 구이도 다레초가 1,000년 전에 이탈리아에서 처음 악보를 만든 이야기를 전하고 있다. 그저 구전으로 노래를 익힐 수밖에 없던 시절, 다레초는 외우지 않고 쉽게 노래를 배우는 방법을 연구한 끝에 자신이 작곡한 「너의 시종들이 마음껏 Ut queant laxis」의 가사에서 여섯 음을 따와 '웃(현재의 도), 레, 미, 파, 솔, 라'의 음이름을 정했다. 그뿐만 아니라 음의 높낮이를 나타낼 수 있는 악보 표기법을 고안하여 현재의 악보 시스템을 정립하는 데 큰 영향을 미쳤다. 구이도 덕분에 슈만은 알파벳을 활용한 음악적 암호를 만들어 작곡가로서의 명성도 얻고 사랑도 얻은 셈이다.

그림책에도 암호 코드를 남긴 작가가 있다. 『와일드 심포니』는 다양한 암호를 조합하면서 미스터리를 풀어 나가는 소설 『다빈치 코드』(문학수첩)의 작가 댄 브라운이 글 작업뿐만 아니라 작곡까지 한 작품이다. 슈만의 「사육제」처럼 「와일드 심포니」 역시 21개의 짧은 곡들로 이루어진 관현악곡이다. 캥거루, 가오리, 아르마딜로 등 야생wild에서 사는 동물들이 그림책과 음악의 주인공이다. 매 페이지에 악기 이름이 숨어 있어서 귀로는 악기 소리를 듣고 눈으로는 악기의 알파벳을 찾는 재미가 있다. 여기서 끝이 아니다. 작가의 말 페이지에 댄

『와일드 심포니』
(댄 브라운 글, 수잔 바토리 그림 / 시공주니어)

브라운은 애너그램을 남겼다. 이 암호를 풀면 나오는 문장은 바로 'Music is a universal language'. 음악은 만국 공통어라는 메시지를 코드를 풀어야 알 수 있게 남긴 역설마저 댄 브라운답다.

그림책에 등장하는 슈만의 악보

『소년과 두더지와 여우와 말』(찰리 맥커시 글, 그림 / 상상의힘)의 앞·뒤 면지에는 슈만의 『청소년을 위한 앨범Album für die Jugend, Op. 68』 중 2번 곡 '병사의 행진Soldatenmarsch' 악보가 실려 있다. 저자 찰리 맥커시는 책 속에 등장하는 네 등장인물인 소년, 두더지, 여우, 말을 통해 내면의 서로 다른 자아를 표현하려 했다. 이러한 설정은 슈만이 자신의 자아를 열정적이고 남성적인 플로레스탄, 수줍어하고 소극적인 오이제비우스, 그리고 이 둘을 중재하는 중립적 자아의 라로라는 세 가지 캐릭터로 나눈 것과 흡사하다. 이 캐릭터들은 슈만의 작품뿐만 아니라 슈만이 창간한 음악 저널 『신음악지Neue Zeitschrift für Musik』에 글을 쓸 때 필진으로 등장해 슈만의 생각을 대변하는 역할을 하기도 했다.

책에 앞·뒤 면지에 그려진 슈만의 악보는 언뜻 봐서는 똑같아 보이지만 자세히 보면 다른 점이 있다. 앞 면지에 있는 악보는 슈만의 원곡을 그대로 담고 있다. 그러나 뒤 면지의 악보에는 원작과 다른 음이 그려져 있어 불협화음을 내거나, 박자에 맞지 않는 음표나 쉼표를 삽입하는 등 실수로 보이는 부분들이 있다. 또한 찰리 맥커시는 슈만의 악보 위에 그림을 그려 넣었는데, 이 그림 또한 차이가 있다. 앞 면지의 그림이 좀 더 완성된 느낌을 주는 것에 비해 뒤 면지의 그림은 마치 스케치하다 만 듯한 모습이다.

실수투성이의 뒤 면지 가장 마지막 부분에 작가가 "넌 사랑받고 있어."라고 쓴 문장이 있다. '음이 조금 맞지 않더라도, 박자가 어긋나더라도 괜찮아. 병사가 씩씩하게 행진하듯 너의 발걸음을 계속 유지하렴. 힘들 땐 도와 달라고 부탁해. 그건 가장 용감한 말이란다. 자신에게 친절한 게 최고의 친절이야. 실수를 두려워하지 마. 너는 사랑받을 자격이 있어.'라고 따뜻하게 위로를 건네는 작가의 마음이 문장 속에, 그림 속에, 틀린 음이 있는 악보 속에 들어 있다.

혼자 있던 소년에게 두더지와 여우와 말이 함께 걸어가는 벗이 된 것처럼, 슈만에게 플로레스탄과 오이제비우스와 라로는 또 다른 자아이자 음악과 문학의 경계를 허물어 주는 이름이었다. 비록 슈만의 생애는 정신병원에서의 죽음으로 끝이 났지만, 그가 남긴 작품들 속 이름은 슈만이 사랑하고 사랑받았던 순간을 빛내고 있다. ♪

오늘 그를 마지막으로 봤다.
그의 이마에 꽃 몇 송이를 올려놓았다.
나의 사랑을 받아 달라고.

– 슈만이 죽은 날, 아내 클라라의 일기장

(위) 슈만의 원곡을 그대로 담고 있는 앞 면지
(아래) 뒤 면지 악보는 슈만의 원곡과 다른 부분들이 보인다.

우리 아이 기질 맞춤 그림책 이야기

이다랑 | 그로잉맘 대표

기질은 태어나면서부터 가지고 있는 고유한 성격적 특성을 의미합니다. 아이마다 타고난 기질이 다르며, 그렇기에 같은 환경과 자극에서 아이가 보이는 반응은 서로 다를 수 밖에 없지요. 그림책 [수상한 우리반]에는 초록 털복숭이라는 특이한 아이가 있습니다. 외모도 하는 행동도 독특하지요. 하지만 우리반에는 주황꼬리가 있는 친구, 반짝 송곳니 등을 가진 다양한 친구들이 있었음을 알게 되고 서로를 이해하고 수용하는 것을 배우게 됩니다. 이렇게 그림책은 다양한 특성을 가진 아이들의 행동과 마음을 이해하는데 도움이 되며 서로를 존중하는 법을 배우는 기회를 제공합니다. 아이를 기를 때도 마찬가지로 모든 부분에 에너지를 다 쏟아 부을 수는 없습니다. 아이의 강점을 지지하며 자존감을 높여주고, 도움이 필요한 부분에 집중해 주어야 하지요. 기질을 알면 아이의 행동을 보다 잘 이해할 수 있을 뿐만 아니라, 아이에게 필요한 육아의 방향과 방법을 설정할 수 있기에 매우 유용합니다. 특히 기질과 그림책을 잘 활용하면 아이의 특성에 따라 꼭 필요한 응원과 메세지를 전달할 수 있답니다.

기질 X 그림책 이런 책을 추천해요!

1) **자극 추구 특성이 높은 아이**는 새로운 자극과 환경을 만나면 적극적으로 경험하고 싶어 합니다. 호기심 많고 에너지 넘치기에 행동도 빠르고 강한 편이지요. [비 오니까 참 좋다]에 나오는 아이는 더운 날씨에 갑자기 비가 내리기 시작하니 신이 나기 시작합니다. 노란 우산이 있지만 결국 아이는 맨발로 첨벙첨벙하며 온 몸으로 비를 만끽하는 모습을 보여주지요. 특히 이러한 아이를 뒤쫓아 가며 가만히 지켜봐주는 엄마의 모습이 그려진 뒤표지는 모두에게 큰 감동을 준답니다. [내 안에 공룡이 있어요!]에는 욕구가 많고 자유분방하며 자신이 원하는 것이 잘되지 않았을 때 온몸으로 표현하며 흥분하는 아이의 행동 특성이 잘 나타나 있어요. 하지만 동시에 맛있는 사과파이를 먹게 되면 아이 안에 있던 공룡이 금방 사라져 버리기도 하지요. 두 권의 그림책 모두 아이의 행동 특성을 이해하고 자유분방하며 적극적인 아이의 장점을 발견하도록 도와줍니다.

2) **위험회피 특성이 높은 아이**는 낯선 자극과 환경에 대한 두려움과 불안이 많습니다. 또한 낯선 사람들과의 관계에서 쉽게 긴장하거나 지치는 모습을 보이기도 하지요. 하지만 신중하게 접근하는 장점이 있으며, 익숙해지고 나면 누구보다 즐겁게 열심히 활동할 수 있는 강점이 있답니다. [수박만세]에는 우연히 수박씨를 삼켜버린 후 몸에서 수박이 자라날 것 같은 두려움을 느끼는 아이가 등장합니다. 아이의 고민은 어른들의 눈으로 보았을 때는 정말 별것 아닌 듯 하지만 너무나 생생하고 심각한 모습으로 나타나지요. 하지만 이 고민에 공감해 주고 비슷한 고민을 가지고 있던 친구들의 지지를 받으며 아이는 불안으로부터 벗어나기 시작합니다. [용기가 솟는 말]에서 두려움을 많이 느끼는 존재는 다름 아닌 '선생님'입니다. 선생님이 걱정하고 아이들이 응원하는 재미있는 설정 자체가 아이들에게 큰 즐거움을 주지요. 용기를 주는 말을 함께 따라 하며 읽다 보면, 내 안의 두려움도 함께 사라지고 용기가 생기는 기분이 든답니다.

3) **사회적 민감성 특성이 높은 아이**는 다른 사람과 친밀한 관계를 맺는 것을 좋아하고, 그러한 관계 속에서 안정감을 느낍니다. 다른 사람의 표정이나 감정에 민감하기에 때때로 눈치를 보거나 참는 행동을 할 수도 있지만, 사랑받고 사랑을 전할 줄 아는 장점을 많이 가지고 있어요. **[다람쥐의 구름]**에는 자기 위에 있는 비구름 때문에 늘 다른 친구들에게 피해를 주는 것 같아 신경 쓰고 고민하는 다람쥐가 등장합니다. 하지만 친구들과 점점 가까워지며 우정을 배우고, 자신이 만들어내는 비가 친구들에게 도움이 된다는 것을 경험하면서 더욱 큰 행복을 느끼게 되지요. **[줄무늬가 생겼어요]**에는 다른 사람을 신경 쓰느라 자신이 원하는 것을 제대로 이야기하지 못하고 눈치 보는 아이의 특성이 좀 더 분명하게 드러납니다. 자꾸만 주변 환경에 의해 몸의 색깔과 무늬가 변하던 아이는 결국 자신이 정말 원하는 것을 솔직하게 표현하면서 나다움을 찾게 되지요.

4) **성취 몰두 특성이 높은 아이**는 실패해도 여러 번 반복해서 도전하려고 하며 무엇이든 다른 사람보다 더 잘하고 싶어하고 이기고 싶어 하지요. 스트레스가 높을 수 있지만 문제해결력이 높고 성취지향적인 장점도 많습니다. **[느끼는 대로]**에는 그림 그리는 것을 좋아하지만 무언가 뜻대로 되지 않아 좌절하는 아이의 모습이 나옵니다. 우연히 '꽃병 느낌이 나는 그림'의 가치에 대해 알게 되고 너무 완벽하지 않아도 충분하며 그 자체로 가치가 있다는 것을 배우게 되지요. **[아름다운 실수]**는 무조건 성취하고 잘하고 싶어 하는 아이에게 응원과 위로가 되는 그림책입니다. 우연히 하게 된 실수가 오히려 더 좋은 결과를 가져오는 것을 보며 조금은 말랑말랑해지고 유연해지는 것에 대해 생각해 볼 수 있게 합니다.

물론 아이의 기질특성을 이해하는 것은 쉬운 일이 아닙니다. 다양한 환경에서 보이는 아이의 반응을 충분히 관찰하는 시간이 필요하지요. 또한 정식 기질검사로 아이와 부모의 기질을 파악하고, 우리 가족에게 필요한 양육팁을 전문가를 통해 제안 받는 것도, 아이를 보다 객관적으로 빠르게 파악하는 데 도움이 된답니다. 그림책과 더불어, 가족의 기질을 모두 분석하여, 기질별 육아 솔루션을 제공해 드리는 그로잉맘의 패밀리기질컨설팅을 통해 이전보다 아이를 더욱 깊이 이해하고 사랑하게 되시길 응원합니다.

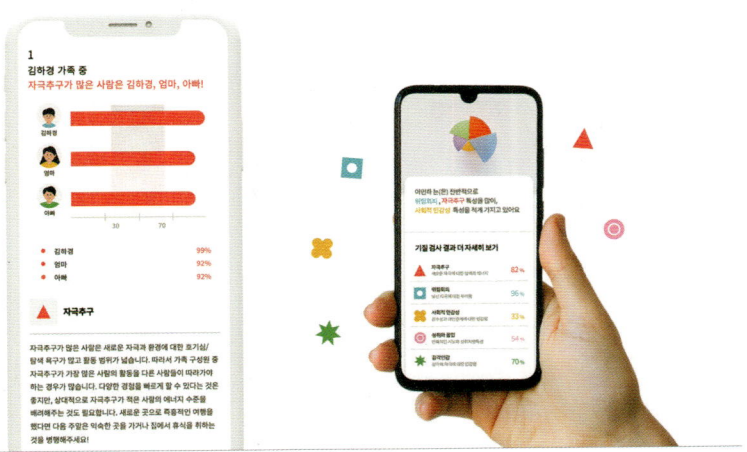

10% 할인
프로모션코드 : 라키비움

그로잉맘앱 - 구매창 프로모션 코드
'라키비움' 입력 시 패밀리기질컨설팅 10% 할인!

광고

나를 사로잡았던
어떤 열망에 대하여

아람 킴 작가,
칼데콧 상을 네 번이나 받은
거장 폴 O. 젤린스키 작가를 만나다

작업 중인 폴 O. 젤린스키

김아람 Aram Kim

미국 오하이오주에서 태어났고 경기도민으로 대부분의 학창 시절을 보냈다. 한국에서는 영어영문학을, 미국에서는 일러스트레이션을 공부했다. 현재는 뉴욕에 거주하며 낮에는 회사원으로 출판사에서 그림책을 디자인하고 저녁에는 그림책 작가로 글을 쓰고 그림을 그린다. 어른보다는 아이가 좋아하는 그림책을 평생 만드는 게 꿈이다. 대표작으로 『No Kimchi for Me!』 『Sunday Funday in Koreatown』 『Tomorrow is New Year's Day』가 있다.

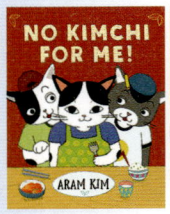  

아이들의 마음속에 기억되는 그림은 어떤 그림일까요?
어릴 때 좋아하던 그림책 속의 그림은 아이가 자라 어른이 된 후에도 기억 속에 남아 있을까요?

저는 모리스 샌닥이 제가 어른이 된 후에 안 작가라고 오랫동안 생각해왔습니다. 2000년대 중반 뉴욕으로 처음 유학 왔을 때 서점에서 샌닥의 『In the Night Kitchen』(번역본: 『깊은 밤 부엌에서』)이라는 그림책을 우연히 발견하고 표지가 재미있어 펼쳐 들었는데, 펼친 순간 저는 그 책 속으로 빨려 들어가는 느낌을 받았습니다. "그림, 이야기, 구성과 디자인, 모든 것의 조합이 이렇게 완벽할 수가 있나?" 생각했던 기억이 납니다. 샌닥이라는 이름은 몰랐지만, 그 책이 명작이라는 것은 알 수 있었습니다. 그렇게 저는 어린 시절 그의 책을 접한 적이 없다고 생각했는데, 어느 날 문득 어렸을 때 보았던 펜으로 세밀하게 그린 삽화 한 점이 불현듯 머릿속에 떠올랐어요. 염소와 아이가 밀도 높게 그려진 펜화인데, 이야기의 내용이나 책 제목조차 기억나지 않았지만 그림만은 꽤 생생하게 기억났습니다. 그때 어렴풋이 모리스 샌닥의 그림 같다는 생각이 들었지만, 그로부터도 몇 년이나 흐른 뒤에야 샌닥이 『Zlateh the Goat and Other Stories』라는 책의 삽화로 그린 그림이었다는 것을 알았습니다. 인터넷으로 책의 표지를 본 순간 어린 시절 책 속에서 보았던 정밀하고 독특했던 그림들이 마치 언제 잊고 있었냐는 듯 생생하게 떠올랐습니다. 여전히 책의 내용은 기억나지 않지만요.

폴 O. 젤린스키 Paul O. Zelinsky가 1971년 예일 대학에서 특별 개설되었던 모리스 샌닥의 그림책 수업을 들을 당시, 샌닥은 한창 그 특유의 정밀한 펜화로 『The Juniper Tree, and the Other Tales of Grimm』의 그림을 그리는 중이었다고 합니다. 이 수업을 통해 샌닥에게 큰 영향을 받았던 젤린스키는 이후 1978년, 그의 첫 번째 그림책 작업을 할 당시 샌닥이 『The Juniper Tree, and the Other Tales of Grimm』에서 사용한, 세상에서 가장 정교하고 가느다란 펜촉으로 알려진 헌트 세필 펜촉을 이용한 펜화 기법을 사용하기로 합니다.

그렇게 탄생한 그의 첫 그림책, 『How I Hunted the Little Fellows』(번역본: 『작은 선원들–나를 사로잡았던 어떤 열망에 대하여』)의 한국 출판과 관련해서, 젤린스키가 자신의 절친한 동료이자 제 대학원 시절 은사이기도 한 팻 커밍스를 통해서 연락해 온 것은 2021년 봄이었습니다. 젤린스키는 그의 화려한 이력을 모르는 사람이 본다면 그저 마음씨 좋고 점잖은, 조용조용히 말하는 할아버지로 보일지도 모르겠습니다. 하지만 그는 만 70세의 나이에도 끊임없이 새로운 책을 출판하고 하루도 빠짐없이 작업을 하고 있어서, 열심히 일하는 아티스트라는, 제가 생각하는 가장 이상적인 모습을 하고 있습니다.

저는 여러 해 전, 브루클린에 있는 서점 'Books Are Magic'에서 그가 스토리타임을 하며 아이들 앞에서 열정적으로 그림을 그려 주는 모습을 본 적도 있고, 제가 대학원을 다니던 시절 초대 강사로 온 그가 학생들의 그림을 세세하게 정성 들여 평가해 주는 모습을 보고 감동한 적도 있습니다. 다정하고 친절하며, 모두가 인정하는 장인임에도 늘 겸손하고 항상 열심히 일하는 아티스트가 바로 폴 O. 젤린스키입니다.

작품마다 그림체가 달라요
전래동화에 관심이 많아요
40년 전 그림을 고칠 만큼 철저해요

그런데 젤린스키와 그의 한국 출판에 관련해 몇 번의 이메일을 주고받던 중 다시 불현듯 머릿속에 떠오르는 그림들이 있었습니다. 그리고 깨달았지요. 지금은 찾아보기 힘든 그 그림책을 제가 뉴욕에 온 지 얼마 되지 않았을 당시 학교 도서관에서 보았다는 걸요. 매우 세밀한 펜촉으로 그려져 믿기 힘들 정도로 정밀했던 그림에는 주인공 아이의 요동치는 감정이 무척 강렬하게 표현되어 있었습니다. 제가 그때까지 생각했던 그림책의 그림과는 많이 달랐어요. 그 이야기를 젤린스키에게 했더니, 워낙 오래된 책이고 절판되어 아는 사람이 많지 않은데 그 책을 봤다는 게 신기하다며 반가워하더군요. 그 후 1여 년의 시간이 흐른 2022년, 책의 한국어 번역본이 출간되었으니 작업실에 와서 원화도 구경하고 책도 가져가라는 초대를 받았습니다.

어느 화창한 가을 오후, 젤린스키의 작업실로 향했습니다. 그의 작업실은

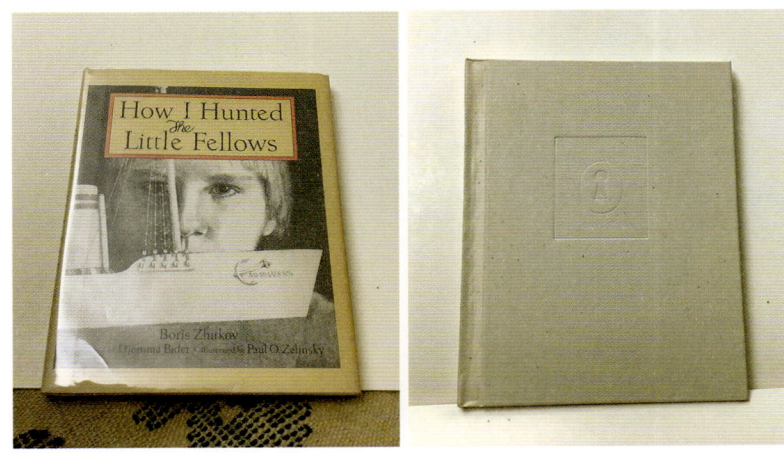

폴 젤린스키가 보관하고 있는 『How I Hunted the Little Fellows』의 영문판

전철을 타고 맨해튼에서 브루클린으로 연결된 다리를 건너면 바로 있는 브루클린 하이츠라는 동네에 자리 잡고 있는데, 아파트 건물 2층에 있는 원룸을 작업실로 사용하고 있었습니다. 20년 넘게 사용해 왔다는 이 작업실의 커다란 창밖으로는 역사적 가치가 있는 플리머스 교회Plymouth Church의 아름다운 정원이 자리 잡고 있는데, 하루 두 번, 투어 가이드가 관광객들을 데리고 와서 교회와 그 역사에 관련된 인물들에 대해 설명하는 소리가 들린다고 합니다. 다만 가이드에 따라 종종 달라지는 역사적 사실들이 있다고 농담조로 말하더군요.

작업실에 올 때는 가벼운 마음으로 왔는데, 1978년부터 쭉 보관해 온 원화가 눈앞에 펼쳐지자, 생생하게 살아 있는 듯한 그림에서 눈을 뗄 수가 없었습니다. 배경의 엄지손톱만 한 액자 속 그림까지 가느다란 펜 선으로 디테일하게 그려 놓은 원화를 보고 있자니 괜히 제 손가락이 아려 오는 듯한 기분이 들었습니다. 세밀화는 작업하는 시간과 에너지가 절대적으로 많이 들어서 오늘날 작가나 출판사 사이에서도 크게 인기 있는 작업 방식이 아닌데, 보는 이에게 주는 강렬한 힘이 분명히 있는 것 같습니다. 세상에서 가장 정교하다는 펜촉을 이용해 수만

폴 젤린스키의 작업실과 작업 도구.
작업실 밖에는 1850년에 지어진 유서 깊은 플리머스 교회가 보인다.

『How I Hunted the Little Fellows』의 면지 확대 컷.
수없이 가느다란 선으로 그린 그림은 확대해서 봐도 디테일이 압도적이다.

수억의 선을 밤낮으로 그렸던 작가의 혼이 깃들어서일까요?

세상을 창조하듯이 구석구석 생생하게 그려진 디테일 외에 또 흥미로웠던 것은 책이 인쇄되고 묶여 나오는 과정을 고려해 그림의 gutter 책도랑/제본선 부분을 늘려서 그리거나, 텍스트를 인쇄할 부분을 정확히 남겨 둔 것이었습니다. 표지 바로 뒤 면지에는 이런 재미있는 부분이 많이 포함되어 있습니다. 말에게 여물을 먹이고 있는 그림 한 중앙의 남자를 보면, 원화에서는 그의 등 부분이 마치 사자춤을 추려고 사자탈을 쓴 사람처럼 길게 늘어나 있는 것을 볼 수 있습니다. 책이 묶이는 과정에서 이 부분이 책 도랑에 빠지기 때문에 독자 눈에는 자연스럽게 보이도록 인쇄되어 나옵니다. 이렇게 길게 늘린 구간이 없었다면 책을 제본했을 때 남자의 등 부분은 아예 나오지 않았겠지요. 같은 이유로, 남자 뒤쪽 건물의 사인에도 불필요한 글자들이 반복되어 그려져 있습니다. 책을 묶는 과정에서 중간 글자 몇 개가 책 도랑에 빠져 잘려 나가는 걸 고려한 것이지요. 뿐만 아니라 원화를 보면 이 남자는 선글라스를 끼고 있습니다. 남자의 눈을 그리는 과정에서 실수가 있어 그 실수를 덮기 위해 선글라스를 씌웠다고 해요. 1979년에 나온 영어 초판본에는 선글라스 쓴 그대로 인쇄되었습니다. 하지만 세월이 흘러 2022년에 나온 한국 판본에는 선글라스를 끼지 않은 남자의 얼굴이 인쇄되었어요. 그 후 오랫동안 포토샵을 사용해 온 젤린스키가 한국 출판사에 그림을 새로 스캔한 파일을 보내면서 포토샵을 이용해 선글라스를 없애고 원래 의도했던 얼굴을 그려 넣어 보냈다고 합니다. 이 면지는 이 책에서 제가 가장 좋아하는 그림 중의 하나인데 저 뒤의 궁궐 앞 사람들은 새끼손톱보다도 더 작은 크기임에도 생생하게 그려져 있습니다. 얼마만큼의 열정이 있으면 이 정도의 그림을 그릴 수 있을까요?

 그래서 저는 오늘도 생각합니다. 아이들의 마음속에 기억되는 그림은 무엇일까요? 사람들이 기억하는 그림은 무엇일까요? 어렸을 때 봤던 모리스 샌닥의 삽화를 잊은 줄 알았지만 머릿속에 남아 있었고, 17년 전에 봤던, 당시에는 이름조차 몰랐던 폴 젤린스키의 그림이 머릿속에 남아 있었던 이유는 무엇일까요? 그 답을 제가 찾을 수 있을지는 모르겠지만, 한 가지 분명한 것은 폴 젤린스키의 작업실에서 『작은 선원들』의 그림을 본 기억은 평생 가져갈 것이라는 사실입니다.

♩

『How I Hunted the Little Fellows』의 면지. 가운데 책도랑으로 빠져 버릴
부분을 생각해서 가운데 위치한 사람의 등을 길게 늘려 그린 것이 인상적이다.
책으로 제본되면 이 부분이 정확하게 보인다.

『작은 선원들』 한국어판은 원서와 달리 전 세계에서 유일한 그림이 실려 있다.
맨 가운데의 남자가 선글라스를 벗은 모습이다.

『작은 선원들』의 원화와 함께 보여 준 『Rapunzel』의 원화.
이 작품으로 1998년 칼데콧 대상을 받았다.

작업실 화장실 벽에는 칼데콧 상을 비롯하여 그간 수상한 수많은 상장이 걸려 있다.
『라키비움J』 독자를 위해 함께 사진을 찍어 준 폴 O. 젤린스키와 김아람 작가.

폴 O. 젤린스키 Paul O. Zelinsky

미국 태생의 그림책 작가. 어릴 때부터 그림 그리기를 좋아했지만 Yale 대학 2학년 때 영어 교수와 모리스 샌닥이 공동으로 가르친 그림책 특별 과정을 들은 후 본격적으로 어린이 책 작가가 되기로 했다. 1985년 『Hansel and Gretel』, 1987년 『Rumpelstiltskin』, 1995년 『Swamp Angel』로 칼데콧 명예상을, 1998년 『Rapunzel』로 칼데콧 대상을 수상했다. 고전적인 그림부터 화려하고 귀여운 그림까지, 40여 편의 작품에서 스타일을 넘나들며 다양한 시도를 하고 있다.

삶이 그대로 흘러가지 않게 그림책으로 기록한다, 작가 노인경 인터뷰

Marche주, Offagna 도시의 중세 성에서 바라본 풍경

에디터 이시내

작은 것에도 감탄하며 흐르는 일상을 꾸준히 기록하는 사람이 있다. 그 기록에서 건져 올린 이야기를 반짝반짝 닦아 그림책에 담는 이가 있다. 그이의 책을 읽으면 '지금 내게 필요한 응원'이 담겼다. 책을 다 읽고 가만히 그림책 표지를 보면 깜깜한 마음에 따뜻한 노란 불빛 하나가 켜진다. 지금을 기록하는 작가, 다정한 시선으로 오늘을 건네는 그림책 작가 노인경을 소개한다.

노인경 작가는 홍익대학교 시각디자인학과를 졸업한 뒤 이탈리아에서 순수미술을 공부했다. 2006년, 자신의 연애 경험을 바탕으로 첫 그림책 『기차와 물고기』를 출간했다. 그 뒤로 『책청소부 소소』(2010), 『코끼리 아저씨와 100개의 물방울』(2012), 『너의 날』(2015), 『곰씨의 의자』(2016), 『나는 봉지』(2017), 『숨』(2018), 『사랑해 아니요군』(2019), 『고슴도치 엑스』(2014년 출간, 2020년 개정), <밤이랑 달이랑> 시리즈(2021~), 『임금님 귀는 당나귀 귀』(2022), 『자린고비』(2022) 등 여러 그림책과 동시·동화 삽화 등 다양한 활동을 하고 있다. 이 밖에도 2012년 볼로냐 국제아동도서전 올해의 일러스트레이터, 2013년 브라티슬라바 국제원화전시회(BIB) 황금사과상 수상, 화이트 레이븐즈 상, IBBY Silent Books 수상 및 서울시 한 도서관 한 책 읽기 선정 등 국내외 다양한 관심과 사랑을 받는 작가이기도 하다. 2023년 현재, 이탈리아에서 모든 일에 자신만만한 아들 '아루'와 꼼꼼한 남편 '다니엘레'와 함께 평범하지만 자유로운 하루를 채우고 있다. 일상을 특별한 여행처럼 감탄하며 발견하는 사람, 양육자이자 작가의 눈으로 기록하는 삶을 사는 노인경 작가를 만나 본다.

안녕하세요. 자타 공인 '노(인경)덕후'라 외치며 그림책 서평과 작가 만남 북토크를 진행하다 '아냐, 이걸로 부족해. 노인경 작가의 매력을 더 알리고 싶어!'라는 열정으로 인터뷰를 청합니다. 먼저, 『라키비움J』를 읽고 있을 독자들에게 인사 부탁드립니다.

안녕하세요. 그림책 작가 노인경입니다. 이렇게 인터뷰를 할 수 있어 영광이에요. 최선을 다하겠습니다. 오늘은 크리스마스입니다. 서울 최저 기온이 영하 14도인데 이곳은 8도입니다. 안 추울 거 같지만 그래도 춥습니다. 가스 요금이 무섭게 올라 집에서도 패딩을 입고 지내지만, 오늘은 시댁에 와서 패딩을 벗었습니다. 가볍고 행복하네요.

'지금을 기록하는 작가'라는 주제로 기록과 삶에 대해 질문하려고 합니다. 작품 활동과 육아를 병행하는 워킹맘으로 어떻게 시간을 관리하나요? 아이도 키우면서 그림책도 내고, 동시·동화에 그림까지. 꾸준한 작품 활동의 비결은

무엇일까요?

어릴 적부터 성실함은 몸에 배어 있어요. 모든 면에서 평범한 내가 독립적으로 살아가기 위해서는 '열심히'가 필요하다는 걸 알았어요. 아이가 학교에 가는 시간에 최대한 집중해서 작업하려고 해요. 등교하는 5일 중 화요일과 목요일은 오후 4시 반에 끝나기 때문에 그날 중요한 일을 해요. 주중엔 날마다 스케치하거나 그림을 그려요. 하루에 딱 한 장만 그리자고 마음먹으면 어깨가 꽤 가벼워집니다. 열심히 했지만, 마음에 안 드는 결과물이 나올 때도 많아요. 그래도 실행하며 윤곽을 잡아 보려 노력해요. 요즘엔 열심히 하는 나에게 의문이 생겨 덜 열심히 하려고 해요. 집을 청소하고 식재료를 고르고 햇볕 맞으며 걷고 요리하고 이것저것 다 하고 남은 시간에 일하려고 하죠. 그런데 어느새 또 이야기를 만들고 그림을 그리고 있더라고요. 일 중독이긴 합니다.

아이와 나눈 대화나 아이디어를 어떻게 저장하나요? 핸드폰으로 사진을 찍거나 글이나, 그림으로 남길까요? 기록하려고 노력하지만, 여기저기 흩어진 기록을 정리하는 건 힘든 일 같습니다. 일상의 단편이 작품이 되기까지 기록하는 과정을 나눠 주면 좋겠습니다.

일기 1, 2, 3, 이런 식으로 간단히 정리해요. 스크롤해서 많이 내려간다 싶으면 일기 4로 새로 시작해서 저장해요. 날짜 및 세부 설명 없이 기억에 남는 대화나 고민을 대뜸 적어 놓아요. 글로 쓰여지는 건 핸드폰에 저장하고, 이미지는 무지 노트에 자유롭게 끄적입니다. 그리고 정기적으로 컴퓨터에 옮겨 기록을 보완하며 정리해요. 그중 꽃을 피울 수 있는 것은 따로 떼어 내 제목을 붙여 저장해요. 가끔 다시 보며 여전히 괜찮다 싶은 것엔 별표를 붙입니다. 스케치할 때는 머릿속에 그려진 상황을 순서 없이 그립니다. 스캔하거나 사진을 찍어 컴퓨터로 옮기고 순서를 잡아 장면 구성을 해요. 컴퓨터에서 다시 한번 그려 보고, 프린트해서 더미 만들어 보고, 다시 손으로 그려 보고, 다시 컴퓨터로 옮기는 작업을 반복해요. 얼마 전 돌아가신 아버지께서 남긴 메모를 봤는데, 날카로운 욕도 있고, 아름다운 기도문도 있었어요. 날것 그대로여서 좋은 것이 기록인 거 같아요. 잘 써야 한다는 부담을 버리고 기록하면 좋은 것 같아요.

<밤이랑 달이랑> 시리즈

지난 12월 제가 진행한 <밤이랑 달이랑> 시리즈 북토크에서 "숙성된 뒤 마음을 흔드는 기록만이 작품으로 나올 수 있다."라고 말씀하셨죠. 숙성되지 못한 기록들은 어떻게 될까요? 저는 '언젠가 좋은 영감이 될 거야.'라며 차마 버리지 못한 기록이 많아요. 미련 없이 정리하나요?

스케치할 때는 하루에 스케치북 한 권도 휙 쓰지만, 노트는 꽤 오래 써요. 글씨를 작고 흐리게 쓰고, 한 장 안에 공간을 나눠 새로운 내용을 적어 넣어요. 그래서 기록을 담은 노트는 버리지 않고 가지고 있어요. 하지만 스케치는 정말 많이 버렸어요. 원화들도 너무 쌓여서 어떻게 해야 할까 고민 중이에요. 삶은 불확실하고 나의 존재도 그렇다고 생각하기에, 뭐든지 정리하려는 버릇이 있어요. 그런데 그런 생각 때문에 욕망을 너무 절제하지는 않았으면 좋겠어요. 저에게 '적당히'란 참 어려워요.

한 권마다 스케치와 더미가 많은 걸로 알고 있습니다. 23년 1월부터 3월까지 카페 꼼마에서 '자린고비 원화전'이 진행되었습니다. 한 권의 그림책이 나오기까지 보통 얼마나 걸리나요? 작품마다 차이가 큰 편인가요?

책에 따라 작업 시간은 달라요. 대체로 1년은 걸리지만 책의 출간 시점이 저의 작업 마무리 시점과 같지는 않아요. 출판사 일정과 시즌성 등 고려할 것이 많아요. 저는 책의 존재 이유를 두고 가장 오랜 시간 고민해요. 세상에 이렇게 재미나고 아름다운 책이 많은데 이 책이 필요할까? 필요하다면 왜? 나는 무슨 말을 하고 싶은가? 어떻게 표현하면 좋을까? 캐릭터의 매력은 무엇일까? 계속 생각하죠. 동시에 스케치하고 컬러링을 하고 마무리를 지어요. 마무리되고도 출간이 안 된 책들이 있어요. 결국 저 자신을 설득하지 못한 거예요. 그래도 더미는 가지고

노인경 작가 원화 전시 풍경

있어요. 어느 날 뭔가를 깨닫고 수정을 거쳐 책으로 나오기도 하니까요. 구체적인 시간을 알려 드리자면 『고슴도치 엑스』는 2년이 걸렸고, 『곰씨의 의자』는 1년, 『자린고비』는 6개월, <밤이랑 달이랑> 시리즈 중 21년에 냈던 세 권은 1년, 22년에 낸 두 권은 8개월 정도 걸렸어요.

예정된 작품이 없더라도 기록을 바탕으로 꾸준히 작업하는 편인가요? 평소 작가님의 하루 가운데 가장 많은 시간을 할애하는 일은 무엇인가요?

요리하는 걸 좋아하지 않지만, 배가 고프면 힘이 없고 짜증이 나서 결국 제가 할 때가 많아요. 남편은 이탈리아 사람답게 요리를 잘하지만 지켜야 할 것이 많아서인지 오래 기다리게 해요. (마늘도 요리마다 자르는 방식이 달라야 하고 색 조합도 생각해야 하고….) 저는 대체로 단백질, 채소, 약간의 탄수화물이 조합되는 식사를 선호해요. 그래서 늘 비슷합니다. 고기 종류는 바뀌지만, 마늘과 로즈메리를 넣어 굽고, 샐러드는 몇 가지 중에서 돌려 가며 준비합니다. 소스는 올리브 오일에 식초나 레몬이에요. 아이 등교시키고 마트에 가서 식재료 사고 식사 준비하면 하루가 가 버려요. 여기는 동네마다 대형 마트가 많고 마트마다 취급하는 품목도 달라서 마트 구경이 재밌어요. 시간 가는 줄 몰라요. 빠르게 움직여 집안일 하고 그림 한 장을 그립니다. 예전에는 외주 받은 일이 많아 이런 스케줄이 불가능했는데, 이제 거의 제 책만 하다 보니 시간상으로 여유가 생겼어요.

이탈리아에서 작가님이 발견한 행복의 순간이 있다면 『라키비움J』 독자에게 소개 부탁드립니다.

여행객의 마음으로 살아갈 수 있다는 것이 장점이에요. 약간의 두려움과 설렘이 있어요. 노천카페에서 커피 한잔하며 사람들을 구경해요. 집 앞에 있는 Parco Ducale 공원 안에 Teatro Briciole라는 소극장이 있어요. 공연을 보고 나와 밤공기를 마시면 명랑한 소녀가 돼요. 화이트 와인 반 잔을 마시며 저녁을 먹으면 '완벽한 하루였다.'고 생각해요. 그러고 보니 와인을 빼놓을 수가 없네요. 이탈리아에서 깨달은 것은 '고기와 프로슈토(생햄)는 비싼 걸 사고, 와인은 싼 걸 사도 된다'예요. 할인해서 3유로쯤 하는 와인도 훌륭해요. 맛있는 와인 이름도 하나둘 알아 가고 있어요. 와인을 사서 배낭에 담아 집까지 걸어와요. 발걸음이 무척 가볍습니다. 이렇게 말하면 술꾼 같지만 와인 한 잔에도 취해 반 잔 정도밖에 못 마셔요. 이탈리아의 삶과 상관없이 하루 중 가장 행복한 순간은 자기 전에 아루의 토실한 엉덩이를 톡톡 두드리는 거예요. 아루는 제 머리카락을 만지는 걸 좋아해요. 자는 내내 쥐고 잡니다. 머리숱이 점점 줄어들고 있어 걱정이에요. 앞머리 대신 뒷머리를 잡았으면 좋겠어요.

앞에서 언급한 <밤이랑 달이랑> 시리즈 북토크에서 "지금은 당연하고 맞더라도 언제든 아닐 수 있다."라는 이야기가 인상 깊었습니다. 이야기를 듣는 순간 『고슴도치 엑스』 개정판이 떠올랐어요. 많은 어린이에게 사랑받은 『고슴도치 엑스』가 개정되면서 표지와 구성, 면지, 캐릭터의 변화 등이 생겨 비교해 보는 재미도 쏠쏠했습니다. 이미 출간되어 작가의 손을 떠난 작품을 다시 개정한다는 건 쉽지 않았을 거 같아요. 어떤 마음으로 개정했을까요?

「자린고비」 작업 과정

작가의 집 앞에 있는 Parco Ducale 공원

『고슴도치 엑스』 초판을 냈을 때는 욕심이 많다 보니 다 가져가고 싶었고, 마지막까지 갈팡질팡했어요. 맑은 눈으로 과감히 쳐 내야 했지만 그러지 못했어요. 그 전까지 책들은 현미경으로 일부분을 확대해서 이야기를 만들었다면, 『고슴도치 엑스』는 그들의 세상 전체를 만드는 것이라 버거웠어요. 책이 나오고 1년은 책을 피해 다녔어요. 시간이 약인지라 몇 년 후에 보니 그렇게 나쁘지는 않더라고요. 수정할 부분을 찾아 보완했어요. 초판에 비해 개정판은 조금 더 단단해진 것 같아요.

혹시 개정 뒤 "그래도 아쉬움이 남는다!"하는 부분이 있을까요?

어떤 선택이든 아쉬움이 남아요. 고슴도치 엑스가 도시를 떠나기 전 절친에게 주먹 인사만 하는데, '어떤 약속이나 멋진 말을 남겼어야 했나?'라고 생각해요. 읽을 때마다 생각이 바뀌어서 아직은 확신이 안 들어요. 시간이 지나 저의 관점이 변한다면 새로운 『고슴도치 엑스』로 개정될 수도 있을 거예요.

『고슴도치 엑스』 개정판 비교

	개정 전	개정 뒤
표지	엑스 자리는 'ㅊ'이고, 무언가 살피는 중	엑스는 'I'에 있으며 두 팔을 벌리며 즐기는 중
금서	초록색	회색, 금서 안 폰트가 달라짐
탈출 과정	체력 단련에 최선을 다함	궁금한 것을 찾기 위한 자료와 책을 읽고 숲속 지도를 완성함
인물		친구를 지지하고 격려하는 대사 등장
탈출		엑스가 도시 올에서 나오는 장면 추가 초강력 세팅 펌 장면 축소
마지막	높은 산에서 외치는 엑스	숲에서 즐기며 독자를 초대하는 엑스

도시 '올'에서 떠나는 고슴도치 엑스

자신을 인정하고 들여다보는 시간 역시 기록 덕일까요? 내가 서 있는 자리를 짚어 볼 수 있는 건 흔적이 있기에 가능한 게 아닐까 짐작해 봅니다. 기록하다 보면 현재를 더 아끼고, 더 나은 오늘을 쌓아 가는 게 즐거워지더라고요. 오늘보다 나은 내일이 있을 거란 희망을 품으면서요. 『고슴도치 엑스』에서 엑스도 같은 마음으로 '올'에서 나간 게 아닐까 싶습니다. 작품 가운데 '나'와 가장 닮은 인물이 있다면 누굴까요?

『고슴도치 엑스』엔 내가 희망하는 '나'가 모두 담겨 있더라고요. 아침이 기대되는 나, 타인의 평가에 당당한 나, 신나게 노는 나, 탐구하는 나, 희망하는 나, 나인 나! 『곰씨의 의자』는 관계에 어려움을 겪는 나, 『자린고비』는 마음까지 절약하는 나, 『임금님 귀는 당나귀 귀』는 단점 앞에서 작아지는 나, 모두 저를 닮았어요. 저를 닮지 않은 주인공을 찾는 게 빠른데, <밤이랑 달이랑> 시리즈의 달이에요. 달이는 제 조카인데, 두려움 없이 유연하며 커다란 마음을 가졌다는 것이 저와 다릅니다.

'더 이상 개정할 작품이 어디 있어!' 싶지만, 개정하고 싶은 다른 작품이 있을까요? 있다면 어떤 부분일까 궁금합니다.

있어요! 『사랑해 아니요군』을 개정하고 싶어요. 『사랑해 아니요군』이 육아서여서 도서관에 가면 기술서 섹션에 꽂혀 있거든요. 아이들이 접하기 어려워요. 여덟 가지 이야기가 담겨 있는데 그림책 모음집으로 구성해 유아 그림책으로 가져오고 싶어요. 『사랑해 아니요군』을 소개하자면 아이가 태어나고 36개월 동안의 이야기를 모아 놓은 책이에요. 에세이로 나왔지만, 반만 사실이고 반은 상상이에요. 아이들이 이 책을 더 많이 알게 되면 좋겠어요. 한동안 아루의 베스트 책이어서 내가 드디어 아이들의 마음을 알게 됐구나 싶어 기뻐했는데, 나중에 중요한 사실을 고백했어요. "이 책은 두꺼워서 읽는데 시간이 많이 걸리잖아. 그럼 늦게 잘 수 있잖아." "참으로 고맙네. 재밌다고도 해 줘." "재밌어. 확실해!" 이런 대화가 떠오르네요. 특히 아루는 제 바지가 내려가는 장면에서 늘 깔깔댑니다.

『사랑해 아니요군』의 주인공 아니요군(작가 아들 아루)은 잠자리에서 읽었군요. 아루와 같은 나이인 저희 집 둘째도 한글 공부하던 시기 한 글자씩 짚어 가며 읽은 최애 책이었어요. 두꺼운 책을 혼자 읽는다는 뿌듯함에 자주 들고 다녔습니다. 아이들은 비슷하네요. 아루는 『사랑해 아니요군』을 읽으며 "역시 나라서 이 정도지."일까요, "내가 어릴 때 이랬다고?"라고 할까요? 자신의 이야기를 읽는 아이의 소감도 궁금합니다.

아니요군은 이제 『사랑해 아니요군』을 안 읽어요. 뜯어질 정도로 자주 보며 좋아했는데…. 배신감이 드네요. 요즘엔 300페이지가 넘는 책들만 인정하는 이상한 병에 걸렸어요. "나 이제 형이야."라며 건방진 미소도 지어요. 얼마 전 도서관에서 책을 두 권 빌렸는데 집에 오자마자 계산하더니 "총 1,177장을 읽어야 해."라고 말하더라고요. "장 수가 그렇게 중요해?"라고 물어보니 그렇다며, 할머니에게도 전화해서 알렸어요. '사랑'하니까 떠오르는 아이와 나눈 대화가 있어요. "어떤 누나가 자기 엄마가 만날 사랑한다고 말하는데 조금 덜 사랑해 줬으면 좋겠다고 하더라. 너도 그래?" "아니. 나는 엄마가 나를 더 많이 사랑해 줬으면 하고, 나만 제일 사랑해 줬으면 해." 그렇구나. 사랑은 아낄 필요가 없다는 걸 다시 한번 깨닫습니다.

아이들이 좋아하는 그림책의 비법이 있다면 무얼까요? 어느 작가는 "작가 자신이 아직도 어린이거나, 어린이를 열심히 공부하는 작가라면 어린이가 좋아하는 작품이 어렵지 않다."고 하시더라구요. 작가님은 어떤 쪽에 가까운 거 같으세요?

저 역시 제 안의 어린아이를 끌어다 쓰려고 노력해요. 저는 아이답지 않지만 엉뚱하고 어디로 튈지 모르는 아이다움을 좋아해요. 이상하고 부족하고 삐딱한 것에 관심이 가요. 아직도 아이들이 뭘 좋아하는지 정확히 모르겠어요. 감을 잡은 정도예요. 저는 절제하는 글과 그림을 좋아하는데 아이들도 그럴지는 미지수고요. 아이들과 비슷한 점을 찾자면 세상에 익숙하지 않다는 거예요. 매번 처음 같고 능숙하지 않아 버벅대고 우물쭈물해요. 쉽게 심장이 쿵 하고 내려앉고요. 그리고… 저는 상상하고 관찰하는 걸 좋아해요. 남편이 저에게 매번 왜 그렇게 감탄하냐고 물어보더라고요. "감탄스러우니까."라고 답했어요. 리액션이 좋습니다. 어릴 때 제가 좋아하던 놀이는 대부분 몸으로 하는 거였어요. 고무줄을 정말 잘해서 점프하다가 하늘로 날아갈 것 같았고, 꿈에서도 고무줄을 했어요. 아이인데도 종아리에 알이 있었어요. 저희 언니는 제가 바람 냄새가 나는 아이였다고 해요. 땀이 식고 마르고가 반복되며 나는 냄새였을 거예요. 그래서인지 머리를 쓰며

하는 게임은 잘 몰라요. 아이가 범인 잡는 게임을 하자고 하면 엄마 머리 쓰는 거 힘든데… 엄마가 좀 멀쩡할 때 (힘이 있을 때) 하자며 버티다가 어쩔 수 없이 해요. 하지만 제가 자주 이겨요. 아이는 제가 속임수를 썼다고 확신해요. 이기려 하면 지고 지려 하면 이긴다고 약 올립니다. 저는 아이들과 달리 잘 놀지 못합니다. 제가 어떤 아이였는지 떠올려 보면 조용하고 말 잘 듣고 주눅 들어 있고 소외될까 봐 두려워하는 아이였어요. 노을 지는 언덕에서 늘 엄마를 기다렸고요. 저는 지금도 저 같은 아이도 있을 거로 생각해요. 선천적으로 긴장하는 아이들에게 괜찮다고 안심시켜 주는 이야기를 전하고 싶어요. 어릴 적 틀려도, 실패해도, 부족해도 괜찮다고 즐겁게 말해 주는 그림책을 만났다면 나는 어떤 모습으로 자랐을까 궁금해지곤 해요.

『사랑해 아니요군』(이봄)

작품마다 읽고 나면 마음이 따뜻해지는 섬세하고 예민한 관찰자의 시선이 담겨 있습니다. 누구도 상처받지 않길 바라는 고민의 시간도 느껴지고요. 작품을 구상할 때 염려하거나 조심하는 점이 있을까요?

저는 억양과 작은 몸짓도 예민하게 해석해요. 타고난 기질이 그런 것 같아요. 책을 만들며 제 책에 완전히 동의하지 못하는, 혹은 조금만 동의하는 누군가가 제 앞에 나타났다고 가정해요. 터무니없거나 괜한 트집이 아니라면 그럴 수도 있다고 생각하며 내 생각을 굽히지 않으면서도 상처를 주지 않을 방법을 찾아보려 노력해요. 대체로 글이 그림보다 단정적이기 때문에 그림에서 해결책을 찾으려 하고 글도 출간 전까지 계속해서 고쳐 나가요. 이번에 나온 <밤이랑 달이랑> 시리즈의 「우유는 안 마셔」도 낼까 말까 고민이 많았던 책이에요. 여러 이유로 우유를 마시지 못하거나 안 마시는 사람도 있으니까요. '우유를 꼭 마셔야 하는 건 아니지만 시도해 보지 않고 포기하는 것보다는 한 번이라도 마셔 보고 결정해도 늦지 않아.'라는 생각으로 책을 시작했어요. 그것이 우유든 당근이든 돼지고기든 간에요. 설득하거나 강요하는 방식보다는 놀이를 통해 우유를 마실지 말지를 스스로 선택하게 하고 싶었어요. 우유의 영양, 하루의 권장량, 우유 대신 대체할 수 있는 식품 등의 정보를 찾아봤어요. 시금치를 통해 우유 한 잔의 영양을 얻기 위해 얼마나 먹어야 하는지 등을요. 3세부터 초등 저학년 아이들에게 우유를 권하는 게 나쁘지는 않다는 결론을 내고 구체적인 스케치를 시작할 수 있었어요. 꼭 해야 하는 것, 꼭 먹어야 하는 것은 없다고 생각해요. 즐거움을 느끼고 나와 나를 둘러싼 것을 알아 가면 좋겠어요.

일상이 늘 아름다울 수는 없잖아요. 작품에서 인물들이 긍정의 힘을 유지하는 비결이 있을까요?

실제 우리가 사는 삶은 짜증나는 일투성이예요. 약속하고 안 오고, 작은 트집 잡아 확인 도장 안 찍어 주고, 새치기하고, 대문 앞에 똥 싸고 가고…. 끝이 없네요. 욕하고 짜증내다가 하루를 다 보내기도 해요. 화가 사그라지지 않으면 다음 날에도 씩씩대고 있어요. 그러다 별일 아닌 거에 깔깔 웃으면 무거웠던 마음이 가벼워지더라고요. 잘 잊어버리는 것, 희망해야 살아갈 수 있음을 본능적으로 아는 것, 장난치는 걸 좋아하는 것에서 긍정의 힘이 나오는 것 같아요. 그림책을 통해 자꾸 까먹는 이 중요한 사실을 다시 깨닫게 돼요. 얼마 전 아버지께서 하늘나라로 가셨어요. 어머니는 위중한 상황에서도 아버지를 끝까지 웃겨 드리고 사랑을 듬뿍 드렸어요. 안타까움 속에서도 유머와 사랑은 우리를 구원할 수 있어요. 삶이 그대로 흘러가지 않게 하려 그림책을 곁에 두는 게 아닐까요?

가장 애착을 갖는 작품은 어떤 책일까요? 어떤 의미가 있어 애착이 갈지 궁금해요.

책이 출간되면 시집·장가보낸 거 같아요. '내가 할 건 다 했다. 너의 운명대로 살아라~.' 하며 보내요. 지금 만들고 있는 책은 지금 키우고 있으니까 가장 애정이 가요. 요즘엔 내년에 낼 <밤이랑 달이랑> 시리즈의 이야기를 고르고 있어요. 불안, 설렘, 기대, 실망이 오고 가며 전진하고 있어요.

서율이(달이)가 만든 찰흙 리본을 한 노인경 작가

<밤이랑 달이랑> 시리즈는 어린 아들과 조카(밤이와 달이)가 겪는 일상 속 고민을 다정하게 풀어 주는 그림책이죠. 어린 시절에는 너무 어려운 문제였는데, 어른의 시선으로는 별일 아닌 아이들의 작고도 커다란 불안을 섬세하게 짚어 줍니다. 사랑스럽고 유쾌한 이야기가 분명 다섯 권 말고도 셀 수 없이 있을 거라 확신합니다. 꼭 독자와 만났으면 바라는 기록이 있다면 살짝 흘려 주세요. 들려주신 기록으로 다음 <밤이랑 달이랑> 시리즈를 기다리겠습니다.

아이가 자랄수록 예전에 써 놓은 기록은 지나간 것이 돼요. 생생함이 떨어지는 건 아닐지, 이 이야기를 계속해 나갈 수 있을지, 생각이 많습니다. 불확실함 속에서 일단은 나아가고 있어요. 내년에 내고 싶은 에피소드는 말하는 '아이스크림', '마법 휴지', '누워 있는 나비', '잘못을 누나에게 미뤘을 때 일어나는 일' 등이 있어요. 스케치 정도 나와 있는 상태예요. 어떤 이야기로 만들어질지 설레네요. '새와 탑'이라고 밤이랑 달이가 나오지만 다른 스타일의 그림으로 단행본도 계획 중입니다. 이 중 어떤 이야기가 책이 될지는 모르겠어요.

유아 그림책 시장은 대부분 단행본보다는 전집이, 오래전 출간된 유명한 그림책들이 굳건하게 판매 상위권을 차지하고 있습니다. 유아 단행본 그림책 시장에서 단행본으로 시리즈를 낸다는 건 용기가 필요한 일 같아요. 어떤 마음으로 <밤이랑 달이랑> 시리즈를 이어 가는지 궁금합니다.

저에게 다가온 이야기여서 자연스럽게 만들게 되었어요. 요즘엔 이야기를 만든다기보다 저에게 다가오길 기다려요. 그리고 놓치지 않으려 노력해요. 사실은 유아 단행본 시장이 어려운지도 몰랐어요. 뭘 잘 모르고 시작한 거죠. 새로운 것에 관심이 생겨 에너지가 이동한다면 <밤이랑 달이랑> 시리즈는 끝이 나겠죠? 목표가 있다면 그때까지 제 안에 있는 사랑을 키워 책 속에 담아 내고 싶어요. 아이들이 좋아하는 시리즈가 된다면 정말 행복할 것 같습니다.

아이들이 좋아하는, 아이들 곁에 있어야 하는 책을 이어 가는 작가님의 행보에 진심을 담아 응원합니다. <밤이랑 달이랑> 시리즈의 밤이(아루)가 입학했으니 아이의 학교 생활이 담긴 그림책을 기다려도 될까요?

아루는 감각이 예민한 아이예요. 약간은 까칠하고요. 확신에 찬 아빠를 엄마보다 좋아해요. 아플 때, 슬플 때, 졸릴 때만 저를 찾아요. 당연한 거 같다가도 속상할 때도 있어요. 아루는 모든 걸 다 알아요. 하하, 그렇다고 믿어요. 확신에 찬 입 모양과 눈빛을 보면 피식 웃음이 납니다. 학교에서도 똘똘한 편이에요. 얼마 전 학교에서 크리스마스 공연을 했는데, 마이크를 잡고 한 곡 불렀어요. 학급에 남미, 서아시아, 동유럽에서 온 친구들이 많아요. 선생님께서 하이라이트 부분을 이탈리아어에 능숙하지 못한 아이들에게 시켰는데, 아루는 그걸 이해할 수 없다고 했어요. 특히 리암이라는 아이는 마이크를 안 주면 울기 때문에 계속 마이크를 쥐고 있었는데 잘 들어보면 입만 뻥긋하지, 노래하지 않는다고 하더라고요. 아루에게 말했어요. "아무리 네가 가사와 춤을 다 외워서 잘한대도 너 혼자 하면 재미있겠니? 가사 까먹어서 아무 노래나 부르고 뒤로 넘어져서 다 같이 웃고 그래야 추억이 되는 거야."라고 말하니 납득이 안 간다는 눈빛으로 저를 쳐다봤어요.

"노력한 아이가 앞에 나가서 노래해야지. 왜 떼쓰는 아이가 그걸 해?" 어느 정도는 일리가 있어 "그렇구나. 속상했구나."라고 말하며 대화를 끝냈습니다. 이런 일들을 겪으며 아이는 자라겠죠? 계속해서 아이를 관찰하며 저에게 찾아오는 생각과 감정을 잘 모아 보겠습니다.

기록하는 습관은 무엇과도 바꿀 수 없는 좋은 습관이라 생각합니다. 기록을 하면 이게 정말 좋다! 기록을 망설이는 사람에게 좋은 점을 알려주세요.

흘러가는 시간을 잡아 놓을 수 있어요. 복잡한 머리도 정리되고요. 나를 돌아볼 수 있는 거울이 됩니다. 나에게 보내는 편지이고, 내 감정의 휴지통이며 나 혼자 볼 수 있는 비밀이에요. 내 인생을 특별하게 보는 마법 같은 힘도 생깁니다. 짜증도 덜 내게 되고요. 불만 속에 사로잡혀 며칠을 망칠 때 보면 기록을 게을리하고 있더라고요. 기록 전도사 같네요. 기록하면 소화도 잘된다고 해야 할 것 같습니다.

좋은 습관만 있다면 얼마나 좋을까요. 저는 불규칙한 수면을 고치려고 몇 년째 노력 중입니다. 작가님도 올해 고치고 싶은 습관이 있을까요?

시작하면 끝장을 보려는 것. 실행해 보고 깨닫는 것도 좋지만 적당히 하는 것도 배워야 할 것 같아요. 오늘 안 보이던 것이 내일 혹은 한 달 후엔 보이잖아요. 누가 쫓아오는 것도 아닌데 조급해요. 기다리지 못하는 것. 문제가 있으면 즉각 해결하려 해요. 아직 다 먹지 않은 남편의 접시를 치운 적이 몇 번 있어요. 깨끗한 접시로 돌려놓아야지 하는 마음에 상대방을 불편하게 했어요. 못된 사람을 보면 그냥 지나치지 못하는 것. 그럴 수도 있지, 하며 지나쳐야 하는데 손해를 보더라도

〈밤이랑 달이랑〉 스케치

어떤 부분이 잘못됐다고 말해요. 자주 있는 일도 아니고 오래 참다 얘기하지만, 분노의 감정을 조절하며 너그러워지고 싶어요. 잘 참다가 엉뚱한 순간에 폭발하는 것. 그때그때 풀면 별일 아닌데 쌓아 두었다가 엉뚱한 순간에 폭발해 상대방을 당황하게 해요. 지혜롭고 현명해지고 싶어요.

20년 뒤에는 어떤 작품이 나올까요? 아직 일어나지 않은 일이지만 20년 뒤 여전히 함께할 작가님의 그림책이 기대됩니다.
20년 후에 건강히 지구에 존재하길 바랍니다. 사랑하는 사람들에게 선물을 준비하는 일로 하루를 보내고 싶어요. 그림을 그리고, 케이크도 만들고, 꽃다발도 만들고, 포옹도 많이 하고요. 선물하는 사람에 관한 책을 만들면 좋겠네요. 그리고… <밤이랑 달이랑> 시리즈의 100번째 책을 내는 거예요!

마지막 질문은 『라키비움J』의 시그니처 질문입니다. "나는 ( ), ( ), ( ) 한 작가이다." 괄호를 채워주세요.
나는 성실히, 감탄하며, 지금을 사는 작가입니다.
(인터뷰일 : 2022.12.26) ♪

향긋한 봄을 부르는 코딱지 가족의 벚꽃 연가
코딱지 코지의 벚꽃 소풍

콧구멍 밖으로 나온 코지와 코비에게도 드디어 봄이 찾아왔습니다. 봄바람이 얼굴을 스칠 때마다 살랑이는 벚꽃 잎들 사이에서 코지와 코비는 난생처음 따스한 봄기운에 흠뻑 빠져들어요.
코지는 벚꽃 소풍에 함께 하지 못한 할머니를 위해 특별한 이벤트를 준비하는데……. 한껏 기대에 부풀었다 조마조마 마음 졸이게 되고, 반짝이는 재치에 감탄하다 살포시 젖어드는 코딱지 가족의 벚꽃 소풍 이야기가 봄과 함께 찾아옵니다.

예측 불허! 코지들과 떠나는 신나는 모험!

허정윤 글 그림 | 값 15,000원

『벚꽃 팝콘』을 잇는 또 하나의 특별한 봄 만찬
목련 만두

살랑살랑 바람이 불어오는 봄의 문턱. 다람쥐와 청설모 사이에 작은 오해가 생깁니다. 어떻게 화해할지 고민하는 그때, 다람쥐는 동물 친구들에게 목련 만두를 만들자고 제안하는데……! 모든 재료를 감싸는 포근한 만두처럼 청설모와 다람쥐는 오해를 풀고 하나로 어우러질 수 있을까요? 모두를 감싸는 따뜻한 마법! 목련 만두의 다정한 온기를 만나보세요.

백유연 작가의 사랑스러운 계절 행진곡!

백유연 글 그림 | 값 14,000원

웅진 주니어 홈페이지 www.wjjunior.co.kr | 인스타그램 @woongjin_junior

파닉스 하는 아이가 딱 읽으면 좋은 그림책, 총집합!

구멍 숭숭 파닉스를 그림책이 메꿔 준다니까요

영어의 '글자'가 어떤 소리를 내는지를 배우는 파닉스, 하지만 파닉스 하나로 영어 읽기가 끝나는 것은 아닙니다. 그 이유는,

첫째, 파닉스 규칙에 벗어나는 영어 단어가 워낙 많아 단번에 영어를 정확하게 읽기가 힘들기 때문입니다. 우선 하나의 문자 조합이 여러 개의 소리를 가진 경우를 살펴볼게요. Chair(/tʃ/), chef(/ʃ/), echo(/k/) 등의 단어에서 보듯이 'ch'라는 문자 조합이 내는 소리는 세 가지가 있습니다. 아이들이 ch가 들어간 영어 단어를 만났을 때 어떻게 읽어야 할지 헷갈리겠지요? 그래서 ch가 들어간 단어를 만나면 ch의 대표 음가인 /tʃ/ 소리로 읽도록 지도하지만, 실제 책 읽기에 들어간 아이들은 늘 혼란스러움을 느끼지요. 이번에는 하나의 소리가 여러 개의 문자 조합을 가진 예를 들어 보겠습니다. Grey, play, ape, apron, tail, veil, eight, steak. 이 단어들이 공통으로 가지고 있는 소리는 무엇일까요? 바로 에이(/eɪ/)입니다. 그래서 아이가 영어 단어를 쓸 때 각 소리마다 가지고 있는 여러 개의 문자 조합 중 하나를 골라야 하니, 정확하게 철자를 쓰기란 정말 쉽지 않은 일입니다. 그 외에도 bow(활/boʊ/, 절하다/baʊ/), tear(눈물/tɪr/, 찢다/ter/)처럼 철자는 같지만 소리는 다른 동철이의어 등 파닉스 규칙만으로 글을 읽기 힘든 예는 끝없이 이어집니다. 그래서 아이들에게 파닉스를 가르치다 보면 한글에 대한 자부심과 세종 대왕에 대한 감사함이 차곡차곡 쌓인답니다.

둘째, 어느 정도 정확하게 소리 내어 읽는다 해도 그 내용을 이해하는 것은 또 다른 문제입니다. 성인인 외국인이 한국에 와서 한글 읽는 법을 배우는 경우를 상상해 보세요. 한글의 철자법은 아주 명확하기 때문에 마음먹고 배우면 하루 만에도 1학년 국어책을 읽는 수준에 다다를 수 있을 겁니다. 비록 외국식 발음이겠지만 말이지요. 그런데 이 외국인이 "아버지가 방에 들어가셨습니다."를 소리 내어 읽는다고 해서 그 내용을 이해할까요? 영어도 마찬가지입니다. 아이가 파닉스 규칙을 익히고, 통문자로 고빈도 어휘를 외운 후 리더스 책을 잡고 소리 내어 읽는다고 해서 그 내용을 이해하는 것은 아니라는 거지요.

"그렇다면 파닉스를 굳이 배워야 할까요?" "네, 그럼에도 배우는 것이 좋습니다." 이것은 수많은 학자들이 다수의 아이들을 대상으로 연구를 한 결과 내놓은 결론이니 그대로 인정하는 것이 옳습니다. "그렇다면 모든 아이가 반드시 파닉스를 배워야 할까요?" "아니요, 꼭 그런 것은 아닙니다." 영어를 모국어로 사용하는 나라에서 파닉스를 가르치지 않았던 시기가 있었고 그때도 아이들은 글을 읽을 수 있었지요. 그리고 부모가 영어 그림책을 수년간 읽어 준 경우, 아이가

정정혜

아이들에게 그림책으로 영어를 가르친 지 어언 20여년이 훌쩍 넘었다. 영어독서지도사 제자도 2000명이 훌쩍 넘었다. 호호 할머니가 되어서도 아이들에게 영어 그림책을 읽어 주고 싶다. 저서로 『영어 그림책 공부법』 『첫 영어 그림책』 『Hello 마더구스』 외 다수.

자연스럽게 읽기를 깨우친 경우도 주변에서 쉽게 찾아볼 수 있어요. 그래서 제 결론은 보편적으로 보았을 때 파닉스를 배우는 것이 영어 읽기에 도움이 되는 것은 사실이지만, 영어를 배우는 데에 있어 파닉스 규칙을 배우는 것보다는 '영어' 그 자체에 대한 지식을 쌓는 것이 더 중요하다는 것입니다.

그리고 이렇게 구멍 숭숭한 파닉스를 완벽하게 메워 주는 역할을 하는 것이 바로 영어 그림책입니다! "Bow to me."라는 문장을 만났을 때 /baʊ/와 /boʊ/ 중 어떤 것을 골라야 하는지를 알려 주는 것이 바로 영어 그 자체의 지식이고, 아이들이 이런 지식을 즐겁게 습득할 수 있도록 도와주는 최상의 도구는 바로 영어 그림책이기 때문이지요!

자, 드디어 본론이 나옵니다. 영어 그림책 중에서도 파닉스를 배우는 우리 아이에게 도움이 되는 영어 그림책, 지금 배우는 파닉스 규칙을 바로 적용하면서 읽을 수 있어 영어 읽기에 자신감을 심어 주는 그림책에 대해 한 번 살펴볼까요?

파닉스 학습 1단계, 알파벳 사운드를 배울 때 읽으면 좋은 책입니다. 『If You See a Kitten』를 통해 외국인으로서 접하기 힘든 영어의 감탄사와 두운을 즐길 수 있답니다. 두운은 연속된 단어의

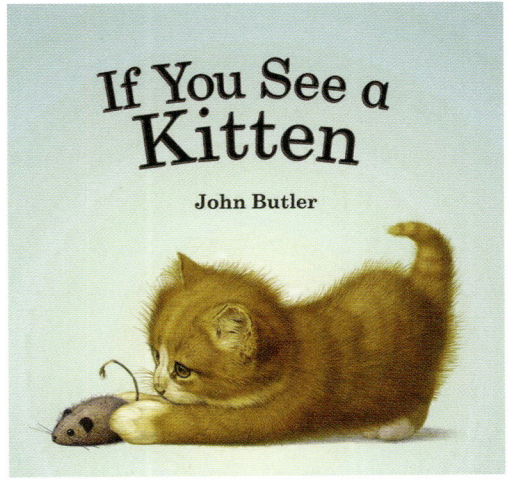

『If You See a Kitten』
(John Butler / Peachtree)

첫소리를 맞추어 운율감을 주는 것을 일컫는 말인데 그 예로는 Minute Made, Donald Duck, Guardians of Galaxy 등이 있습니다. 사랑스럽거나 징그럽거나, 혹은 무섭거나! 페이지를 펼치자마자 '감탄사'가 절로 나오는 동물 그림이 가득합니다. 그리고 책에 나오는 동물은 대부분 두운이 같은 형용사를 가지고 있어요. cuddly kitten, pongy pig, pretty peacock, slithery snake, dozy dormouse… 이런 식으로 말이지요. 영어의 소리에 민감해진, 두운을 알아차리고 즐기기 시작한 아이들에게 잘 맞는 그림책이지요? 이 책을 읽은 후 fantastic flamingo, sleepy sloth 등 새로운 조합으로

두운이 맞는 동물을 찾아보아도 좋습니다. 이 책 이외에도 두운이 잘 맞는 책으로는 온 집 안을 돌아다니며 동물들과 숨바꼭질을 하는 「A Dragon on the Doorstep」이 있습니다.

　　파닉스 학습 2단계, 단모음을 배울 때 읽으면 좋은 책을 소개합니다. 「Jump」는 라임이 잘 살아 있어 시처럼 읽히는 글과 희극적인 그림이 멋지게 어우러진 그림책이에요. 중간중간 나오는 단어 "Jump!" 덕분에 엉덩이까지 들썩거리는 신나는 내용입니다. 책에 나오는 47개의 단어 중 22개는 사이트 워드이고, 나머지 25개는 모두 파닉스 규칙에 잘 맞으니 읽기를 연습하는 아이들에게는 정말 이상적인 그림책이라고 할 수 있답니다. 참고로 사이트 워드는 어린이 책에 빈번하게 나와서 해독하지 않고 바로 읽을 수 있도록 연습해야 하는 315개의 단어로, 읽기를 연습하는 아이라면 모두 익히는 것이 좋습니다. 이 책에는 파닉스 학습 2단계인 단모음 단계에 해당하는 어휘가 10개(cat, mat, log, bug…)나 포함되어 있으니 단모음을 배우는 아이들에게 꼭 권하고 싶은 책입니다. 그림은 배경을 최소화하고, 굵고 선명한 테두리에 시원한 수채화로 색을 칠해 선명하고 청량한 느낌을 줍니다. 먹이 사슬을 타고 작은 동물부터 차례차례 큰 동물에게 먹히는 줄거리를 가지고 있는데, 아이와 책을 읽을 때 등장인물의 공포에 질린 표정과 득의만만한 표정을 즐기며 읽으면 좋겠어요. 특히 개구리 다리 하나가 고양이 입 사이로 비죽 나와 있는 장면을 놓치지 마시길! 다소 짓궂을 뿐 잔인하지 않은 해피엔드입니다. 역시 단모음 단계에서 읽기 좋은 책으로 단모음 어휘 16개를 포함하고 있는 「Rhyming Dust Bunnies」도 추천합니다.

　　파닉스 학습 3단계, Magic e를 배울 때 읽으면 좋은 책입니다. 강아지와 산책을 하고 있는데 갑자기 책이 강아지를 삼켜 버렸다면? 경찰차도, 소방차도, 친구까지 삼켜 버렸다면? 결국 화자가 직접 들어가서 모두를 구하지만, 책을 읽는 독자의 도움이 필요하다고 하네요! 「This Book Just Ate My Dog!」는 책이 독자에게 직접 말을 거는 그림책으로, 더 이상 말썽을 피우지 않겠다는 책의 반성문으로 가득한 속표지부터 독자를 책 읽기에 참여시키는 방식까지, 기발한 상상력으로 가득한 책입니다. 이 책에서는 take, page, ate, side… 등 모두 6개의 Magic e 어휘를 찾아볼 수 있답니다. 이 단계의 또 다른 추천 도서로는 모두 5개의 Magic e 어휘를 만날 수 있는 「Stick and Stone」이 있습니다.

　　파닉스 학습 4단계, 이중 자음을 배울 때 읽으면 좋은 책으로 가이젤 수상작인 「The Watermelon Seed」를 첫손가락에 꼽을 수 있겠네요. 책 전체가 수박 색깔인 검정, 초록, 주홍, 하양만으로 이루어져 있는, 경쾌하고 유머러스하고 사랑스러운 책입니다. 수박을 정말 좋아하는 아기 악어가 실수로 수박씨를 삼킨 후, 배 속에서 수박이 자랄까 근심에 잠기는 내용이지요. cr-, br-, sl-, str-, -mp, -nk, ch… 등 이중 자음 연관 단어가 14개나 나와 4단계 파닉스를 배우는 아이들에게 아주 유용합니다. 가이젤 수상작답게 글과 그림이 100% 일치하기 때문에 그림으로 내용을 쉽게 짐작할 수 있고, 사이트 워드와 재미있는 의성어로 읽기 연습을 할

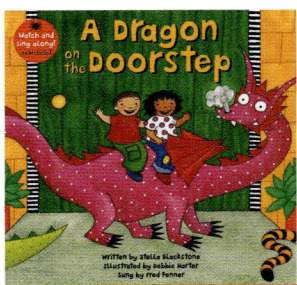

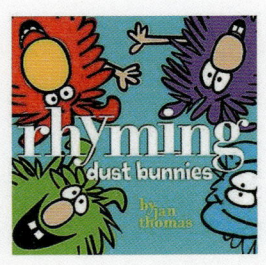

『A Dragon on the Doorstep』
(Stella Blackstone, Debbie Harter /
Barefoot Books)

『Jump』
(Scott M. Fischer /
Simon & Schuster Books for Young
Readers)

『Rhyming Dust Bunnies』
(Jan Thomas / Beach Lane Books)

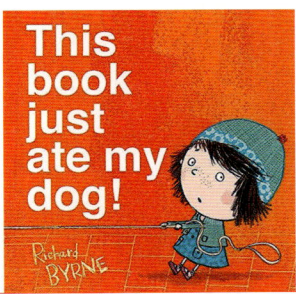
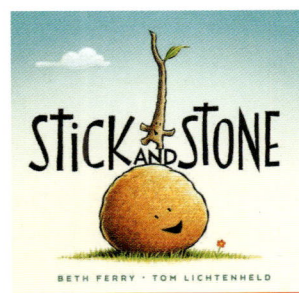

『This Book Just Ate My Dog!』
(Richard Byrne / Henry Holt Books
for Young Readers)

『Stick and Stone』
(Beth Ferry, Tom Lichtenheld /
Harcourt Brace and Company)

『The Watermelon Seed』
(Greg Pizzoli / Disney Pr)

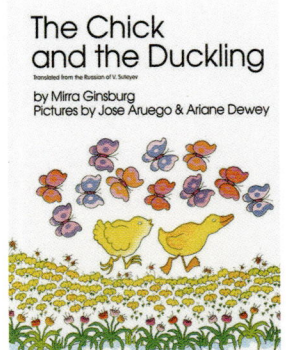
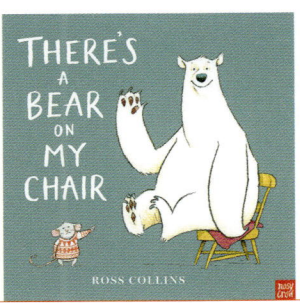

『The Chick and the Duckling』
(Mirra Ginsburg, Jose
Aruege · Ariane Dewey / Aladdin)

『There's a Bear on My Chair』
(Ross Collins / Nosy Crow Ltd)

『Oi Frog!』
(Kes Gray, Jim Field /
Hachette Children's Group)

수 있는 책입니다. 조금 더 쉬운 책으로 ch, ck, ng, sh, sw, cr 등을 배울 수 있는 『The Chick and the Duckling』도 추천합니다.

파닉스 학습이 끝나는 5단계, 이중모음은 말 그대로 모음 2개 혹은 모음+r(r-controlled vowels) 소리에 대해 배우는 단계입니다. 가장 어렵고 예외 규칙이 많아 파닉스 규칙 자체를 너무 깊이 배울 필요는 없답니다. 그래도 파닉스 수업을 마무리하는 이 단계에서 유용한 그림책을 소개해 보겠습니다. 우선 bear, chair, share, spare, unaware, there, glare… 등 r-controlled 모음으로 가득한 책 『There's a Bear on My Chair』입니다. 세상에나! 이 책에는 r 소리로 끝나는 단어가 20개나 나옵니다. 생쥐와 곰은 우리에게 참으로 익숙한 조합입니다만, 이 책을 읽는 순간 생쥐와 곰이 나오는 다른 책은 모두 잊어버릴 만큼 특별합니다. 심플해 보이지만 보면 볼수록 많은 것을 찾아낼 수 있는 섬세한 그림, 감정을 듬뿍 넣어 읽어야 하는 크기와 색을 다르게 표현한 글자, 라임이 꼭 맞아 시처럼 입에 착착 달라붙는 글, 능청스러운 곰과 깜찍한 생쥐의 대치가 주는 긴장감, 빵 터지는 반전까지 다 가진 책입니다. 특히 그림을 찬찬히 살펴보아야 하는데, 곰이 읽고 있는 신문이나 바닥에 나뒹구는 박스나 책, 곰이 입고 있는 옷 등에 담긴 글자 하나하나가 어찌나 기발한지요! 요즘 아이들은 모르지만 우리는 아는 그 '엘비스 프레슬리'도 찾아보시길! 그리고 조금 길지만 29세트의 라임이 나오는 파닉스 학습 끝판왕, 『Oi Frog!』도 파닉스 학습 마무리 그림책으로 추천합니다.

파닉스를 통해 어떻게 읽는가를 배웠다면, 이제는 워드 스터디를 통해 어떻게 쓰는지를 배워야 합니다. 한마디로 스펠링을 배우는 단계로 여기에는 접두사, 접미사, 복합어, 축약형, 동음이의어 등이 포함됩니다.

한 단어 안에서 다른 사운드를 추가하거나 제거하거나 교체하면서 새로운 이야기를 만들어 가는 그림책은 스펠링을 배우는 아이들에게 꼭 권해 주고 싶은 책이지요. 우선 가이젤 은상 수상작으로 구멍 뚫린 그림책 『One Boy』를 살펴볼까요? one이 alone, done으로, seal이 sea로, candles가 can으로 바뀌면서 숫자가 하나씩 더해지며 페이지가 넘어갑니다. 작가의 기발한 상상력 안에서 한 단어가 다른 단어로 감쪽같이 변신하는 것도 재미있지만, 매 페이지 구멍을 통해 글과 그림이 바뀌는 것을 살펴보는 재미도 큽니다.

『Don't Forget the Bacon』은 엄마의 심부름으로 시장에 간 샘의 이야기입니다. 시장을 구경하다가 달걀(eggs-legs-pegs) 대신 집게를, 배(pears-stairs-chairs) 대신 의자를, 케이크(cake-cape-rake) 대신 갈퀴를 사 오는 내용을 담고 있지요. 글자가 많은 책은 아니지만 은근히 쉽지 않아 영어 그림책을 많이 읽은 아이들일수록 더 즐겁게 읽는 책이랍니다.

『Take Away the A』는 기본적으로 알파벳 책입니다. Beast에서 A를 빼니 best가 되고, bride에서 B를 빼니 ride, chair에서 C를 빼니 hair가 되는 식으로 페이지가 넘어가지요. 『Don't Forget the Bacon』이 소리 단위로 움직이는 책이라면 『Take Away the A』는 letter 단위로 움직이는 책이라고 할 수 있죠. 아이와 단어

『One Boy』
(Laura Vaccaro Seeger
/ Roaring Brook Press)

『Don't Forget the Bacon』
(Pat Hutchins / Greenwillow
Books)

『Take Away the A』
(Michaël Escoffier, Kris Di Giacomo
/ Andersen Press Ltd)

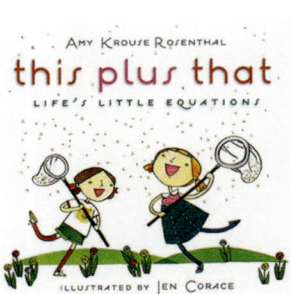

『This Plus That』
(Amy Krouse Rosenthal,
Jen Corace / HarperCollins)

『Dear Deer』
(Gene Barretta / Square Fish)

『C D B!』
(William Steig / Aladdin)

『Wumbers』
(Amy Krouse Rogenthal,
Tom Lichtenheld / Chronicle Books)

『I Scream Ice Cream!』
(Amy Krouse Rosenthal,
Serge Bloch / Chronicle Books)

시험을 보고 싶은 유혹이 마구 솟구치는 책이니 조심!

이번에는 복합어와 동음이의어를 배울 수 있는 책을 살펴볼게요. 「This Plus That」은 아이를 키우는 엄마의 따뜻한 감성이 넘쳐 흐르는 멋진 책입니다. 서구의 사고방식과 생활상이 일상을 중심으로 자연스럽게 녹아 있어 문화적 배경지식도 같이 취할 수 있지요. 더불어 워드 스터디를 배우는 아이의 입장에서 볼 때 rainbow, birthday, popcorn, grown-up, handshake… 등 복합어 12개를 한꺼번에 배울 수 있는 유용한 책이랍니다.

「Dear Deer」는 동음이의어 27개 세트를 배울 수 있는 보물창고 같은 책입니다. Doe-dough, hey-hay, through-threw, ant-aunt, deer-dear… 등 동음이의어가 한 페이지에 같이 나와 둘 중 하나라도 읽을 수 있으면 나머지 하나를 자연스럽게 읽을 수 있도록 구성되어 있습니다. 동음이의어는 모두 대문자로 진하게 적혀 있어 더욱 읽기 쉽지요. 읽기와 스펠링을 배우는 아이들이 파닉스 규칙에 벗어나는 단어를 만나도 당황하지 않고 읽을 수 있도록 도와주는 책입니다.

마지막으로 말놀이를 좋아하는 아이들에게 추천하는 그림책입니다. I scream을 소리 내어 읽어 보면 Ice cream과 발음이 똑같지요? 이렇게 눈으로 보는 것보다 소리 내어 읽었을 때 "아하!" 하고 무릎을 치게 되는 표현이 가득한 책을 한 번 둘러볼까요? 슈렉의 저자 윌리엄 스타이그William Steig가 1968년에 출간한 책, 「C D B!」를 아시나요? C D B(See the Bee), I P-T M(I pity him) 등 알파벳과 그림만으로 수수께끼 같은 문장을 읽어 내는 책이지요. 이 윌리엄 스타이그에게 경의를 표하며 로젠탈이 만든 두 권의 말놀이 책은 온 식구가 머리를 맞대고 다 같이 읽기에 딱 좋습니다. 「Wumbers」는 cre8ed(created), 4est(forest), 2na salad(tuna salad), 4ks(forks)… 등 숫자를 단어 중간에 끼워 넣어 만든 책입니다. 제목인 Wumbers는 words와 numbers를 합해서 만든 단어이고, 표지에 이미 wri10과 illustr8ed가 나오니 책을 펼치기도 전에 몽글몽글 기대감에 엉덩이가 들썩거립니다. 로젠탈과 리히텐헬트의 조합도 우리를 설레게 하는 요소이지요. 이 책에는 총 76개의 wumbers가 나옵니다!

「I Scream Ice Cream!」은 어디를 끊어 읽는지에 따라 달라지는 단어를 재미있게 나열한 그림책입니다. Reindeer(Rain, dear), I see!(Icy!), Princess cape(Prince, escape) 등 총 14개의 단어 세트가 나옵니다. 이 그림책은 난이도가 높은 만큼 성취감도 크니, 온 식구가 오손도손 모여 앉아 머리를 맞대고 영어 그림책을 읽어 보기 바랍니다.

파닉스 학습에 도움을 주고, 읽기에 자신감을 더해 주는 영어 그림책을 쭉 살펴보았어요. 세상의 모든 그림책은 진리지만, 그래도 이번에 소개한 그림책이 파닉스를 배우는 아이들에게 유익함을 더하기를! 그리고 한글의 위대함에 고개 숙여 감사함을 표하며 글을 마무리하겠습니다. ♪

꿀 넣으면 꿀떡! 돌 넣으면 돌떡!
쑥덕거리면 쑥떡! 2023 호랭떡집!

꼬불꼬불 고갯길. 배고픈 호랭이 한 마리.
우연히 맛본 떡 하나. 그 맛에 반해 떡집을 차렸다.
떡집 사장 호랭이 첫 배달지는 지옥! 염라의 집!
"떡 하나 주면 안 잡아먹지!"
쫓아오는 요괴, 쫓기는 호랭이, 들썩들썩 지옥 월드.
서현 작가의 개성 만점 캐릭터 그림책.

『호랭떡집』 서현 그림책 | 값 16,500원

"가래떡은 꽉 조르고
인절미는 가루 뿌리고
쑥개떡은 못생겼고
회전은 얼씨구나"

사계절 그림책과 함께 재미난 책놀이! 그림책 짝꿍

그림책 '짝꿍'은 매월 주제별 활동지를 독자님들께 소개합니다. 짝꿍 영상을 보고,
집이나 학교에서 간단히 활동지를 인쇄하여 아이와 함께 책놀이를 해 보세요!

- 말놀이 카드 놀이/모빌 만들기/아코디언 북 만들기/미니 북 만들기
- 입체 카드 만들기/가면 만들기/가랜드 만들기/컬러링 놀이
- 스탬프 아트 놀이/종이 모형 만들기/동물 이름 익히기 카드 놀이

홈페이지 www.sakyejul.net 페이스북 facebook.com/sakyejulpicture 인스타그램 sakyejul_picturebook

나는
'엄마표'가 싫다

저는 '엄마표 영어'로 두 아이를 키웠어요. 학원 보내지 않고 엄마와 책 읽고 영상물 보며 영어를 배워 어쨌거나 영어 걱정 없이 대학생, 고등학생이 되었으니, '엄마표 영어'가 얼마나 효과가 좋은지 동네방네 권하러 다니느라 바쁩니다. 어디 영어뿐이겠어요? 수학, 과학, 독서…『초간단 생활놀이』책도 썼으니 놀이까지 '엄마표'로 20년을 보냈죠. 제가 했던 '엄마표'는 아이와 함께 생활 속에서 자연스럽게 책을 읽고, 각종 활동을 하고, 공부를 하는 것이었습니다. 딱히 영어와 수학, 과목 분류가 있지도 않았어요. 하루 종일 우리말책, 영어책을 읽고, 노래 들으며 그림을 그리고, 춤을 추며 놀고 그 과정을 글로 썼죠. 아이들에게 '엄마표' 이름이 붙은 각종 공부는 생활 그 자체였습니다.

이게 말이 쉽지, 이만저만 엄마의 노력이 필요한 게 아닙니다. 공부 효과를 제대로 보려면 엄마는 우리 아이가 어떤 책을 좋아하고 어떤 데 관심이 있는지 늘 관찰하고 재빨리 반영해야 하거든요. 아이들은 재밌지 않으면 꼼짝도 하지 않습니다. 그런데 논다고 다 재미있는 것도 아니거든요. 새로운 세상을 알아 가는 재미, 즉 공부하는 재미를 알 수 있도록 엄마는 이리 뛰고 저리 뛰어야 합니다. 힘들지만 보람이 크답니다. 함께하는 시간, 적극적인 관심과 배려가 쌓여 아이와 엄마는 서로를 더 잘 알고, 더 좋은 관계가 되기 때문입니다. 당장 눈에 보이는 성적이 전부가 아니에요. 아이가 혼자 공부를 해 나가야 할 때, 그동안 '엄마표'를 하며 만들어진 단단한 관계야말로 힘이 됩니다. 이것이야말로 '엄마표'의 진짜 성과죠.

하지만 언제부터인가 저는 이 '엄마표'라는 말이 싫습니다. 주양육자와 함께 한다는 관용 표현으로서 '엄마표'(엄마가 주양육자가 아닌 집도 많지만요!)가 아니라 오롯이 엄마가 아이의 교육을 다 책임져야 한다는 말로 느껴지거든요. 나는 아이와 사랑을 나누고 행복하게 잘 살려고 낳았지, 공부시키려고 낳은 것이 아닌데, 엄마는 엄마이지 선생님이 아닌데, 요즘 '엄마표'는 자꾸만 엄마에게 선생님과 트레이너가 되라고 등을 떠밉니다.

특히 '엄마표 영어'가 그렇습니다. 흔히 엄마표 영어는 학원 안 가고 집에서

에디터 **전은주**

하는 영어 공부라는 뜻으로 쓰는데요. 진짜 '엄마표 영어'는 누가 어디에서 영어를 배우는가가 아니라 '어떻게' 영어를 배우는가가 핵심입니다. 책을 주축으로 영상을 비롯한 다양한 매체를 통해서 맥락 속에서 영어를 배우자는 것이지, 영어 공부를 엄마가 진행해야 한다는 뜻이 아니거든요. 엄마 역할이 큰 것은 사실입니다. 아이가 어릴 땐 영어책 독서나 영상 노출 등을 엄마가 관리해야 하고, 아이가 즐겁게 자기 관심사를 파고들 수 있도록 맞춤형 콘텐츠content를 제공해야 하는데 그걸 엄마가 제일 잘 맞춰 주거든요.

하지만 아이에게 적합한 콘텐츠로 영어를 접하게 해 주는 것이 엄마가 아니라 다른 사람, 다른 기관이어도 상관없습니다. 문제는 영어 공부를 '누가 어디에서 이끌어 가는가'가 아니라 '어떻게 무엇으로 하는가'이거든요. 어떤 콘텐츠를 통해서 어떻게 영어를 배울 것인가가 엄마랑 하느냐, 선생님과 하느냐보다 더 중요합니다. 그러니 엄마표 영어가 사교육, 때로는 공교육마저도 포함한 외부 교육의 대척점에 있는 것은 아닙니다. 가정에서 충분히 책을 읽고 영상을 접한다면 따로 사교육이 필요하지 않은 경우도 많지만, 선택의 문제일 뿐입니다. 사교육을 이용한다고 해서 "저는 엄마표 영어는 실패했어요."라고 할 게 아니라는 거죠. 어떤 학원을 선택하는가부터 수업은 잘 따라가고 있는지, 함께 배우는 아이들과 잘 지내고 있는지, 아이는 기꺼이 배우고 있는지 살펴보는 것이야말로 엄마, 아니, 양육자가 해야 할 일 아니겠어요?

무엇보다 학교와 학원에서 영어를 배운다고 해서 끝이 아닙니다. 그렇게 배운 영어로 더 많은 책을 읽고 더 다양한 영상을 접하며 실력을 다져 나가야 하는데 그런 활동은 가정에서 이루어지는 경우가 많습니다. 초등부터는 수업 시간에 정독을 배우고, 가정에서 다독을 하는 것이 가장 효과적인 공부 방법이기도 하니까요. '엄마표'는 학원에 보냈어도, 학교에서 영어를 배워도 계속 필요합니다. 교육가 파울로 프레이리Paulo Freire의 말마따나 글을 읽으며 세상을 읽기 위해서Reading the word and the world 필요한 철학과 세계관이야말로 가정에서 양육자와 아이가 함께 만들어 가야 할 부분이구요.

하지만 '엄마표 영어'가 엄마 하기에 따라 아이 영어가 달라진다는 뜻으로 쓰이니, 영어 교육에 대해 강의하면 늘 이런 질문이 나옵니다. "엄마가 영어를 못하는데도 엄마표 영어를 할 수 있나요?", "직장맘이라 시간이 없어요." 아이참, 이게 문제가 아닌데 말이에요! "엄마표 영어를 하면서 사이가 좋아지기는커녕, 늘 야단치고 서로 짜증 내니 관계가 엉망이에요."라고 하는 분들도 많습니다. 엄마가 아이의 공부를 책임진다는 의미로 '엄마표'를 한다면 당연한 결과입니다. 성과를 내야 하는 엄마가 언제 관계까지 챙기겠습니까? 일단 밀어붙여야 하는걸요.

'엄마표'라는 이름이 지나치게 엄마에게 책임을 전가하는 결과가 된다면, 아예 이름을 바꾸면 어떨까 생각해 보았습니다. 무슨 단어가 좋을까 혼자 궁리하다가 친구들에게 물어 보았죠. 『헬로 베이비, 하이 맘』의 저자 서현주 님은 '홈 리터러시Home Literacy'를 제안하더군요. '홈 리터러시'라고 하면 영어뿐만 아니라 우리말 등 가정에서 일어나는 리터러시 교육 전반을 얘기할 수 있는 장점이 있네요.

'콘텐츠 영어Content English'도 괜찮은 것 같아요. 책을 필두로 하여 영상 등 다양한 매체의 콘텐츠를 통해 맥락을 이해하고 표현할 수 있는 리터러시 능력을 키운다는 것이니까요.

이왕 '엄마표'를 대신할 새로운 개념어를 찾는다면 영어 단어 말고 우리말이면 더 좋겠는데…. 혹시 좋은 생각 없으신가요? 공부의 주체가 누구인가를 이야기한다면 '엄마표'가 아니라 '아이표'가 되어야겠지만, 너무 당연한 얘기구요. 음.

아이의 모든 성과는 엄마에게 달렸다고 엄마를 윽박지르지 않는 말, 지나친 책임을 요구하지 않는 말, 어디 없을까요? 시작도 엄마가 하고 책임에 지쳐 실패의 결정도 엄마가 하는 서글픈 '엄마표' 말고 양육자와 교사를 더 힘내게 하는 말, '엄마표'를 대신할 수 있는 말을 우리 함께 찾아보아요. ♪

쿵!
처음으로 우리 아이 맘 사로잡은 그림책.
쪽쪽쪽 날름날름
보고 또 보다

꼬옥~
눈만 뜨면 내 거 내 거 꼭 안아 주던 그림책
나도나도 토끼 인형
잠시라도 없어질까
품에 안고 잠들었네.

타닥타닥! 석석~
너와 함께 읽다가 달콤하게 고인 여름

뽀득뽀득 호호~~
너와 함께 읽다가 따뜻하게 보낸 겨울

쩍
갈라지는 순간에
훌쩍훌쩍
울고 싶은 순간에 꺼내 들던 그림책

껄껄 깔깔대다
사르르 녹던 마음

작가의 말

묵은 먼지를 털고 드디어! 책장 정리를 시작합니다.
분명 책장을 가볍게 하려던 참이었는데 한 권 한 권 닦아 내고
장면 장면 넘기다 보니 책장은 다시 꽉 채워집니다.
그림을 그리며 5자매와 함께한 시간을 되돌려 봤습니다.
어느새 우리의 추억을 머금은 그림책. 이러니 그림책을 이고 지고
살 수밖에요. 앞으로 어떤 그림책을 만나 어떤 이야기를 나눌까요?
책 좀 읽자고 눈만 뜨면 잔소리했는데 이렇게 우리는 각자, 함께
그림책을 읽고 있었군요.
그래서 오늘 밤도 그림책을 꺼내 듭니다.

김미진

이름은 하나인데 별명은 서른 개쯤 되고픈 사람. 설레는 것이
너무 많아 어느 하나 잘 버리지 못하는 사람. 그래도 평생
세 가지만 하고 살라면 매일 그리고 읽고 걷고 싶은 사람입니다.
초등 교사이자 세 자매의 엄마로 매일 그리며 살고 있습니다.

역사는 가장 재미있는 '이야기'입니다.
그림책은 지식을 담는 가장 좋은 '그릇'입니다.

역사와 친해지는 그림책, 천개의바람의 **첫역사그림책**

전 25권

1. 권마다 다른 개성이 넘치는 역사 그림책
동화 작가, 교사, 역사 전문가 등 20명의 글 작가가 다양한 화자, 다양한 방식으로 구성한 이야기로 역사를 쉽게 접해요.

2. 통사가 어렵다면? 원하는 영역부터 쏙쏙
영역별로 책등 색을 구분했어요.

5가지 영역 [건국] [인물] [투쟁] [문화] [외교] 중 더 관심 있는 영역으로 시작해 역사에 대한 흥미를 잃지 않고 이어갈 수 있어요.

3. 배경 지식과 체험까지 알차게 담은 그림책
역사적 배경 지식과 함께 유적지와 박물관 정보를 실어 책에서 끝나지 않고 역사를 몸으로 느낄 수 있도록 했어요.

어디서든 낱권 구매 가능! (권당 14,000원)

★ 첫역사그림책 도서 목록 ★

1. 신석기 마을의 봄 여름 가을 겨울
2. 단군이 세운 나라, 고조선
3. 알에서 태어났다고?
4. 고구려는 우리가 지킨다!
5. 아지와 왜나라로 간 불상
6. 쉿! 가야 철기의 비밀
7. 꼬마 낭도와 삼국 통일
8. 통일 신라의 보물을 찾아서
9. 달려라, 발해야!
10. 슬기롭게 고려를 세우다
11. 아기 원숭이 보야와 고려청자
12. 고려는 물러서지 않는다!
13. 어서 와, 한양은 처음이지?
14. 세종, 백성을 사랑하다
15. 화원님, 조선 사람들을 그리다
16. 임진왜란, 땅과 바다의 이야기
17. 줄타기 외교 천재 광해군
18. 정조가 쓴 편지
19. 팔랑귀 영감, 양반 사셨구려!
20. 척화비 아저씨, 안녕!
21. 전봉준이 바라던 나라
22. 할아버지 안경 사러 간다!
23. 대한이의 대한 독립 만세!
24. 김구의 소원, 하나 된 조국
25. 그날, 6월 25일

이 나이에도
친구는 어려워

둘은 참방참방 개울을 건너며
반짝이는 돌을 만져 보기도 했어요.

그 친구가 생각날 거예요.
더없이 소중했던
갈색 머리 친구가.

에디터 이시내

1교시 쉬는 시간에 "너랑 절교야!" 소리가 들리더니 다툼이 시작된다. 2교시 내내 울다가 점심시간에는 서로 끌어안고 "우린 찐친이지!"라는 애들을 보면 종일 고민하던 담임은 다리에 힘이 풀린다. 해결됐으니 됐다. 그러나 이 현상은 1년 내내 반복된다. 하루를 채 넘기지 않는 갈등도 있지만, 어떨 때는 몇 달 동안 풀리지 않는다. 아이가 친구랑 싸우고 와서 잔뜩 화만 낼 때, 문제가 생긴 것 같은데 아무 말도 없이 닫힌 방문 너머에서 숨죽여 우는 소리만 들릴 때, 함부로 끼어들 수도 없어 마냥 애가 탄다. 그렇게 애가 탔던, 지금도 애가 타는 어른과 함께 읽고 싶은 책이 있다.

책을 읽는다고 문제가 해결될까? 책을 읽어도 아이 마음에 있는 어둠을 밀어내기엔 역부족일 때가 많다. 그럼에도 불구하고 책을 권하는 이유는 내가 몰랐던 처지를, 자각하지 못한 마음을 엿볼 수 있기 때문이다. 내 일상에서는 짐작할 수 없었던 상대의 마음을 잠깐이라도 상상할 수 있으려면 결국 책밖에 없다. 아이가 언젠가 겪게 될 관계의 어려움이 조금이나마 덜 힘들길 바라며 예방 주사 맞듯 읽었던 책을 모았다. 어떨 땐 그림책, 어떨 땐 동화책, 어떨 땐 둘 다. 그림책과 동화책의 조언이 당신에게도 도움이 되길 바란다.

(왼쪽 위) 다른 아이와 노는 모습에 차마 나서지 못했다.
(왼쪽 아래) '언젠가 나는 괜찮아질 거야.'

『안녕, 내 친구』
(샬롯 졸로토 글, 벵자맹 쇼 그림 / 웅진주니어)

**언제나 그랬듯이
우리 사이는 영원할 줄 알았지.**

아이가 자주 말하는 친구 이름이 있었다. 어느 날부터 말하는 횟수가 줄어들더니, 그 친구가 이젠 나랑은 안 놀고 다른 아이랑만 논단다. 왜 나랑은 안 노는지 물어봐도 무시한단다. 속상해 하는 아이에게 권한 그림책이 있다. 『안녕, 내 친구』에는 모든 걸 나누는 더없이 소중한 친구 사이가 있다. 어느 날 친구를 찾으러 다니다 숲에서 다른 아이와 즐겁게 노는 친구를 발견했다. 우리 둘만의 것으로 생각했던 모든 게 친구에겐 다른 이와도 나눌 수 있는 놀이이자 공간이었다. 나는 차마 나서지도 못하고 숲에 숨어 그 둘을 바라봤다. 서로 같은 무게일 거라 믿었던 마음은 이젠 기울어진 저울과 같다. 울다 지쳐 잠든 아이는 꿈에서 새 친구를 만난다. 새로운 친구와 놀다가 잠에서 깬 아이는

"새 친구를 만나면 그 친구가 생각날 거예요. 더없이 소중했던 갈색 머리 친구가. 하지만 아마 그때쯤이면 나는 아무렇지도 않을 거예요!"라고 희망을 말한다. 지금은 질투와 슬픔이 내 모든 걸 빼앗았지만, 그 친구가 떠올라도 언젠가 나는 아무렇지 않을 거라 말한다. 아무도 없는 곳에서 자신을 위로하고 돌아가는 아이의 뒷모습은 독자의 마음을 울컥하게 만든다.

『안녕, 내 친구』를 처음 읽었던 순간이 선명하다. 그 당시 기록했던 글을 보면 "서로의 다름을 인정해야 해. 내 의지와 상관없이 끊어지는 친구도 있어. 힘들지만 그 또한 내가 이겨 내야 할 시간이더라. 아이들에게 관계의 끝을 어떻게 시작해야 할지 모를 때 이 그림책을 꺼내 오자."라고 적혀 있다. 끝을 상상하며 친구를 사귀는 사람이 얼마나 있을까. 하지만 모두가 겪는 이별을 내 아이만 겪지 않을 리는 없다. 1968년에 나온 이 책이 여전히 사람들 곁에 있다는 건 관계의 끝은 언제나 모두의 숙제이자 아픔이란 증거다. 그림책 속 힘들어 하는 아이 곁에 한 번도 등장하지 않는 양육자의 모습은 실제 곁에 있어도 아이의 아픔에는 초대받지 못했다는 것을 뜻한다. 잔인한 일이지만, 그림책은 아이가 홀로 겪어야 하는 성장통을 담담하게 보여 준다. 우리가 할 수 있는 일은 아이가 원하면 언제든 안아 줄 수 있게 기다리는 것뿐이다. 아이가 무너지고 일어나는 시간을 오롯이 옆에서 바라만 봐야 하는 고통은 이루 말할 수 없다. 하지만 이 또한 지나가리란 걸 우리는 알고 있다.

『고양이가 필요해』
(박상기 글, 이지오 그림 / 소원나무 / 156쪽)

솔직하게 말해도 끝은 난다.

관계의 끝이 나오는 동화책 한 권 더 소개한다. '결국 끝을 맺는 친구 이야기를 읽으라고? 굳이 알려 줘야 하나?' 싶은 사람도 있겠다. 어린이라고 늘 행복할까? 아이들의 일상 또한 넘어지고 부딪혀 가며 배우는 나날이다. 오히려 처음 겪기에 더 힘들지 않을까? 좋은 어린이 책은 반드시 해피엔드만 그리지는 않는다. 서툰 도덕성을 강요하지 않고, 억지스러운 끝을 맺지 않는 책들은 '나분만 아니구나.', '다른 사람도 이런 시간을 견뎠구나.' 하고 어린 영혼에 위안을 준다. 최근 아이와 서로 먼저 읽겠다고 다퉈 가며 읽은 동화 『고양이가 필요해』가 그렇다.

고양이를 키우는 아이만 끼워 주는 무리에 들어가고 싶은 유나는 다른 사람 블로그에 있는 고양이 사진을 캡처해 우리 집에서 키우는 고양이처럼 소개한다. 거짓말은 자꾸 거짓말을 낳고 캡처한 블로그 주인에게 솔직하게 말해 도움도 받지만, 잘못이라는 걸 인지한 유나는 친구들에게 거짓말을 고백하기로 결심한다. 유나의 용기 있는 고백에 '잘못했지만 솔직하게 말했잖아.'라며 친구들도 용서했을까? 작가는 현실이 그리 호락호락하지 않음을 그려낸다. 솔직한 고백에 마음이 풀린 아이도 있지만, 여전히 거짓말쟁이는 싫다는 아이도 있다. 하나의 사건 속에서도 각기 다른 반응을 보이며 끝까지 화해하지 못한 아이를 보여 주는 결말이 마음에 들었다. "솔직하게 말하면 모든 게 해결될 거야." 동화는 달콤함에 젖은 결말이 아니라 그럼에도 불구하고 관계는 끝날 수 있다고 말한다. 서투른 잣대를 대며 '어린이니까 사이좋게 지내야지. 그냥 화해하고 다시 놀면 되잖아.'라는 이들에게 용기를 내도 끝나는 관계는 어떻게 보일까? 어떤 잘못은 용서받을 수 있지만, 언제나 포용해 주는 건 아니다. 자신의 가치관, 성격에 따라 달라지는 의견을 상대에게 강요할 수 없다. 모두가 화해하지 못하고 끝나는 결말에 손뼉을 치다 아이에게 물었다. "마지막에 화해하지 못한

『나만 없어 토끼!』
(토베 피에루 글, 마리카 마이알라 그림 / 블루밍제이)

친구가 있어서 난 좋았어. 왜냐면 실제로 화해가 쉬운 게 아니잖아? 이렇게 말했다고 마법처럼 갑자기 사이가 좋아지는 건 아닐 테고. 넌 이 결말 어땠어?" 5학년 아들은 심드렁하게 답했다. "맞아. 화해한다고 다 없던 일이 되지 않지. 이미 일어난 일은 일어난 거니까." 친구 관계뿐 아니라 '도용'과 '표절', '저작권'까지 아이들의 생활에 녹여 내는 동화다.

아슬아슬한 셋, 친구 관계는 짝수가 가장 좋을까?

동화에서는 고양이가 필요했고, 이 그림책에선 토끼가 필요하다. 『나만 없어 토끼!』에는 오히려 거짓말을 기회로 기울어졌던 관계가 조금씩 균형을 잡아 가는 이야기가 담겼다. 카야는 며칠 동안 코테와 종이 상자로 집도 만들고, 벽지까지 그려 뒀다. 드디어 오늘, 코테와 집을 완성할 거라고 부푼 기대에 찼던 카야는 코테가 내가 아닌 카르멘에게 가는 모습을 발견한다. 실망한 마음만큼 어둡고 차가운 파란 화면과 카야의

나도 같이 고양이 이야기를 나누며 친구가 되고 싶었는데.

뒷모습이 등장한다. '카르멘이 이제 다 나왔나 보다.' 코테와 카야 그리고 카르멘은 친구 사이다. 카르멘이 아픈 동안 코테와 카야는 둘이서 재밌게 놀았다. 하지만 카르멘이 다 낫자 코테는 토끼를 안고 카야가 아닌 카르멘 집으로 가고 있다. 카야도 같이 놀고 싶지만, 토끼가 없다. 토끼 그림만 있을 뿐이다. 아빠가 진짜 토끼는 똥을 많이 싼다고 안 된단다. 카야는 코테에게 인사를 하고 둘 뒤를 쫓아간다. 토끼가 없는 카야는 은근히 자기를 무시하는 친구 말에도 대꾸할 수 없다. 순간 자기도 모르게 튀어나온 "나도 토끼 있어. 우리 집 앞 들판에 토끼가 살아. 근데 쓰다듬어도 돼."라는 거짓말에 아이들은 뭐라고 할까? 복슬복슬한 산토끼가 궁금하다는 카르멘은 바로 카야네 집으로 출발한다. 순식간에 카르멘을 뺏긴 코테는 카야를 째려본다. 이제 관계의

『위풍당당 여우 꼬리 2』
(손원평 글, 만물상 그림 / 창비 / 164쪽)

주도권은 잠시 카야에게 기울어졌다. 『고양이가 필요해』에서 유나는 거짓말을 했다고 솔직히 말했지만, 카야도 유나와 같을까? 코테와 카야 사이에서 중심을 쥐고 있는 카르멘은 어떤 선택을 할까? 카르멘의 관심이 카야에게만 기울어지면 코테는 어떤 결정을 내릴까? 관계를 맺는 사람이 둘이어도, 셋 그 이상이어도 어디나 기울어진 관계가 있다. 서로를 존중하고 균형을 잡는 방법이 궁금하다면 카야와 코테, 카르멘의 선택을 느긋하게 응원해 보자.

우리 셋은 충분히 잘 지낼 수 있어

공통점이 없어 오히려 친한 사이, 친구.

가끔 아이의 친구 관계를 관찰하다 보면 '이런 애들끼리 친해질 수도 있네?' 싶은 사이도 있다. 성격이 닮아서 친해지기도, 달라서 사이가 좋기도 하다. 여기, 공통점이 없어 오히려 친한 아이들이 있다. 물론 공통점이 없어 부딪히는 날도 있다. 『위풍당당 여우 꼬리 2』는 자신이 구미호란 사실을 안 후로 사건 사고를 겪으며 '나'를 알아 가는 손단미와 단미의 단짝 친구 두루미, 그와

함께 성장하는 여러 친구의 우정을 담은 동화다. 1학년부터 지내 온 단미와 루미는 모두가 인정하는 절친이지만, 사소한 말다툼으로 어긋나기 시작한다. 각자 좋아하는 가수 이야기를 하다 어쩜 이렇게도 안 맞냐며, 역시 우린 공통점이 없다는 말까지 내뱉고 서로 거리를 둔다. 그렇게 단미와 루미의 벌어진 틈으로 윤나가 등장한다. 단미는 종일 붙어 다니는 루미와 윤나를 보며 영영 루미를 빼앗긴 것만 같다. 윤나를 향한 미움 때문에도 힘든데, 구미호라는 걸 안 뒤로 아무 때나 튀어 나오는 여우 꼬리에 학교 생활이 더 힘들다. 단미는 루미에게 다 말하고 싶다. 어느 날 갑자기 네 절친한테 여우 꼬리가 돋아났다고, 너무 놀라 부모님께 말했더니 부모님은 오히려 구미호가 된 걸 축하한다고, 하지만 나는 이

『단추 전쟁』
(앤드루 클레먼츠 글, 그림 / 책과콩나무 / 208쪽)

꼬리가 너무 밉다고! 답답한 마음을 다 말하고 싶다. 혼자 속앓이하던 단미는 루미와 다시 친해지기 위해 인정하지 않던 여우 꼬리, 우정의 꼬리에게 도움을 청한다. 구미호란 정체성을 외면하던 단미가 또 다른 자신을 인정하고 성장하는 과정에 절로 응원이 나온다. 흔들리는 파도 위에서 시시각각 위치가 바뀌는 부표처럼 친구 관계도 상황에 따라 수없이 변한다. 우정은 앞으로 이 둘을 얼마나 자라게 할까? 처음엔 공통점이 없다며 싸웠던 단미와 루미는 화해할 땐 오히려 서로 다른 매력 덕에 친해졌음을 깨닫는다. 친구 관계는 예측할 수 없지만, 진심은 닿는다. 공통점이 적어도 다른 게 더 많아도 우정은 서로를 위하는 마음에서 쑥쑥 자란다.

좋아하는 가수 때문에 갈라설 줄이야. ⓒ만물상, 창비

단추 때문에 우리가 이렇게 될 거라고 누가 알았겠어?

정말 하나도 안 맞는 사이 같지만 찰떡같이 취향이 맞아 친해지는 관계도 있다. 공통의 관심사로 친해졌어도 승부욕에 불타 강한 라이벌이 되는

친구 이야기, 『단추 전쟁』. 제목 그대로 단추로 벌어진 아이들의 치열한 유행과 그에 따른 충돌, 화해를 담은 동화다.

교실에서 유행이 시작되면 무엇이든 상관없다. 그게 포켓몬 스티커이든, 다이소 큐브이든, 흔들면 소리가 나는 볼펜이든, 아이들은 열광한다. 교사 경험이 있는 작가는 고학년이 되며 복잡해지는 아이들의 관계를 '유행'과 연결해 생동감 넘치게 전한다. 단미와 루미처럼 서로 너무 달라 끌렸던 엘리와 그레이스도 4년간 절친으로 지냈지만, 유행이 뭐라고 이 둘의 관계는 단추 때문에 파국을 향해 달린다. 앤드루 클레먼츠의 작품을 좋아하는 독자로 생생하게 주고받으며 현장감 넘치는 감정의 전투에 순식간에 책을 읽어 갔다. '이러다 정말 둘 사이가 끝나는 건가?' 싶지만 마음 한쪽으로는 믿음이 있다. 아이 곁에서 악역을 자처하지만, 성장의 디딤돌이 되어 주는 인물이 있을 거라고. 든든하게 적절한 조언을 해 주는 성숙한 어른이 등장할 거란 신뢰 말이다. 『단추 전쟁』 속 그레이스의 할아버지가 바로 그런 어른이다. 할아버지는 아이들이 잊고 지낸 마음과 필요한 가치가 무엇인지 다정한 조언으로 일깨운다. '항상 편한 건 아니지만, 부담을 주는 친구도 때로는 지킬 가치가 있다는 걸.' '그런 친구들 곁에는 진정한 친구가 누구보다 필요한 법'이라는 할아버지의 편지는 아이들뿐 아니라 여전히 관계가 어려운 어른의 마음도 다독인다. 전쟁이라 불러도 과장 없는, 서로 잘 알기에 그만큼 상처를 줄 수 있는 사이. 이 아이들의 전쟁은 끝이 날까? 직접 확인해 보길 바란다.

그건 네 생각이고,

단미와 루미, 엘리와 그레이스처럼 공통점이 없어도 친해지는 사이는 결국 서로를 존중하기에 가능한 관계 아닐까. 친구 사이에서 서로를 존중하는 과정은 어떻게 아이에게 알려 줘야 할까? 서로 달랐지만 맞춰 가며 우정이 깊어지는 이 그림책을 꺼낸다. 『모모와 토토』는 노란색을 좋아하는 원숭이 모모와 주황색을 좋아하는 토끼 토토가 등장한다. 앞 면지에는 노란색 가득 모모가 좋아하는 게 등장하고, 뒤 면지에는 주황색 가득 토토가 좋아하는 것이 등장한다. 서로 같은 점보다 다른 게 더 많은 사이지만 좋아하니까 함께하는 모모와 토토다. 내가 좋아하니까 당연히 너도 좋아할 거라 여긴 모모는 노란색 물건을 토토에게 잔뜩 선물한다. 토토는 좋아하기는커녕 이제 모모랑 안 논다는 쪽지를 남기고 떠났다! 나와 친구가 다르다는 건 알지만, 어떻게 다가가야 하는지 어려운 아이들에게 색의 대비로 서로의 차이를 쉽게 알려 준다. 나는 최선을 다했다고 생각했으나, 그건 오로지 내 기준이었을 뿐이다. 자기만족에 빠져 상대를 제대로 못 보는 일도 자주 일어나는 실수 아닌가. 한 줄 그림책에서 따끔한 가르침을 배운다.

닿을 거란 믿음이 있어 자꾸 도전한다.

학기 초마다 걱정이다. 어떤 선생님을 만날까도 걱정이지만, '아이와 잘 맞는 친구가 같은 반에 있을까? 혹시 사이 안 좋던 그 아이와 또 같은 반이 되는 게 아닐까? 우리 아이만 쉬는 시간에 혼자 앉아 있는 건 아닐까?' 온갖 고민이 드는 3월이다. 이럴 때는 불안을 달래려 아이에게 자꾸만 친구를

「모모와 토토」
(김슬기 글, 그림 / 보림)

"토토야, 잠깐 기다려. 뭐 좀 더 가져올게."

"흠……."

"토토가 왜 화가 났을까……."

"아!"

내 기준에선 이게 최선이었어.

그림책 짝꿍 동화책

「핑!」
(아니 카스티요 글, 그림 / 달리)

사귀는 온갖 책을 꺼내 읽어 준다. 또는 용기 내 다가갔지만 내 맘대로 되지 않던 날, 슬픔을 다독이는 그림책을 꺼내 온다. 『핑!』에는 "여러분, 이 세상에서 우리는 '핑'만 할 수 있어요." 글귀와 함께 탁구공을 던지는 인물이 등장한다. 그 뒤로 "'퐁'은 친구의 몫이에요."라며 공을 받아치는 인물이 나온다.

내가 보낸 마음이 언제나 같은 마음으로 돌아오는 건 아니다. 웃음으로 보낸 '핑'에 아침부터 엄마에게 혼나고 등교한 친구는 무반응이거나, 누군가는 화를 낼 수도 있다. 하지만 살면서 사랑하면서 다양한 '퐁'을 받길 원한다면 먼저 많은 '핑'을 보내야 한다. 상처받을 수도 있지만 용기를 내야 한다. 창피함을 무릅쓰는 용기, 포기하지 않는 용기, 놓아야 하는 용기까지. 내 '핑'과 다르지만, 나를 자라게 할 '퐁'이 있다는 걸 믿기에 우리는 날마다 '핑'을 보낸다. 내가 보낸 '핑'이 누군가의 '퐁'에 흉터가 될지라도 그 끝은 성숙한 내가 있을 거라 응원을 건네는 그림책이다. 현실은 쉽지 않지만, 언젠가 단 한 명이라도, 누군가의 마음에 닿을 거란 믿음으로 세상을 나가는 아이의 등을 두드리며 그림책을 읽어 준다.

서로 적응할 시간이 필요해

희망이 있기에 용기를 내는 이야기를 더 어린 아이와 읽을 수는 없을까. 여기 유아를 위한 다정한 그림책 <밤이랑 달이랑> 시리즈가 있다.

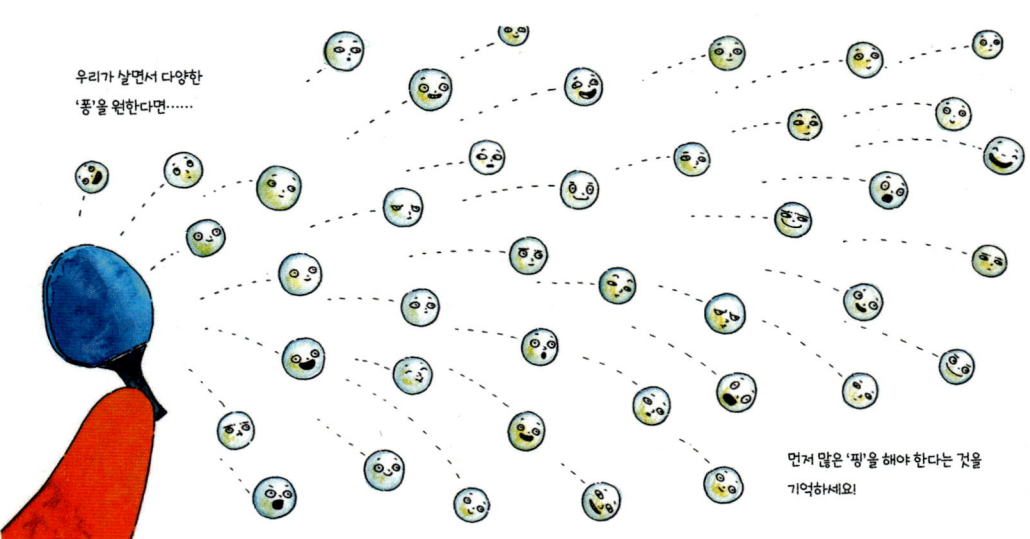

포기하지 말고 먼저 '핑'을 던져야 한다

네 살 밤이가 겪는 다양한 고민과 걱정을 풀어 주는 다정한 해결사 달이 누나와 일상이 담긴 시리즈다. 달이 누나가 일러 주는 방법은 어찌나 지혜로운지! 우리 집에도 달이 누나가 있으면 좋겠지만 없으니 그림책이라도 읽어 본다. 친구 관계로 고민하는 어린이에게 시리즈 가운데 『친구랑 안 놀아』를 권한다. 지민이와 수민이가 놀아 주지 않는다고 "이제 난 친구랑 안 놀 거야." 말하는 밤이 말에 달이 누나는 화들짝 놀란다. 달이 누나는 "친구랑 노는 건 어렵지 않아."라며 여러 가지 방법을 알려 준다. 누나는 놀이터에서 생전 처음 보는 아이와도 놀 수 있다며 낯선 아이에게 다가가 "안녕, 나랑 같이 놀래?"라며 말을 거는 시범까지 보인다. 누나의 계획대로 동생 앞에서 친구와 사귀는 멋진 모습을 선보일 수 있을까? 그 친구는 단박에 "아니!"라며 뛰어간다. 밤이와 달이는 빨개진 얼굴을 마주 보며 한바탕 웃는다. 포기하지 않고 다시 친구를 사귀러 가는 달이와 밤이의 모습은 밝은 희망을 전한다. 게다가 달이는 독자에게 새 친구와 놀 때 주의할 점까지 친절하게 일러 준다. 대뜸 말을 건네기보다 천천히 다가가며 적응할 시간이 필요하다고. 누구나 겪는 일이라며 지나쳤던 아이의 불안과 고민을 다정하게 풀어 내는 그림책이 오래도록 어린이 곁에 있어 주길 바란다.

『친구랑 안 놀아』
(노인경 글, 그림 / 문학동네)

이렇게 동화와 그림책을 읽다 보면 구절마다 잠깐 멈춰 대화를 나눌 때도, 내 맘과 똑같은 문장에서 "엄마도 이럴 때가 있었는데."라며 딴 이야기로 빠질 때가 있다. 샛길로 빠진 덕에 아이가 교실에서 어떤 일을 겪었는지, 놀이터에서 친구와 무슨 말이 오고 갔는지 일상을 엿볼 기회가 생긴다. 그렇게 읽어 주는 이가 마음을 터놓고 책 속 인물과 장면에 이야기를 덧붙이다 보면 아이 역시 자신의 이야기를 꺼내 놓는다. 아이의 이야기를 들으며 내 어린 시절을 떠올려 본다. '그땐 하늘이 무너질 듯 힘들었는데 다 잊고 살았구나.' 기억 어디엔가 남아 있는 감정을 동화책과 그림책이란 나침반에 의지해 더듬더듬 찾아본다. 다 컸다며 더 이상 그림책은 읽지 않는다는 아이에게 그림책이 가진 강렬한 힘을, 긴 호흡을 못 견디며 그림책만 읽겠다는 아이에게 동화책의 다양한 목소리를 건네 본다. 그림책과 동화책을 넘나들며 상상하고 공감해 보자. 같은 주제도 자신만의 매력으로 들려주는 어린이 책이 아이들 곁에 오래 머무르길 바란다. 그렇게 쌓인 책에 대한 긍정적인 경험으로 먼 훗날까지 책이 아이 곁에 오랜 친구로 남길 소망한다. 더불어 같이 읽는 어른 역시 어린 시절 내가 겪었기에 아이의 마음에 공감하며, 겪지 못했더라도 읽었기에 함께 상상하고 공감하면 좋겠다.

책에서 들은 모든 이야기는 새겨지지 않더라도 읽는 이의 발끝에 찰랑찰랑 머문다.

그렇게 찰랑이는 마음은 곁에 있는 이들에게
스며들기 마련이다. 오늘도 관계로 힘들어 하는
아이 앞에서 주저하고 있을 누군가에게 이 책이
까슬까슬 돋아난 가시를 다독이는 다정함이 되길.
아이와 주고받은 순간이 차곡차곡 쌓여 언젠가
겪을 아이의 외로운 시간에 온기가 되길 바란다. ♪

이렇게나 많은 친구가 있는데 안 놀겠다고? 포기하지 마, 동생아.
아니라고? 이건 내 계획과 다른데. 어떻게 하지?

곁에 두고 오래오래 보고 싶은 그림책

소녀에게 누군가 손을 내밀었다

세상 속 외면하고 싶은 문제들을 예리하게 포착하는 허정윤 작가와 강렬한 그림으로 메시지를 전하는 조원희 작가가 만났습니다. 전쟁을 피해 험난한 여정에 오른 난민 소녀의 시선을 통해 '자유와 평화'에 대한 묵직한 메시지를 전달합니다.

《손을 내밀었다》 허정윤 글·조원희 그림 | 값 16,000원

네모들의 학교, 상자별 531에서 재미난 수업이 시작된다!

소리꽃을 피우기 위해 다 함께 여러 소리를 섞고 어우러지게 만들어 보는 음악 시간. 네모들의 재미있는 수업, 우리 함께 참여해요.

《소리 통통 음악 시간》 김리라 글·그림 | 값 16,000원

엄마와 아이들에게 보내는 조용한 응원!

아이들을 할머니 손에 맡기고 출근을 하는 엄마의 하루와 할머니와 함께 소풍을 떠난 아이들의 하루가 왼쪽과 오른쪽 페이지에 나누어 대비됩니다. 하루를 사는 엄마와 아이들의 서로 다른 시각을 절묘하게 포착하여 보여 줍니다.

《오늘 우리는》 주연경 글·그림 | 값 15,000원
★ 2022 북스타트 선정 도서
★ 2022 한국문화예술위원회 문학나눔 선정

말의 힘은
생명의 힘

일본 그림책의 대부,
마쓰이 다다시 松居直 타계

황진희

그림책을 만나고 나서 이름 없는 들꽃을 들여다보고, 세상의 작은 존재에 관심을 가지게 되었다. 그림책을 좋아하는 사람들과 함께 일본 그림책 미술관 여행을 할 때와 생명, 사랑, 그리움이 담긴 그림책을 우리말로 옮길 때가 가장 행복하다. '황진희 그림책테라피 연구소'를 운영하고 『태어난 아이』『방도둑』『비 오니까 참 좋다』 등 다수의 책을 우리말로 옮겼다. 지은 책으로는 『숲으로 읽는 그림책테라피』『우리는 서로의 그림책입니다』가 있다.

지난 2022년 11월 2일, 별 하나가 떨어졌다. 일본 그림책 역사에 큰 획을 그은 마쓰이 다다시가 지구별 여행을 마치고 하늘나라로 떠난 날이었다. 『어린이와 그림책』(마쓰이 다다시 / 샘터사)은 나에게 바이블과 같은 책이었다. 그는 어린이에게 그림책이 어떤 존재인지를 가르쳐 준 사람이었다. 그림책은 무엇인지, 그림책으로 아이들을 어떻게 만나야 하는지 알려 준 분이었다. 『어린이와 그림책』을 읽지 않았다면 아마도 나는 교육서와 같은 맥락에 그림책을 두고 허우적거리며 아이들을 괴롭혔을지도 모른다. 언젠가는 직접 만나 강의를 듣고 싶다는 소망을 품고 있었는데, 끝내 기회가 닿지 않았다. 안타깝지만 그가 남겼던 수많은 어록과 그토록 강조했던 '말의 힘'은 이제 그가 남긴 그림책과 수필을 통해서 느낄 수밖에 없다.

  지난 20년간 수차례에 걸쳐 일본 그림책 미술관과 도서관을 방문하고,

100권에 가까운 그림책을 번역하면서 일본 그림책을 둘러싼 출판 환경과 독자의 힘을 느낄 수 있었다. 개인적인 의견이긴 하지만 일본 그림책 역사를 이루어 온 큰 줄기를 손꼽으라고 하면 1953년 12월에 이와나미서점岩波書店에서 출간된 시리즈 〈이와나미 어린이 책岩波のこどもの本〉과 1956년에 복음관서점福音館書店에서 나온 월간 그림책 『고도모노토모こどものとも』와 더불어 1977년에 세계에서 최초로 만들어진 이와사키 치히로 그림책 미술관いわさきちひろ絵本美術館, 그리고 동경어린이도서관東京こども図書館이라고 생각한다.

  1953년 말에 이와나미서점에서 발행된 〈이와나미 어린이 책〉 시리즈는 그림책의 신세계를 열어, 그림책에 관심이 있는 어른과 어린이 모두에게 큰 환영을 받았다. 1950년 무렵 일본 그림책의 동향을 보면 국위 선양이나 미국과 영국을 물리치자는 내용이 담긴 책들이 주류를 이룬 데 비해 〈이와나미

어린이 책〉에서 소개된 서양 그림책은 『꽃을 좋아하는 소 페르디난드』나 『작은 집 이야기』와 같이 문학의 아름다움뿐만 아니라 평화를 향한 진정한 인류애가 담긴 작품들이었다. 당시 복음관서점에서 편집을 맡고 있던 마쓰이 다다시는 〈이와나미 어린이 책〉이 가진 깊이 있는 문학성과 예술성 높은 그림에 감동하여 일본 어린이 독자를 위해 할 수 있는 일을 고민하기 시작했는데 그 시작이 기존의 방식에서 벗어난, 양질의 그림책을 많은 독자층을 대상으로 저렴하게 보급하는 것이었다.

1950년도만 해도 유치원이나 보육원에서 아이들에게 그림책을 읽어 주는 모습은 거의 찾아볼 수 없었고, 집에서도 아이들에게 그림책을 읽어 주는 풍경은 그리 흔한 일이 아니었다. 마쓰이 다다시가 양질의 그림책을 많은 어린이에게 보급하기 위해 창안한 것이 1956년 4월에 시작된 월간 그림책 『고도모노토모』였다. 『고도모노토모』는 지금까지 변함없는 사랑을 받으며 67년 동안 꾸준히 발행되고 있다.

마쓰이 다다시는 1926년 교토에서 여섯 형제 중 다섯 번째로 태어났다. 다섯 살에 만주 사변을 겪었으며 1931년 중일전쟁, 1945년 제2차 세계대전이 끝나는 해에 중학교를 졸업할 때까지 거듭되는 전쟁 속에서 자랐다. 당시 일본의 남자아이들은 참전해서 나라를 위해 목숨을 바치라고 배웠다. 죽는 것은 아주 당연한 일이고, 이것은 다시 말하면 죽기 위해 살고 있다는 뜻이기도 했다.

일본이 패전하자 많은 사람들이 혼란에 빠졌다. 전쟁에 졌다는 상황보다도 죽지 않아도 된다는 사실 때문이었다. 늘 전장에서의 죽음을 목표로 살았고, 태어나서 18년간 한 번도 '산다', '살아간다'는 것에 대한 교육을 받은 기억이 없었다. 갑자기 길을 잃은 사람처럼 어떻게 살아가야 하는지 감을 잡을 수 없었고, 그때부터 살아간다는 것, 어떻게 살 것인가는 마쓰이 다다시에게 있어 큰 고민으로 자리 잡았다. 전쟁이 끝나자

밤에도 마음대로 돌아다닐 수 있었던 어느 날 우연히 들린 고서점에서 톨스토이 전집을 발견했다. 무아지경에 빠져 읽었던 책이 『전쟁과 평화』였다. 톨스토이의 전집을 차례로 읽으면서 '산다는 것'이 어떤 것인지 조금씩 깨달았다고 한다. 그 후 미션 스쿨인 도시샤 대학에서 매일 행해지는 예배와 성경 말씀을 통해 말의 힘이 어떤 것인지 느꼈다.

복음관서점은 원래 캐나다의 파시 프라이스 선교사가 선교를 위해 만든 문서 선교 가게였는데, 선교만으로는 가게 경영에 어려움이 있어 기독교 신자였던 사토 키이치를 경영자로 고용해 책방을 경영하게 했다. 일본이 패망하고 선교사가 자국으로 돌아간 후 책방은 출판사로 바뀌었다. 대표였던 사토 키이치는 전에 딸을 통해 인연이 있었던 마쓰이 다다시에게 함께 출판일을 해 보자고 건의를 했다. 이렇게 복음관서점과 인연을 맺고 편집자의 삶을 시작한 마쓰이 다다시가 다른 출판사에서 하지 않는 특별한 것이 무엇인지 고민하기 시작한 무렵 큰아이가 탄생했다. 그러자 새로운 어린이 문학, 새로운 육아와 보육에 딱 맞는 어린이를 위한 창작 이야기를 발굴하고 싶다는 생각이 점점 구체화되어, 엄마와 유아를 대상으로 한, 가정 교육과 보육에 관한 월간 잡지『하하노토모 はのとも』를 창간했다. 『하하노토모』의 핵심은 '어린이에게 들려주는 一日一話'였다.

『하하노토모』가 출간된 3년 후인 1956년에『고도모노토모』가 출간되었다. 미술에 관심이 많았던 마쓰이 다다시는 미술 전람회를 즐겨 다녔다. 편집자의 눈으로 어린이에게 보여 주고 싶은 화풍의 화가를 발견하는 일에 힘을 쏟았다. 일본화, 서양화, 조각 등 여러 분야의 예술가들을 『고도모노토모』의 화가로 등용했다. 기존에 어린이 책 작가라고 알려진 사람보다 새로운 시선을 가진 화가, 상업미술이나 만화의 세계에서 활약하고 있는 젊고 독창적인 화가를 발굴하고 키우는 일에 힘을 쏟았다. 초기『고도모노토모』의 작가 중에는 후일

하야시 아키코, 초 신타, 고미 타로, 나카가와 리에코, 야마와키 유리코처럼 일본 그림책의 주류 작가가 되거나, 안노 미쓰마사, 아카바 수에키치와 같이 세계적으로 유명한 상을 수상하는 작가도 생겨났다. 안데르센 상을 수상한 안노 미쓰마사의 첫 그림책도 『고도모노토모』가 시작이었다. 70년에 가까운 시간 동안 마쓰이 다다시가 세상에 전달하고 싶었던 것은 무엇일까?

첫째는 '읽어 주는 힘'이다. 여섯 형제를 키우느라 낮에는 정신이 없었던 마쓰이 다다시의 어머니는 잠자리에 들기 전에 꼭 그림책을 읽어 주었다고 한다. 그 시간은 엄마를 독점할 수 있는 시간이었고 밥을 먹는 것과 같이 소중한 시간이었다. 어떤 그림책이었는지는 중요하지 않았다. 그저 엄마가 읽어 준다는 그 자체가 최고였다고 마쓰이 다다시는 회고했다. 이런 경험으로부터 "그림책은 읽어 주는 책이다."는 큰 원칙 아래 편집자로, 어린이 책 문화 활동가로 일해 왔다.

둘째는 '귀에서 시작되는 체험'이다. 장사하는 집에서 자란 마쓰이 다다시는 매일 밤 1시간씩 부모님이 경을 읽는 모습을 보는 게 익숙했다. 의미는 전혀 알 수 없어도 경을 읽는 엄마의 뒷모습에서 '느낌'이 '소리'로 전달되는 신기한 체험을 했다. 그래서 이런 경험을 통하여 말이란 '의미'로 전해지는 것이 아니라, 말하는 사람의 분위기와 표정, 목소리와 뒷모습을 통해 전달되는 것임을 알았다. 영유아들이 언어를 받아들이는 경로도 이와 흡사해서 아이들은 말을 '의미'가 아니라 '분위기', 즉 읽는 사람의 '기분'으로 배우는 것이라고 일생을 통해 일관적으로 주장해 왔다.

"어른이 어린이에게 읽어 주는 것이 그림책입니다. 이것이 그림책의 본질입니다. 어린이는 귀로 언어를 듣는 체험을 어릴 때부터 일상 속에서 지속적으로, 특히 가정 안에서

체험하지 않으면 안 됩니다. 이러한 과정을 통하여 언어를 자기 것으로 만드는 것입니다. 읽기 전에 듣는 힘부터 길러야 합니다. 듣기를 통하여 문자를 읽는 토대를 먼저 만들어야 합니다."

『こども・えほん・おとな 어린이·그림책·어른』 중에서

어린이들이 가진 오감 중에서 가장 먼저 발달하는 감각은 '청각'이다. 태아 때부터 엄마의 심장 소리와 목소리를 들으며 자란 어린이는 책을 읽어 주는 어른의 목소리를 통해 언어를 익힌다.

셋째는 어른이 아이에게 거는 말과 읽어 주는 그림책을 통해 아이에게 전달되는 것은 말에 담긴 '애정'이라고 했다. 전래동요나 자장가를 좋아했던 마쓰이 다다시의 어머니는 세 손주에게 자주 노래를 불러 주었다. 아이들은 정확한 의미를 모르지만 할머니가 불러 주는 노래를 무척이나 좋아했고,

여러 번 반복적으로 듣는 동안 저절로 노래를 흥얼거리게 되었다. 훗날 임종을 앞둔 할머니에게 손주들은 할머니 귓가에 어릴 적 할머니가 불러 주었던 자장가를 들려주었다. 순간 표정이 없던 할머니 얼굴에 행복한 미소가 번지더니 아주 평온한 얼굴로 돌아가셨다고 한다. 그림책을 읽어 준다는 것, 들려준다는 것은 이렇게 '애정'을 통하여 사람과 사람 사이의 아주 깊숙한 곳까지 전달되어 몸의 기억이 되는 것이다.

넷째로 그림책이란 가르쳐서 자라는 교육敎育이 아니라 놀면서 자라는 유육遊育이어야 한다고 했다. 어린이를 둘러싼 문화에는 놀이하는 마음이 함께 있어야 한다는 것이 그의 주장이다. 그림책을 이해하고 못 하는 것이 문제가 아니다. 중요한 것은 함께 읽는다는 것, 함께 말을 공유하고, 기분을 공유하는 행위, 즉 그 속에서 빚어지는 관계이다. 다시 말하면 어른과 아이가 함께 경험하는 것이 육아라고 했다.

『구리와 구라의 빵 만들기』(나카가와 리에코 글, 야마와키 유리코 그림 / 한림출판사)

그림책이 어린이 내면의 세계로 떠나는 여행 티켓이라고 한다면, 어린이들은 이 티켓으로 어른과 함께 여행하기를 원한다.

사람을 만나 이야기를 나누다 보면 상대가 가진 말의 힘을 느낄 수 있다. 말 속에 그 사람이 가진 가치관과 삶의 태도 그리고 관심사 등이 담겨 있다. 마쓰이 다다시는 『고도모노토모』에 그림을 그리는 화가를 등용할 때도 그림으로 판단하지 않고 먼저 이야기를 나누었다고 한다. 대화 속에서 그 사람이 가진 '말의 힘'을 느낀다고 했다. 『양배추 소년』으로 유명한 초 신타도 그러했다. 대화를 통해서 예리한 감각과 풍부한 이미지를 가진 사람이라는 것을 알아챘다고 한다. 『수호의 하얀말』로 유명한 아카바 수에키치의 경우도 마찬가지였다. 그림을 먼저 보기는 했지만 그다지 마음에 쏙 들지는 않았다고 한다. 하지만 그와 이야기를 나누는 사이 그가 가진 풍부한 감성과 경험에 매력을 느껴 그림을 부탁했다고 한다. 글 없는 그림책 『이상한 그림책』의 작가 안노 미쓰마사를 처음으로 만난 것은 안노 미쓰마사가 초등 교사로 근무하고 있을 때 학부모 참관 수업에서였다. 그림을 어떻게 그리는지, 자기의 생각을 어떻게 그림으로 표현하면 좋은지 아이들에게 설명하는 그의 말에 감탄했다. 이런 시도와 인연으로 새로운 시도, 새로운 화풍의 『고도모노토모』가 탄생했다. 외국 작품의 번역가를 고를 때도 마찬가지로 번역가가 가진 일본어의 우수성, 즉 그 사람이 가진 '말의 힘'으로 번역가를 선택했다고 한다. 말을 소중히 여기지 않으면 예술은 풍성해질 수 없다는 그의 주장은 여러 면에서 일관성을 띠고 있다.

마쓰이 다다시가 일본 어린이 책 세계에 남긴 공적은 헤아릴 수 없을 정도이다. 세계 어디에서도 찾아보기 힘든 월간 그림책 『고도모노토모』를 창간했으며, 많은 작가를 발굴하고 오랫동안 어린이들의 가슴에 남는 작품을 만들어 냈다. 편집장으로 활약하는 동시에 어린이와 그림책에 대한 수많은 책을 집필했으며, 일본 국제 아동도서 평가회인

JBBY 설립과 아기들에게 책을 나눠 주는 북스타트 설립에도 크게 이바지했다. 마쓰이 다다시가 평생을 걸쳐 강조하고 싶었던 것은 '말의 힘'이다.

"현재의 어린이는 말의 힘이 빈약한 시대에 살고 있다. 어린이 교육, 어린이를 키우는 열쇠는 '말'이라고 생각한다. 말이 없어지면 인간은 더 이상 생명이 없는 것이나 다름이 없다. 그래서 나는 어린이 책을 만들고 있다."

『私のことば体験 나의 말 체험』 중에서

우리는 사물을 보거나 자연을 만났을 때 '말'로 감정을 표현한다. 자신의 말이 빈약하면 본 것, 느낀 것을 풍성하게 표현하지 못한다. 몸으로 만나는 직접적인 체험과 글과 소리로 전해지는 풍부한 언어 체험이 만나 자신만의 언어 세계가 더욱 풍성해지는 것이다. 이것이 어린이들이 좋은 문학작품을 만나야 하는 이유이기도 하다. 문학의 힘은 대단하다. 따뜻한 언어 체험은 눈앞에 있는 어려운 현실을 거뜬히 이겨 내는 힘을 가지게 한다.

잠자리에서 책을 읽어 주던 엄마와 놀이처럼 미술관 나들이를 함께 했던 아버지와 보낸 어린 시절은 마쓰이 다다시에게 그림책은 읽어 주는 책이며, 귀에서 시작되는 체험이자 애정이고, 말의 힘은 자신을 표현하고 보호하며 다른 사람의 감정에 공감하는 생명의 힘으로 이어진다는 사실을 알려 주었다.

마쓰이 다다시가 세상에 내놓은 재미있고 따뜻한 그림책 덕분에 나도, 우리 아이들도 즐겁고 행복했다. 앞으로 새롭게 그림책을 만나는 어린이들도 분명 행복할 것이다. 이 행복감은 그림책과 어린이를 향한 마쓰이 다다시의 진한 열정과 애정 덕분이라 생각한다. 말의 힘이 생명의 힘이라 믿으며 나는 오늘도 어린이와 어른 그리고 나에게 그림책을 읽어 준다. ♪

『수호의 하얀말』(오츠카 유우조 글, 아카바 수에키치 그림 / 한림출판사)

공룡 따라 떠나는
시간 여행,
아이 맘속 여행

대전국립중앙과학관 자연사관

240

에디터 이미리

"엄마, 내일 아침에는 트리케라톱스 주먹밥 해 주세요." 잠자러 가기 전 아침 메뉴까지 정해 주는 아이. 고맙지만 어려운 숙제다. '트리케라톱스 주먹밥이라니. 뿔 세 개만 만들면 될까?' 아이는 때론 '내가 공룡을 낳았나?'라는 착각이 들 정도로 공룡 덕후다. 가끔 독서 편식이 걱정되지만 뒤집어 생각하면 독서 취향이 생기는 거니까, 공룡 그림책만 읽어도 다른 책을 권하거나 공룡 그림책을 치우지 않는다. 왜냐면 취향을 존중하는 것이 아이를 지지하는 내 나름의 방법이기 때문이다. 공룡 책만 읽는 것은 좋은 점도 많다. 궁금증이 채워질 뿐 아니라 추상적 단어를 공룡으로 배우니 이보다 훌륭한 선생님이 어디 있겠나. 심지어 책을 읽어 주는 양육자에게 감동을 주는 공룡도 있다. 공룡아! 넌 대체 누구니?

　공룡을 향한 마음이 간절해지자 아이는 공룡을 직접 만나고 싶어 했다. 몇억 년 전 멸종된 공룡을 무슨 수로 만난단 말인가. 그래서 우리 가족은 자연사박물관으로 갔다. 자연사박물관에서 공룡 뼈를 보는 순간 아이는 눈을 반짝이며 공룡 발굴에 관심을 보였고, 급기야 공룡 뼈를 직접 발굴하고 싶어 했다. 이럴 때 내가 할 수 있는 가장 간단하고 효과적인 방법은 손을 빠르게 움직여 공룡 발굴 그림책을 검색하는 것이다. 그렇게 찾아낸 『공룡은 어떻게 박물관에 갔을까?』(제시 하틀랜드 글, 그림 / 키즈엠)는 박물관에서 공룡을 보기까지의 과정이 담겼다. 공룡 탐험가가 공룡 뼈를 발견하면 고생물학자가 확인하고, 발굴단이 파낸 뼈를 운송업자들이 옮긴다. 도착한 공룡 뼈를 보존 전문가들이 매만지는 등 지난한 과정에는 수많은 사람의 노력과 도움이 필요하다는 것을 보여 준다. 이런 과정을 보면서 아이는 추상적이라 설명하기 어려운 유대감, 협동심이라는 단어에 가까이 다가섰다. 공룡의 기적이다!

　아이가 공룡 다음으로 좋아하는 건 중장비. 그 둘이 함께 등장한다면 어떨까? 단독으로 있어도 그냥 지나치지 못하고 한참 눈길을 주는데 공룡과 중장비가 합쳐졌다면, 무조건 당첨이다.

　"우리는 공룡처럼 힘이 세고 공룡보다 척척 일을 잘해!"
　"우리가 누구냐고?" "힘센차사우루스지!"

  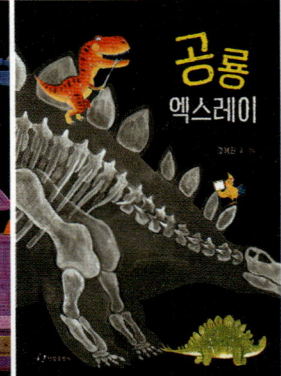

『힘센차사우루스』
(마이클 화이트 글, 그림 / 주니어RHK)

『힘센차사우루스의 보물찾기』
(마이클 화이트 글, 그림 / 주니어RHK)

『공룡 엑스레이』
(경혜원 글, 그림 / 한림출판사)

산더미 같은 흙도 가뿐하게 실어 나르는 덤프차사우루스부터 쇳덩이가 철컥철컥 달라붙는 자석차사우루스까지. 『힘센차사우르스』에 등장하는 12개의 힘센차사우루스는 아이에게 더 이상 종이 속 그림이 아니라 시간을 나누는 친구가 되었다. 후속작 『힘센차사우루스의 보물찾기』를 읽으며 아이와 힘센차사우루스의 유대감은 계속 이어지고 있다.

경혜원 작가는 공룡 그림책을 좋아하는 아이에게 무척 소중한 존재다. 작가의 책을 너무 자주 읽어서 더 이상 테이프나 풀로 보수가 불가능한 상태가 되면 '똑같은 책을 또 사 줘야 하나?' 고민하게 된다. 다행히 구간이 누더기가 될 때 신간이 나오며 자연스레 고민은 해결된다. 이 지면을 통해 아이들의 공룡 판타지를 채워 준 경혜원 작가에게 감사를 전한다. 경혜원 작가의 『공룡 엑스레이』는 나에게도 인생 그림책이다.

깊이 사랑해 본 아이는 넓게 본다

어딘가 아픈 공룡들이 병원에서 엑스레이를 찍고 적절한 처방전을 받아 가는 내용으로 공룡 뼈 모양이나 공룡의 세부 특징을 알게 되는 지식 그림책이지만, 난 마이아사우라 앞에서 울고 말았다. 무슨 일이 있었냐는 의사 선생님 말에 마이아사우라는 기운 없이 "아이들이 태어난 후로 정신없이 바빠진 것밖에는 없다."고 답한다. 그동안 뭘 먹었냐고 묻는 의사 선생님의 말에 아이들 먹는 것만 봐도 배가 불러서 자신이 먹는 것은 신경 쓰지 못했다고 한다. 이때부터 나는 목이 따끔따끔 아프고 눈에는 눈물이 그렁그렁,

시야가 흐려지기 시작했다. 절정은 의사 선생님이 마이아사우라에게 처방을 내릴 때였다.

"애들 먹이는 것도 중요하지만 먼저 엄마가 건강해야 합니다."

순간 목이 메어 한 글자도 눈에 들어오지 않았다.

아이들 밥 먹이고 치우다 보면 밥을 먹었다기보다 입에 밀어 넣으며 살던 때, 마이아사우라 모습에서 나를 발견했다. "엄마인 당신도 중요합니다." 먼저 엄마의 건강을 챙기라며 등을 쓰다듬어 준 공룡 의사 선생님, 고맙습니다.

공룡 그림책이라고 쥐라기 시대에는 어떤 공룡이 살았고, 공룡은 왜 멸종했는지 등등의 내용만 있을 거라고 생각했다면 오해다. 공룡 지식도 물론 쌓을 수 있지만, 그 이상의 사유를 하게 만든다. 무엇보다 아이가 책에 몰입한다. 몰입 독서를 공룡이 이루어 낸다! ♪

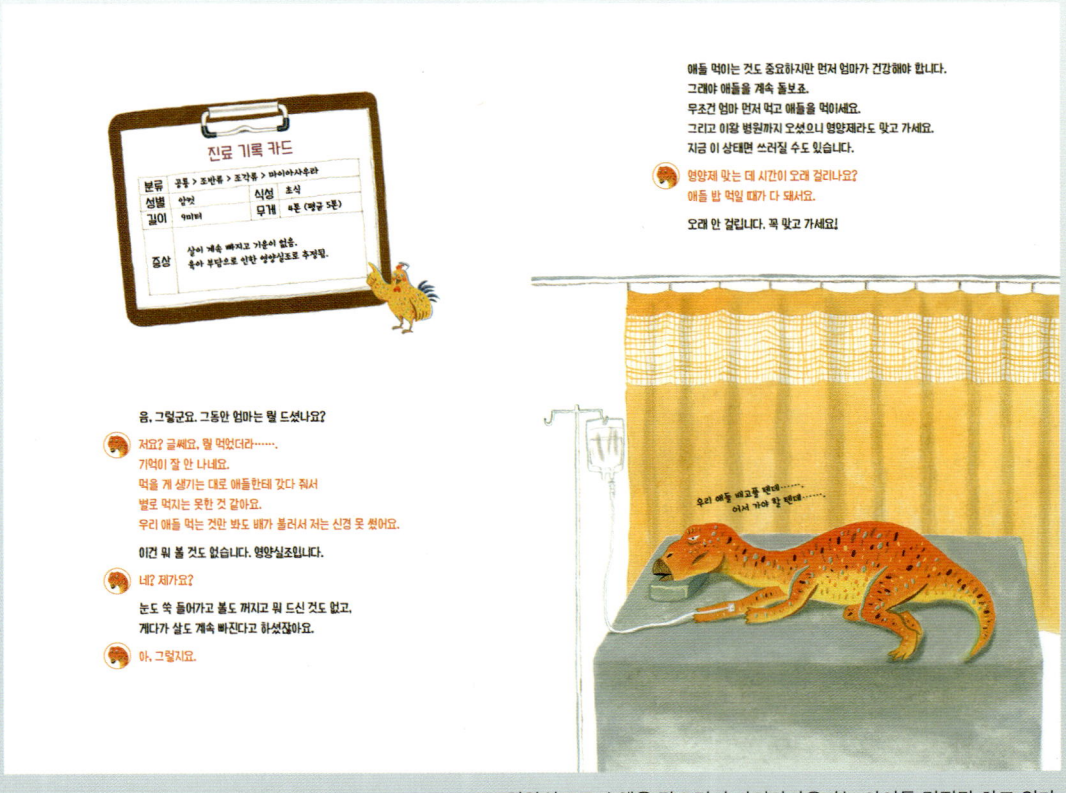

영양실조로 수액을 맞으면서 마이아사우라는 아이들 걱정만 하고 있다.

돌아온 명작, 기다렸어요!

「셀마」

(유타 바우어 글, 그림 / 키위북스)

이 책은 자그마하다. "어후, 이 책엔 인생의 비밀 같은 거 없고요. 그냥 평범한 이야기예요."라고 말하는 듯 다소곳하고 자그마하다. 그렇다. 평범한 양 셀마의 이야기이다. 셀마는 해 뜨면 풀 먹고, 낮엔 아이들을 가르치고, 오후엔 운동을 좀 하다 저녁엔 이웃집 아줌마와 즐거운 대화를 나누고 잠자리에 든다. 복권에 당첨되어 큰돈이 생긴다면? 해 뜨면 풀 먹고, 낮엔 아이들을 가르치고 오후엔 운동을 좀 하다가 저녁엔 이웃과 수다를 떨고. 그러다가 잠들겠다고 한다. 시간이 더 생긴다면? 아유, 말해 뭣해. 똑같다. 해 뜨면 풀 먹고 낮엔…. 이 책이 절판되기 전, 나는 "그래, 그래, 행복은 안빈낙도가 찐이지. 품격 있네. 하지만 복권에 당첨되면 건물부터 하나 사고 싶은 내겐 좀 더 현실적인 대답이 필요해." 이 책을 던져 버렸던 것 같다.

그리고 20년 후, 산뜻한 연두빛 작은 책을 읽다가 전에는 보지 못한 것을 몇 개 발견했다. 셀마가 운동을 한다더니 보아하니 여우에게 쫓기는 중이네? 늘 수다를 떠는 친한 이웃은 언제 셀마를 낚아챌지 모르는 대머리독수리잖아? 셀마가 잠든 평화로운 순간에도 한쪽에선 호시탐탐 양을 노리는 여우의 꼬리가 보인다.

아아, 그림책의 철학자 유타 바우어가 얘기하는 행복은 소박하지만 딱히 문제도 없으니 만족하고 살라는 게 아닌가 보다. 행복은 시련 속에서도 살짝 미소를 띠고 "이까짓 거, 운동하는 셈 치지, 뭐!" 하고 폴짝폴짝 뛰어다니는 가벼움 같은 걸까? 대단한 행운을 기다리며 매일의 일상을 그저 견디는 시간으로 흘려보내지 않고, 매일 단정하게 꾸려 가는 일상이 진짜 행복이라고 셀마가 속삭인다. 어쩌면 행복은 건망증인지도 모른다. 셀마가 왜 하필 양이겠어? 그림책 세계에서 양은 바보스러움과 건망증의 상징이라구.

「셀마」가 복간될 때까지 오래 걸려서 다행이다. 더 일찍 왔다면 혈기 넘쳤던 나는 셀마가 이야기하는 행복이 무엇인지 알아보지 못했을 것이다.

『키아바의 미소』

(칼 노락 글, 루이 조스 그림 / 미래아이)

예전에는 북극에 사는 사람들을 에스키모라고 불렀다. 하지만 '날고기를 먹는 사람들'이란 말이 야만인으로 비하하는 의미가 있어 요즘은 더이상 사용하지 않는다. 그들은 자신을 '이누이트'라고 부르기를 원한다. 인간이라는 뜻이다. 세상 가장 혹독한 자연환경 속에서 인간은 어떤 존재인가, 어떻게 살아야 하는가를 치열하게 삶으로 증명해야 하기 때문일까. 척박하고 매서운 자연 속에서 소년 키아바가 선택한 삶의 방법은, 뜻밖에도 '미소'이다. 순식간에 나를 죽일 수 있는 눈보라와 곰 앞에서, 이를 악물고 싸우기보다 소년은 다정하게 웃는다. 자기를 보고 웃는 물고기를 어쩌지 못해 끝내 살려 주고 만 경험 때문일 것이다. 눈도 뜨기 힘든 폭풍 앞에서 꿈틀꿈틀 미소 짓는 소년 키아바를 보며 웃는 얼굴에 침 못 뱉는다는 속담을 떠올린다. 미숙했던 시절, 나는 미소가 최상의 처세술이기 때문인 줄 알았다. 대강 웃으면 어찌어찌 넘어갈 수 있는 줄 알았다. 이제는 안다. 고통 속에서 미소 짓기가 얼마나 어려운지, 차라리 울부짖는 것이 더 쉽다는 것을. 그럼에도 불구하고 미소 짓는 것은 "나는 인간이다."라고 치열하게 외치는 선언이다. 그 선언에 경외감을 표하기 위해 우리는 침을 삼킨다. 2000년대 초반, 어린 아기를 키우며 하루에도 몇 번씩 울고 싶었던 나는 『키아바의 미소』를 읽으며 그래도 웃는 것이 '인간'임을 배웠다. 어린 딸이 이 미소의 의미를 모를까 봐 길게 설명하곤 했다.(지금처럼!) 길고 지루한 설명 대신 "과연 이길 수 있을까?" 짜릿짜릿 긴장하며 푸하하 웃으며 보여 주는 그림책에게 맡겼으면 되었을 텐데. 이 책이 복간되어 정말 기쁘다. 키아바를 보며 미소 지을 힘을 얻는다.

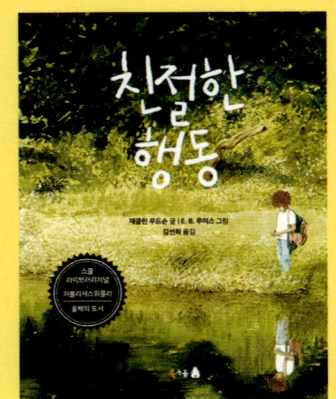

『친절한 행동』

(재클린 우드슨 글, E. B. 루이스 그림 / 북극곰)

날씨와 안 맞는 낡은 옷에 신발 끈마저 끊어진 전학생이 왔다. 새 친구에게 인사를 건네라는 선생님 말씀에도 아무도 전학생 마야에게 인사하지 않았다. 선생님은 하필 마야를 내 옆에 앉혔다. 나는 마야와 이야기 나누다 아이들이 놀릴까 봐 시선조차 주지 않았다. 마야는 늘 친구들에게 먼저 웃으며 다가갔지만, 언제나 아이들에게 외면당할 뿐이다. 계절이 바뀐 어느 날, 예쁘게 차려입은 마야를 보고 아이들은 '헌 옷 수거함'이라고 수군거렸다. 마야는 다음 날부터 학교에 나오지 않았다.

마야가 학교를 안 나온 날, 선생님은 아이들 앞에서 물을 가득 채운 커다란 그릇에 돌멩이를 떨어뜨렸다. 돌멩이가 빠지며 생긴 작은 물결을 '친절'이라 했다. "친절이란 이런 거란다. 작은 친절이 물결처럼 온 세상으로 퍼져 나가지." 반 아이들은 돌아가며 돌멩이를 물에 떨어뜨린 뒤 자신이 베푼 작은 친절을 말하지만, 난 아무 말도 하지 못했다. 다음 날, 그다음 날에도 학교에 나오지 않는 마야의 빈자리를 보며 다짐했다. 마야를 마주하면 나도 환하게 웃어 줄 거라고. 하지만 마야는 다른 동네로 떠나 버렸다. 이제 내겐 기회가 없다. 부끄러움과 후회만 있을 뿐이다.

담담하게 읊조리는 재클린 우드슨의 글은 '나'에게 어떤 평가도 내리지 않는다. 작가는 절제된 언어와 호흡으로 독자 스스로 생각할 순간을 문장마다 남겨 놓았다. 어느 작품에서나 진한 감동을 발산하는 재클린 우드슨의 책을 다시 만날 수 있어 감동이다. 모든 이들과 함께 읽고 무엇이 진정 중요한 가치인지 나누고 싶다. 이 책과 함께 『엄마가 수놓은 길』도 복간되었으니 묵직하고 아름다운 그의 매력에 빠져 보길 강력 추천한다. ♪

다시 만날 그날까지
– 절판된 좋은 그림책을 찾아서

『피가소와 무티스가 만났을 때』
(니나 레이든 글, 그림 / 마루벌)

돼지와 황소로 의인화된 피카소와 마티스. '소'가 있다고 해서 황소가 피카소라고 생각하면 큰 일! Pig의 피카소, 소 울음소리 Moo의 무티스이기 때문. 벨에포크 시대를 빛낸 피카소와 마티스의 독창적인 화풍을 그림책을 통해 알게 되고, 다른 생각을 가진 이들이 어떻게 서로를 이해하고 화해하는지 배울 수 있다. 우리 집 6세의 사심 가득한 절판 별점이라 별 여섯 개를 주고 싶은 책.
이미리 ★★★★★

책을 보는 것만으로도 피카소와 마티스의 작풍에 스며드는데 하물며 스토리까지 탄탄하다면? 아이 보여 주려다 부모가 더 많이 배우는 명화 그림책.
하예라 ★★★★

화가와 화풍을 이렇게 재밌게 이야기로 접한다면 얼마나 좋을까? 어서 복간해 주세요!
정유진 ★★★★

『눈 오는 밤』
(닉 버터워스 글, 그림 / 사계절)

함박눈이 펑펑 쏟아지는 겨울밤, 공원 한가운데에 있는 조그마한 통나무집에 사는 퍼시 아저씨 집으로 추위를 피해 하나 둘 모여드는 동물 친구들 이야기는 우크라이나의 민화 『장갑』과 닮았다. 퍼시 아저씨 집 구석구석에 자리 잡은 귀여운 동물들이 등장하는 페이지는 아이와 숨은그림찾기 하기에 딱 좋다. 잠자리 책 읽기를 하다 말고 "나 어디 숨었는지 찾아보세요." 하는 아이가 있다면 양육자는 찾는 시늉만 해 주자. 혹시 아는가? 아이가 그 자세 그대로 꿀잠을 자 줄지? 쓰다 보니 당장 복간됐으면 싶은 1순위 그림책이 여기 있었네!
하예라 ★★★★★

같이 근무했던 20대 선생님께 이 책을 소개했더니 "제가 초등학생 때 좋아한 책이에요. 반 애들에게 소개해야겠다."란다. 내가 어린 시절 읽은 감동을 내 아이와 다시 나눌 수 있다면 얼마나 좋을까?
이시내 ★★★★

퍼시 아저씨의 오두막에 가득 찬 따뜻한 온기가 난방비 폭등으로 얼어붙은 내 마음까지 녹인다.

정유진 ★★★★

『꼭 잡아 주세요, 아빠!』
(진 윌리스 글, 토니 로스 그림 / 베틀북)

바쁜 엄마 대신 떨어져 지내는 아빠에게 전화해 자전거 타는 법을 가르쳐 달라는 딸이 있다. 세상 어디든지 비탈과 가기 힘든 길은 늘 있지만, 그렇게 올라간 정상에서 느끼는 성취감은 무엇과도 바꿀 수 없다는 아빠 말에 딸은 용기를 낸다. "이제 갈 준비가 된 것 같아요, 아빠. 아빠, 꼭 잡아 주세요! 놓지 마세요……. 이제 놔도 돼요……." 힘차게 페달을 밟고 떠나는 딸을 보며 아빠는 기쁘면서도 떠난 아이가 다시 돌아오지 않을까 두려움에 빠진다. 세상 끝까지 갈 것 같던 아이는 아빠를 꼭 안으며 "내가 아빠를 꼭 잡을 게요. 아빠가 놓아도 된다고 할 때까지요."라며 부모의 불안을 달랜다. 서로를 향한 깊은 애정 위에 쌓여 가는 시간, 그렇게 맞이하는 건강한 독립을 나도 꿈꿔 본다.

이시내 ★★★★

아빠에게 띄웁니다. 서태지와 아이들의 「난 알아요」.
'오 그대여 가지 마세요 / 나를 정말 떠나 가나요
오 그대여 가지 마세요 / 나는 지금 울잖아요'

하예라 ★★★★

자전거를 혼자 탈 준비가 될 때까지 기다려 주는 아빠와 아빠가 놓아줄 준비가 될 때까지 기다려 주는 딸. 서로가 준비될 때까지 기다려 주는 그 마음이 아름답다.

정유진 ★★★★

잡아 주지 않으면 자전거를 타지 못하던 아이가 혼자 쌩쌩 달리게 되면 기쁘면서도 "이렇게 떠나 가는구나." 싶어 콧등이 찡해지는 마음을 부모라면 다 공감하지 않을까? 양육에 관한 도서관 강의를 하러 가서 이 그림책을 읽어 주면 여기서 훌쩍, 저기서 훌쩍 한다. "아까 읽어 주신 책 제목이 뭐예요?" 묻는 이들에게 절판이라고 대답하기 미안하다. 꼭 다시 복간되면 좋겠다. 어른 독자를 위해서.

전은주 ★★★★★ ♪

신간 별점은 2022년 12월 이후 출간된 그림책 200여 권을 검토하여 기자 6명의 치열한 투표를 통해 총 15권을 선정했습니다. 한 출판사의 그림책은 한 권 이상 포함하지 않고 대상 연령과 주제의 다양성을 고려했습니다. 좋은 그림책을 한정된 지면에 모두 싣지 못하는 것이 아쉽습니다.

『시작의 이름』
(셸리 무어 토머스 글, 멜리사 카스트리욘 그림 / 소원나무)

입학과 졸업 선물을 고민하는 이에게 영업하고 싶은 그림책이 나타났다. 『시작의 이름』은 '끝'과 '시작'은 서로 대척점에 있는 것처럼 보이지만 결국 하나임을 말한다. 끝나야 비로소 시작할 수 있으니 시작의 이름은 끝과도 같겠다. 원서 제목 『Beginning』보다 번역본 제목이 더 마음에 드는 건 끝이라는 아쉬움과 두려움보다 시작의 설렘을 아이가 더 크게 느끼길 바라는 마음이 커서일까? 그림책이 건네는 시작과 끝을 향한 다정한 안부를 꼭 들어 보시길. 보랏빛 이쁜 그림은 덤.
이미리 ★★★★

씨앗의 끝은 나무의 시작. 길의 끝은 집의 시작. 여러가지 끝은 자기만의 시작과 이어져 있다. "뭐의 끝은 뭐의 시작"이라는 글이 있는 책이 사실 이 책이 처음은 아니다. 하지만 이렇게 예쁘고 다정한 책이라니, 눈에 확 들어온다. 가장 마음에 드는 말은 이야기의 끝은 잠이라는 거! 얘야, 잘 시간이야. 하루 육아의 끝은 엄마의 자유란다.
전은주 ★★★★★

시작이 두려워 끝을 붙들고 있는 아이에게 그동안 알게 모르게 수많은 것들이 끝나고 새로운 시작을 했으며 너 또한 지금껏 잘 해냈다는 것을 이 책을 통해 같이 나누며 용기를 주고 싶다.
정유진 ★★★★★

유치원을 졸업하고 초등학교에 입학한 딸에게 선물하고 싶은 책. 예뻐서 소장하고 싶은 엄마 사심도 한 스푼 담아서 말이지, 후훗.
하예라 ★★★★

『할아버지 집에 공룡이 있어요!』

(다비드 칼리 글, 세바스티앙 무랭 그림 / 진선아이)

공룡 덕후 악셀은 시골에 있는 할아버지 집에서 일주일간 휴가를 보내야 한다. 하지만, 재밌고 신나는 일 하나 없는 할아버지 집에서 어떻게 지내야 하나 답답하기만 하다. 그러던 어느 날, 할아버지댁 땅속에서 무언가를 발견하게 되면서 악셀과 할아버지의 특별한 휴가가 펼쳐진다. 할아버지와의 특별한 추억이 이미 기억 저편에 저장되어 있거나, 그런 추억을 만들고 싶은 친구들 모두 모여, 모여. 마지막으로 한마디 덧붙이자면 할아버지는 대단한 설계자! 무엇보다 손자 맞춤형으로!!

이미리 ★★★★★

할아버지에겐 계획이 다 있었다. 다 큰 손자를 만나려면 이 정도의 스케일이 필요하구나. 조부모에게 꿀팁 전수 그림책.

이시내 ★★★★★

훌쩍 자란 손주가 할아버지댁은 심심해서 안 가고 싶다고 한다면, 할아버지한테 이 책을 선물해 보자.

정유진 ★★★★★

마지막 페이지가 백미. 할아버지가 귀요미. 할미는 안 나올 기미. 이 별점 보고 읽는 독자가 생긴다면 그야말로 유종의 미.

하예라 ★★★★★

『빙글뱅글 무슨 바퀴일까』

(지승희 글, 그림 / 노란상상)

바퀴, 어디까지 알고 있니? 이 세상에 존재하는 신기하고 재미난 바퀴가 한곳에 다 모였다. 빙글뱅글 돌고 도는 바퀴를 보다 보면 저절로 눈 운동도 되겠다. 아이들과 자신이 좋아하는 바퀴는 무엇인지 이야기 나누다 보면 시간 순삭. "빈둥빈둥 한가한 바퀴는 뭘까? 바로바로 하늘 높이 올라가면 속으로 쏙 들어가 쉬는 비행기 바퀴." 특히 면지에 소개되어 있는 바퀴를 수수께끼로 풀어 보길 추천한다. 예를 들면, 무거워도 신나는 바퀴는? 정답은 책에서 확인해 보시라.

이미리 ★★★★★

퀴즈 형식으로 읽으면 좋겠다. "제일 좋아하는 바퀴는? 여행가방 바퀴!" "제일 무서운 바퀴는? 바퀴벌레!" 그림책 속 강아지랑 나랑 마음이 통했다. "가장 신나는 바퀴는? 동네 한 바퀴!"

전은주 ★★★★

『우리 몸의 구멍』에 이어 동그라미의 역사를 이어 갈 그림책. 오래오래 사랑받길 바란다.

이시내 ★★★★

'동그랗고 굴러가는 것은 바퀴'라고 굳어진 뇌를 말랑말랑하게 해 주는 책. 지식과 놀이 모두 잡아 보자!

정유진 ★★★★★

『문 밖에 사자가 있다』
(윤아해 글, 조원희 그림 / 뜨인돌어린이)

문 밖에는 사자가 있고 문 밖으로 나가고 싶은 두 아이가 있다. 한 아이는 두려움에 떨며 아무것도 하지 못한 채 집 안에 웅크리고 있고, 다른 한 아이는 사자에 대해 연구하며 물리치고 문 밖으로 나갈 기회를 엿본다. 결국 문 밖으로 나가게 되는 건 누굴까? 안전한 문 밖을 나와 세상으로 나가는 게 사자를 물리쳐야 할 만큼 어려운 일이지만 그 어려움을 이겨 내면 더 넓고 새로운 세상을 만날 수 있다. 그러나 우린 안다. 세상에는 사자만큼 무서운 존재가 또 있다는 사실! 책을 보며 두려움을 마주하는 나의 태도를 생각해 본다.

정유진 ★★★★★

조원희가 조원희했다! 이렇게만 써도 충분하겠지만, 한마디 더 하자면 "이 책 표지로 포스터 만들고 싶다!". 벽에 딱 붙여 놓고 창 밖의 사자 때문에 기죽은 나에게 매일 말하고 싶다. 사자를 따돌릴 수 있도록 "고기를 굽자!"

전은주 ★★★★★

내 마음속 에너지 게이지를 표현하는 방식이 좋다. 우울할 때 쓰이던 파랑이 용기를 나타내는 색깔인 것도 마음에 든다.

하예라 ★★★★

두려움이 나를 엄습해 올 때, 이제는 파랑색을 떠올리리라. 두려운 상황 앞에서 무너지지 않고 돌파할 힘을 줄 것 같다.

이미리 ★★★★★

『사실과 의견 그리고 로봇』
(마이클 렉스 글, 그림 / 길벗어린이)

사실과 의견을 구분할 줄 알고 사실이 아니라면 더 정확한 정보를 확인하기까지 기다릴 줄 알아야 하며, 나와 다른 의견은 틀린 게 아니라 다른 것이므로 존중해야 한다는 것을 명쾌하게 담아 낸 책이 나왔다. '듣기만 해도 복잡해 보이는데 이걸

어떻게? 재미없을 것 같은데?'라고 생각한다면 일단 펼쳐 보시라. 로봇들이 로봇스럽게(?) 이끌어 줄 테니.

정유진 ★★★★

여기 그림책이 많이 있어요. 이건 사실이에요. 이 중에서 가장 재미있는 책은 이 책이에요. 이건 의견이지요. 의견은 꼭 사실이라고 할 수는 없어요. 그럼 제 별점은 사실일까요, 의견일까요?

하예라 ★★★★

"사실과 의견을 구분하는 것이 미디어 리터러시의 기본이자 가짜 뉴스가 판치는 세상에서 지혜롭게 살아남기 위한 필수 능력이다." 이 문장은 사실일까, 의견일까? 어쨌든 이 책을 보며 내가 낄낄거린 건 사실!

전은주 ★★★★

4학년 1학기 국어를 가르칠 4학년 담임에게 찰떡! 글을 읽고 사실과 의견을 구분하기를 어떻게 가르칠까 했는데, 어머!

이시내 ★★★★

『네 차례야!』
(마리안느 뒤비크 글, 그림 / 고래뱃속)

풀숲에서 발견한 알 하나. 생쥐, 곰, 토끼, 거북이는 차례대로 돌아가며 알을 돌보기로 한다. 알이 탄생하여 성장하기까지 단계마다 필요한 도움을 각기 다른 동물 친구들을 통해 받고, 그 도움으로 잘 성장한 작은 새는 자신만의 집을 지어 독립한다. 함께 키운 동물 친구들은 작은 새의 독립이 걱정스럽지만 작은 새의 독립은 동물 친구들에게 또 다른 자극이 된다. 누가 먼저 태어나고 늦게 태어나고는 중요하지 않다. 함께 좋은 자극을 주며 성장할 수 있다는 것은 다섯 친구들이 서로에게 열린 마음으로 배웠기 때문일 것이다. 마리안느 뒤비크의 따뜻하고 귀여운 그림과 함께 감동의 여운이 오래 남는 책이다.

정유진 ★★★★★

신간이 나올 때마다 잔잔한 감동을 전하는 마리안느 뒤비크. 알에서 탄생까지 모든 순간을 나누는 아이들이 사랑스럽다. 남이 정한 기준이 아니라 각자만의 방법으로 성장할 시간을 맘껏 응원한다. 그나저나 작은 새 집에 모두가 들어간 비결은 뭐니?

이시내 ★★★★

귀여운 그림에 혹 했다가 알에서 깨어난 노란 작은 새의 독립을 보며 양육자로서 헉 하며 눈물 글썽이며 보게 된다.
이미리 ★★★★★

마리안느 뒤비크의 책을 한 권도 안 읽어 봤다고? 자, 이 책을 읽을 차례야. 그래, 너! 네 차례야!
하예라 ★★★★

『소원들』
(므언 티 반 글, 빅토 가이 그림 / 보물창고)

2021년 8월, 탈레반에 위협을 받던 아프가니스탄인 391명이 한국 정부의 도움으로 탈출에 성공, 한국에 입국했다. 하지만 이들이 정착한 지역에서 자녀들이 첫 등교하는 날, 곳곳에선 이들의 입학을 반대하는 시위가 있었다. 언어와 교육 수준 차이에 따른 수업 차질을 우려했던 것이다. 세계 난민은 1억 명을 돌파했지만, 국내 난민 인정률은 OECD 최하위권인 1.3%에 불과하다. 그림책이 재미와 감동을 넘어 사회적 약자와 상처받은 이의 목소리를 꾸준히 담는 것은 적어도 이런 책을 읽고 자란 아이들은 평온한 일상을 잃어버린 이들에게 손을 내밀 줄 아는 어른으로 자랄 거라는 희망이 있기 때문이다. 압도적으로 아름다운 그림과 간결하며 시적인 글로 보여 주는 다른 이의 간절한 소원을 꼭 아이들과 함께 나눠 보길 추천한다.
임민정 ★★★★★

지금도 어쩔 수 없이 이동하는 난민들의 소원이 꼭 이루어지기를 바란다. 반짝반짝 빛나는 그림책 속 그림처럼 현실도 그러하길.
이미리 ★★★★

바라고 또 바라다 더 이상 바랄 것이 없기를 바라는 그 마음을 다 헤아릴 수 있을까.
정유진 ★★★★

난민 문제에 많이 소원했어. 이런 그림책이 나오길 소원했어. 아니… 이런 그림책이 필요 없길 소원해.
하예라 ★★★★

『수염 퐁이 퐁!』
(가나자와 마코토 글, 그림 / 웅진주니어)

도움이 필요한 친구가 있으면 어디든 바로 달려가는 우리의 퐁 씨! 무너진 다리를 대신해 자기 몸을 다리 삼아 친구들을 건너가게 해 주느라

엿가락처럼 늘어나 버린 퐁 씨! 그래도 괜찮아요. 퐁 씨가 도움이 필요할 땐 친구들이 퐁 씨를 도와주거든요. 표지만 봐도 홀린 듯 책장을 넘길 수밖에 없는 귀여운 퐁 씨, 영유아 독자가 있는 곳이라면 어디든지 달려갈 거래요!
하예라 ★★★★

그런데 요즘같이 영악한 세상에 애들에게 이렇게 가르쳐야 하는 건가? 네 몸이 늘어지고, 눈탱이 밤탱이 되더라도 남을 도우라고? 내가 돕는다고 남도 날 돕는 게 아닐 수도 있으니 누군가를 도울 때는 아무것도 바라지 않아야 한다는 걸 가르쳐야 하는 것 아닌지…. 이토록 귀엽고 유쾌하고 웃긴 책을 읽고 이런 생각을 하는 내가 싫다. 수염 퐁 씨, 이런 날 도와줘요.
전은주 ★★★★

수염 퐁 씨 같은 아이의 소중함을 알아차리는 눈 밝은 사회가 되길, 남을 위한 마음이 존중받길 꿈꾼다. 꿈으로만 끝나지 않길.
이시내 ★★★★

타인을 돕는 행위가 결국 나를 행복하게 함을 알려주는 수염 퐁 씨. 수염 퐁 씨! 나에게도 와 주세요!!
이미리 ★★★★

『어떻게 추는 거야?』
(기묘은 글, 그림 / 페이퍼독)

장기 자랑을 준비 중인데 할 게 없어 고민이라고? 이 책을 읽어 봐. 춤을 추는 법을 알려 준대. 어떻게 추는 거냐고? 꽃밭을 잘 보고 요리조리 피해 다니기만 해도 춤을 추게 된다고 하던데? 뭘 피하냐고? 꽃밭에 사는 작은 친구래. 그 친구가 누구냐고? 뒤 표지에 나와 있다던데? 책이 없다고? 아니, 그럼 장기 자랑은 어떻게 하려고 그래? 이 책을 사러 가는 길에 발밑의 작은 친구들을 피하며 사뿐사뿐 걸어 봐. 발끝을 조심할수록 더 멋진 춤을 추게 될 거야!
하예라 ★★★★

꽃 아래 풀 아래 작은 것들을 밟지 않으려고 비틀비틀 걷던 것이 이윽고 흔들흔들 멋진 춤이 되는 이야기다. 『수염 퐁이 퐁』을 읽고 "서로 돕고 사는 게, 정말 아직도 아름다운 거 맞아?" 하고 삐딱해졌는데, 이 책까지 읽으니 그만 울컥해진다. 꼬물꼬물 나도 모르게 따라 춤을 추게 만드는 유쾌한 책을 읽고 나서 울컥하다니 좀 민망하다.

하지만 신나게 웃다가 울컥하거나, 눈물을 흘리다가도 웃음 한 스푼으로 마무리할 수 있는 게 그림책의 매력이겠지. 우리 사는 모습이고.
전은주 ★★★★★

개인의 이타심이 공공의 선으로 발전할 수 있다는 희망이 생긴다. 심지어 즐겁고 행복하게!
이시내 ★★★★

"너 뭐 하는 거야?"에서 "어떻게 추는 거야?"가 되기까지 실력을 갈고닦는 시간은 필요하다. 그 시간이 비록 혼자일지라도 즐거워야 같이 하고 싶은 마음도 생기겠지. 난 지금 즐거운가?
정유진 ★★★

『할머니네 집지킴이』
(이상교 글, 한병호 그림 / 엔씨소프트)
한국의 도깨비를 만날 수 있는 그림책. 집 안 곳곳에 숨어 있는 들보, 뚜막이, 짚둥이, 장뜰, 옹달이 지킴이들이 할머니가 집을 비운 사이 벌어진 위기 상황에 힘을 합쳐 집을 지킨다. 한병호 그림 작가가 그려 내는 도깨비는 익살스러우면서 믿음직스럽다. 일본의 오니를 닮은 도깨비가 아닌 독자적인 도깨비의 모습을 볼 수 있다. 술술 읽히는 구어체 문장에 정겨운 그림까지 더해져 계속해서 손이 간다. 이상교·한병호 작가를 한국의 전통 그림책 지킴이로 임명합니다!
하예라 ★★★★

토속 신앙으로 알고 있던 조왕신, 측신이 아이들이 부르기 편한 '집지킴이'로 등장했다. 우리가 가진 고유한 특징이 무엇인지, 이런 장점을 고민하고 잘 살리는 그림책이 늘어나길. 유아 시절부터 제대로 읽고 자라길 바란다.
이시내 ★★★★

지금과 다른 우리 고유의 문화를 아이들에게 알려 주는 건 어려운 일이다. 그러기에 이런 책이 나오는 건 무척 반갑다. 다만 지킴이들 캐릭터가 아이들이 바로 알아볼 수 있게 더 분명하게 보였다면 더욱 좋았을 텐데 아쉬움이 남는다.
정유진 ★★★

거장의 귀환! 다만 카세트도 모르고 공중전화도 모르는 요즘 아이들이 얼마나 이 책을 이해할 수 있을까 걱정이 된다. 하긴, 아이들이 모르니까 알라고 이런 책도

읽어야겠지? 어쨌든 이런 집, 이런 도깨비 다 아는 성인 독자인 나는 그림이며 말이며 딱딱 맞아떨어지는 세련된 그림책에 마음을 뺏긴다.

전은주 ★★★

『그린다는 것』
(이세 히데코 글, 그림 / 천개의바람)

이런 책의 줄거리를 어떻게 요약하나. 딱히 줄거리 상관없이 멍하니 아름다운 그림을 보고, 현자의 짧고 깊은 말에 고개를 끄덕이다 정신 차려 보면 시간이 훅 지나가 있는, 그런 책인걸. 그러니 읽는다기보다 경험하는 책, 느끼는 책이다. 아마도 화가 지망생인 한 소년이 세상을 떠돈다. 아름다운 저녁노을 하늘을 그리기도 하고, 밤을 그리기도 한다. 눈에 보이지 않는 것을 그리고, 음악을 듣듯이 색깔을 들을 수 있게 됐을 즈음, 소년은 더 이상 지망생이 아니다. 화가는 커다란 여백을 그리고 자신이 창조한 세상 그 속으로 떠난다. 마침내.

전은주 ★★★★

명화 좋아하는 사람은 표지에서부터 마음이 찌르르. 글과 그림이 하나인 듯 동일한 목소리를 낸다. 어제의 기억이 오늘의 나를 살린다고.

이미리 ★★★★★

아름다운 세상과 그 아름다움을 화폭에 담고 싶은 소년을 쫓아가다 보면 어느새 빛과 바람과 냄새가 느껴지는 것만 같다.

임민정 ★★★★★

보면 볼수록 문장 하나, 그림 하나의 의미가 더 깊게 새겨진다.

정유진 ★★★★★

『아주 특별한 마법의 막대기』
(로엘 세이델 글, 그림 / 봄날의곰)

'나도 저것만 있으면 행복해질 거야.' 허상을 좇는 모두에게 깨달음과 웃음을 주는 책이다. 쥐에게 행복해지는 마법의 막대기를 받은 곰은 타인의 시기와 질투에 마법 막대기를 뺏기고 만다. 막대기 덕에 행복해지나 싶었던 곰은 다시 슬픔에 빠진다. 곰은 쥐에게 미안한 마음에 길에서 주운 예쁜 돌멩이를 건넨다. 막대기의 진실을 알고 있는 쥐는 곰이 준 돌멩이를 받고 웃기 시작하고, 곰 역시 진실을 알게 된 뒤 웃음이 멈추지 않는다. 둘의 웃음소리를 듣고 온 당나귀에게 "누구든

웃게 해 주는 아주 특별한 마법의 돌멩이지. 빌려 줄까?"라며 돌멩이를 건네는 곰. 이제 아주 특별한 마법 돌멩이가 나오려나?
이시내 ★★★★★

집에 막대기, 돌멩이 다 있는데 오늘 무척 행복할 것 같다.
이미리 ★★★

행복? 그거 원래, 니꼬자나.(feat. 드라마 「미스터 션샤인」)
하예라 ★★★

행복하기 위해서 유별난 것이 필요하거나 너무 특별한 것이 있어야 하는 건 아니다. 다 알면서도 가끔 찾아 헤맨다. "그것이 있다면 행복해질 수 있을 거야!" 그것을 가진 사람을 부러워하기도 한다. 이제 이 책을 읽고 나서야 깨달았다. 행복하기 위해 필요한 건 함께 깔깔 웃을 수 있는 친구구나. 킥킥 웃음을 참으며 전해 주고 싶다. "여기, 행복하게 만들어 주는 특별한 코딱지가 있어. 가질래?"
전은주 ★★★★

『**2제곱미터 세계에서**』
(마에다 미온 글, 하타 고시로 그림 / 한솔수북)
2010년생 마에다 미온은 아픈 몸으로 입원을 반복하며 2제곱미터의 병실에서 자신의 이야기를 써 간다. 힘든 검사를 받고 외로움과 싸우지만, 이 모든 고통은 혼자만의 싸움이 아니란 걸 독자에게 전한다. 소아과 병원에서 많은 아이들이 이유 없는 각자만의 싸움을 하는 중이고, 아프기에 포기해야 하는 것들 또한 많다고 담담하게 말한다. 가족의 마음을 아프게 할까 봐 가슴속에 꼭꼭 담아 둔 아이들의 목소리는 쉽게 찾지 못할 병실 탁자 아래에서 낙서로 발견된다. 미처 몰랐던, 희미해도 강단 있는 목소리를 드러내는 아름다운 그림책이다.
이시내 ★★★★

마에다 미온의 목소리가 나를 울린다. 내 주변 아픈 아이들을 위해 기도하는 마음으로 읽어 내려갔다.
하예라 ★★★★

2제곱미터의 작은 세상에서 단단하고 큰 꿈을 꾸는 환아들을 위해 기도합니다.
임민정 ★★★★

이 책을 읽으며 떠오르는 친구가 있다. 아이의 2제곱미터 옆에서 잠 못 드는 나의 친구에게 이 책을 읽어 주고 싶다. 아이의 꿈과 마음은 결코 2제곱미터 안에 있지 않다고, 드넓은 우주 안에, 엄마의 깊은 마음 안에 있다고. 알지? (나의 인생 그림책인 『마법의 여름』을 그린 하타 고시로의 새로운 그림책!)
전은주 ★★★★★

『당근이지!』
(해바라기지역아동센터 친구들 글, 그림 / 베틀북)

각자의 경험이나, 내면의 상처, 성장을 담은 어린이들이 쓰고 그린 그림책 가운데 내가 살고 있는 지역색을 담은 그림책을 만난다. 제주도에서 자라는 구좌 당근이 주인공으로, 책을 읽고 나면 미처 몰랐던 당근의 사랑스러움까지 알게 된다. 해바라기지역아동센터 어린이들 덕에 '당근꽃이 이렇게 예뻤나?' 깨닫는다. 그뿐인가? 당근을 먹지 않아 시력이 떨어져 걱정되는 쌍둥이 자매 이름까지 당근에서 따왔다. 당근꽃처럼 어여쁜 그림책을 만든 어린이 작가들이 궁금해진다. 건강한 당근처럼 건강하고 행복하게 자라길. 아이들이 살아 숨 쉬는 마을이 담겨 더 반갑다. 당근!
이시내 ★★★★

당근으로 이렇게까지 스토리텔링이 된다고요? 어린이 작가들의 후속작이 어서 출간되기를 응원한다.
이미리 ★★★★

태풍도 가뭄도 견뎌 내고 고운 빛깔 뽐내며 땅에서 쏘옥 나오는 당근처럼 흙냄새 가득한 그림책!
임민정 ★★★★

나 좋아하니? 당근! 나 생각하니? 당근! 이 책 보면 구좌 당근 주스 먹고 싶니? 당근! 당근! 당근!
하예라 ★★★

『할머니의 뜰에서』
(조던 스콧 글, 시드니 스미스 그림 / 책읽는곰)

케이트 그리너웨이 상, 글로브 혼 북 상 무슨 상 무슨 상 시드니 스미스 작가가 받은 수많은 상을 언급하지 않더라도 빛과 그늘 그리기는 정말 시드니 스미스 작가가 최고 아닐까? 특히 늦겨울 오후 5시쯤의 햇살과 윤슬, 빛나는 잔물결은 어후어후. 『나는 강물처럼 말해요』에서 말을 더듬었던 아이는 『할머니의 뜰에서』도 말을 거의 하지 않는다. 하지만 폴란드에서 이민을 와 영어를 잘 못 하는 할머니 바바와 손자는 말이 필요 없는 사이이다. 다정한 웃음소리, 흥얼거리는 노랫소리, 가득 떠 주는 아침밥…. 사랑은 차고 넘친다. 할머니는 비가 오면 지렁이를 주워 뜰에 놓아주곤 한다. 땅에게도 지렁이에게도 좋은 일이다. 생명을 위하는 할머니를 보고 자란 아이는 똑같이 행동한다. 작가 노트에 따르면 지금은 비가 오면 아들들과 함께 길에 나온 지렁이를 주워 뜰에 데려다준단다. 이 책은 어쩐지 장엄하다. 사랑이 흘러가는 모습이 바로 역사이지 않겠는가.

전은주 ★★★★★

이 책 『나는 강물처럼 말해요』 아니에요? 아닌가? 『괜찮을 거야』의 아이와도 닮았는데? 아, 전부 시드니 스미스 그림이군요. 아름다운 것은 비슷해도 계속 좋죠. 할머니 집밥도 매번 같은 반찬인데 맛있잖아요.

하예라 ★★★★

시드니 스미스의 그림은 참 이상하다. 처음부터 눈물이 그렁그렁한 채 그림을 보는 기분이랄까. 근데 결국 그렇게 되고야 만다.

임민정 ★★★★

바다가 보이는 언덕 위 중, 고등학교를 다녔던 6년 내내, 아빠는 나를 학교에 태워다 주셨다. 종화동 해안 도로를 달리다 보면, 산등성이가 고래 배처럼 보이는 수평선에서 빨간 해가 떠오를 때도, 구름 사이로 햇살이 장엄하게 쏟아 내리는 순간도 있었다. 잠에서 덜 깬 딸은 살갑기보다 예민한 아이였지만, 지금은 안다. 아빠가 6년 동안 나를 태워다 준 그 시간의 의미를. 겨우 두 장 넘겼는데 터진 눈물은 마지막까지 마음에 진하게 남는다. 어떻게 이렇게 그리지? 시드니 스미스는? 한국에 올 계획은 없을까?

이시내 ★★★★★ ♪

토끼 없는 그곳에 우정이 자라다!

아이에게 들려주고 싶은 말, 대신 전해주는 책 등장!

나만 없어 토끼!

**울고 웃다 보면
우리 아이
사회성이 쑤욱!**

**아름다운 그림에
힐링 한스푼**

**북유럽 감성
그대로 찾아 왔다**

현장추적
"나만 없어 스마트폰!"
"나만 없어 게임기!"
정말 그럴까?

함께 읽으면
효과 2배!

토베 피에루 글 | 마리카 마이얄라 그림
기영인 옮김

렛츠 빙고~

에디터 하예라

『라키비움J』를 재밌게 읽은 독자를 위해 준비했다!
그림책 빙고를 채우며 복습도 하고 빠트린 기사도
다시 읽어 보자. 빙고 게임 후엔 채웠던 빙고 칸 속
그림책 사러 서점으로 출동!

이번 호를 덮으며 가장 먼저 떠오르는 그림책	내가 아는 구멍 그림책	잠자리에서 읽고 싶은, 읽어 주고 싶은 그림책	숲 놀이 갈 때 들고 가고 싶은 그림책	내게 가장 아름다운 판화 그림책
새가 나오는 그림책	당장 궁금한 칼데콧 수상작	수원화성 가기 전 꼭 읽고 싶은 그림책	다꾸하고 싶은 그림책	내 마음을 흔든 공룡 그림책
나는 좋아하는데 아이 반응은 약한 그림책	아이 덕에 여러 번 읽은 그림책	내가 좋아하는 논픽션 그림책	인터뷰한 작가의 작품 가운데 읽고 싶은 그림책	지금 내 마음을 가장 잘 표현한 그림책 제목
주인공 이름이 마음에 드는 그림책	『라키비움J』를 무작위로 펼쳤을 때 나온 그림책	따라 그리고 싶은 그림책	광고 페이지에서 가장 보고 싶은 그림책	이 계절과 어울리는 그림책
생일인 친구에게 선물하고 싶은 그림책	타이포그래피가 눈에 띄는 그림책	볼 때마다 위로 받는 그림책	신간 별점 중 가장 끌리는 그림책	이번 호 보고 장바구니에 담은 그림책

편집 후기

이시내

휴직 기간에는 평소보다 기사를 좀 더 쓸 생각이긴 했다. 하지만 이렇게 많이 쓸 줄은 몰랐다. 삶은 예측할 수 없어 아름답다고 하지만, 당분간은 예측이 가능한 삶만 살고 싶다. 직장도 옮기고, 맡은 직무의 책임도 커지고, 아이들은 자라고, 하루하루 정신없이 스쳐 가는 것 같아도, 이젠 안다. 몇 년 뒤 나는 지금보다 괜찮은 사람이 되어 있을 거라고. 이 모든 바탕엔 『라키비움J』가 있다. 특히 이번 호부터 함께해 준 기자들에게 존경을, 몸이 아파 이번 호만(!) 쉬고 있는 오현수 기자에겐 그리움을 띄운다. 무엇보다 늘 물심양면 도와주는 옆지기에게 고마움을 바친다. 앞으로도 잘 부탁해.

이미리

쓰는 기쁨을(고통도 없…지는 않았지만) 알려 준 이번 호. 둘째가 태어난 해 첫 호가 발간되었는데 둘째가 올해 여섯 살. 『라키비움J』도 6년이라는 시간 동안 그림책 독자 곁을 지키고 있다는 게 감사하다. 5년간 독자로 지내다가 6년 차에 기자로 첫 글을 썼다. 글 뒤에 숨지 말고 당당하게 앞으로 나오라고 힘을 실어 준 기자들에게 감사하며, 머리 쥐어뜯으며 고민할 때 용기와 위로를 건넨 남편과 세 아이에게 고마운 마음을 전한다.

정유진

7호를 시작하기 전에 몹시 위축되어 있었다. 미리 도망치고 싶었으나 붙들려(?) 기사를 쓰기 시작했고, 부족하지만 맡은 건 최선을 다해 보자는 마음이 컸다. 기사를 쓰고 엎고 다시 쓰고 또 쓰고, 교정에 교정을 거듭하며 괴로움에 내적 비명을 지르면서도 지난 『라키비움J 롤리팝』(6호) 편집 후기에서 '독자의 마음에도 느낌표가 가득 차는 글을 쓰겠다.'라는 나의 다짐을 지키고자 노력했다. 혼자가 아니라 동료 기자들이 함께였기에 그 노력도 가능했다. "손 붙잡아 줘서 감사해요. 곁에서 더 많이 배울게요!" 더불어 기자로서 첫 발걸음을 응원해 준 남편과 티격태격해도 사이좋은 남매에게 고마운 마음을 전한다. 항상 바쁘고 쉴 새 없이 무언가를 하고 있는 나지만 이번만은 잠시라도 그간의 노력에 보상하며 만족의 시간을 갖기 위해 수원화성에 왕갈비 먹으러 가야겠다.

하예라

아이랑 네 글자 이어 말하기 퀴즈를 가끔 한다. "동서?" "남북!", "이심?" "전심!", "고진?" "감래!", "마이?" "쮸!!!" 응???? 마이동풍 대신 마이쮸를 외치던 아이에게 한 번 더 문제를 내 본다. "라키?" "비움!" 캬아, 라키비움이란 단어를 아는 8세는 많지 않을 거야. 설마 라키비움이 사자성어라고 생각하는 건 아니겠지? 그림책에 대한 모든 것을 가리키는 단어로 『라키비움J』가 떠오를 그날까지 열심히 읽고 쓰고 나누고 싶다.

임민정 편집장

김아람 작가가 보내온 폴 O. 젤린스키 방문기와 사진을 들여다보다가 생각했다. '소매와 카라의 칼주름…. 인터뷰하러 간다니 새 셔츠를 꺼내 입으셨나 보다.' 설레며 고민했을 그 마음이 느껴져 뭉클했다. 『라키비움J』도 새 옷을 장만했다. 고심 끝에 바뀐 새 디자인을 입고 환대의 마음으로 기다리는 이 두근거림을 독자도 느낀다면 더없이 행복하겠다.

전은주

몇 년 전만 해도 나는 블로그에 "그림책은 만병통치약이 아니에요. 전학 가는 아이에게 읽어 줄 책 없을까요? 애가 친구를 때려요. 어떤 그림책을 읽으면 되나요? 이런 질문 좀 하지 마세요."라는 주제의 글을 꽤나 쓰곤 했다. 책 한두 권 읽는다고 뭐가 해결이 되겠는가? 그래 놓고는 책 읽어도 별수 없다고 하지 말라고 흥분을 하곤 했다. 만약 그림책을 읽고 아이의 문제가 해결이 되었다면 그건 그림책이 해결해 준 것이 아니라, 누군가와 함께 그림책을 읽으며 마음을 나누고 대화를 나눈 덕분일 것이다. 최나야 교수의 글에서 "그림책이 문해력을 키워 주는 것이 아니라, 그림책을 읽으며 나눈 대화가 문해력을 키운다."라는 구절을 발견하고 반가워서 팔짝팔짝 뛰었다. 아이뿐만이 아니다. 어른도 그렇다. 그림책을 읽으며 나누는 대화가 우리를 얼마나 성장시키는가?!

하지만 큰일 났다. 점점 아이들이 그림책을 읽지 않는다. 세상에 재미있는 것들이 너무 많아졌다. 양육자들도 더 이상 그림책이 문제를 해결해 준다고 믿지 않는다. 그림책을 읽어 주는 어른들이 급속도로 줄어들고 있다. 그런데 그림책을 읽으면서 대화까지 나누라니, 다들 도망가게 생겼다. 어쩔 수 없다. 그림책(을 읽어 주며 만든 다정한 관계가)은 만병통치약이라고 일단 소문을 내는 수밖에!

내가 독서 운동을 해야겠다고, 나의 삶의 소명은 그것이라고 비장하게 말하자, 기자 1인이 "딴생각 말고 잘 팔 생각이나 해."라고 했다. "내가 지금 잘 팔기 위해서 이런다니깐! 그림책 독서 인구가 늘어야 『라키비움J』도 잘 팔릴 거니까!" 진짜다. ♪

온 가족을 설레게 하는 작가 안녕달 신작

"곰엉덩이 달걀 네 개, 얼음할머니 식혜 한 통 주세요!"
달걀처럼 동그랗고 식혜처럼 달콤한 가족 사랑 이야기

겨울 이불

안녕달 그림책

★ 계절 감각과 판타지 공간을 연결하는 작가의 상상력이 돋보인다. **경향신문**
★ 독자를 상상 속에 빠뜨렸다 다시 현실로 끌어올리는 이야기의 힘. **조선일보**
★ 어디선가 외로운 시간을 보내는 이들을 위해 지은 이야기가 따뜻하다. **한겨레**

교보문고
알라딘
예스24
베스트셀러

세대를 넘어 함께 읽는 안녕달 그림책

할머니의 여름휴가
"바닷소리를 들려 드릴게요."
휴식과 위로를 선물하는 상상

당근 유치원
"우리 선생님은 어떤 분일까?"
유치원에 가는 마음은 당근당근!

눈아이
"내가 물이 되어도 우리는 친구야?"
아이의 마음을 키우는 눈부신 우정